高等职业教育学前教育专业"理实一体化"立体教材

学前儿童社会教育

主　编　梁　珊　姚恺帆
副主编　范雪飞　黄　滨
参编人员　李　慧

南京大学出版社

图书在版编目(CIP)数据

学前儿童社会教育 / 梁珊，姚恺帆主编. —— 南京：南京大学出版社，2018.9(2021.1 重印)
高等院校"十三五"学前教育专业规划教材
ISBN 978-7-305-20611-5

Ⅰ.①学… Ⅱ.①梁…②姚… Ⅲ.①学前儿童—社会教育 Ⅳ.①G611

中国版本图书馆 CIP 数据核字(2018)第 170402 号

出版发行	南京大学出版社
社　　址	南京市汉口路 22 号　　邮　编　210093
出 版 人	金鑫荣
书　　名	学前儿童社会教育
主　　编	梁　珊　姚恺帆
责任编辑	丁　群　钱梦菊　　编辑热线　025-83597482
照　　排	南京南琳图文制作有限公司
印　　刷	常州市武进第三印刷有限公司
开　　本	787×1092　1/16　印张 12　字数 270 千
版　　次	2018 年 9 月第 1 版　2021 年 1 月第 4 次印刷
ISBN	978-7-305-20611-5
定　　价	30.00 元

网址：http://www.njupco.com
官方微博：http://weibo.com/njupco
微信服务号：NJUyuexue
销售咨询热线：(025) 83594756

* 版权所有，侵权必究
* 凡购买南大版图书，如有印装质量问题，请与所购图书销售部门联系调换

前　言

正如著名教育家雅思贝尔斯所言,教育是人们灵魂的教育,而非理智的知识和认识的堆积,教育的本质意味着:一棵树摇动另一棵树,一朵云推动另一朵云,一个灵魂唤醒另一个灵魂。学前儿童教育是人类教育理想的开端,也是儿童由自然人成长为社会人的重要一步。学前儿童社会教育,加快了儿童社会化的进程。《幼儿园教育指导纲要(试行)》以及《3～6岁儿童学习与发展指南》等一系列学前教育政策文件也对学前儿童社会化成长提出了预期目标与要求。

本教材旨在帮助高职高专类学前教育专业的学生,更好地理解学前儿童社会教育的本质、内容及方法。本教材共8个章节,涉及学前儿童社会教育"是什么"、"为什么"、"如何学"、"如何教"等问题。为了凸显教材的时代性、科学性和实践性,在编写中,我们仔细研究和学习了《指南》的精神,根据《指南》中社会领域的两个子领域人际交往和社会适应中的一些具体目标和内容,梳理出儿童学习与发展的核心经验,即自我意识、人际交往、社会环境与规范、社会文化教育等。在活动设计中,把握住活动目标、内容、结构,帮助学生拥有全面完善的理论知识;同时增加了丰富翔实的案例和拓展资料,增加了内容的实践性;增设真题再现,做到课证融合。

本书由徐州幼儿师范高等专科学校梁珊、连云港师范高等专科学校姚恺帆担任主编,南通师范高等专科学校范雪飞、吉安职业技术学院黄滨担任副主编,徐州幼儿师范高等专科学校李慧老师参加了部分内容的编写工作。本书在编写过程中得到南京大学出版社领导和编辑的支持与帮助,教材中引用了国内外同行的一些研究成果,在此深表感谢。因本人能力有限,如有不当之处,敬请批评指正!

主　编

2018年9月

目 录

第一章 学前儿童社会教育概述 ·· 001
    第一节 学前儿童社会教育的学科性质及内涵 ························ 002
    第二节 学前儿童社会教育的意义 ······································ 005

第二章 学前儿童社会教育的目标与内容 ································ 008
    第一节 学前儿童社会教育的目标 ······································ 009
    第二节 学前儿童社会教育的内容 ······································ 024

第三章 学前儿童社会教育的途径和方法 ································ 034
    第一节 学前儿童社会教育的途径 ······································ 035
    第二节 学前儿童社会教育的方法 ······································ 040

第四章 学前儿童社会教育活动的设计原则与教学程序 ················ 054
    第一节 学前儿童社会教育活动的设计原则 ·························· 055
    第二节 学前儿童社会教育活动的教学程序 ·························· 060

第五章 学前儿童自我意识教育 ·· 079
    第一节 学前儿童自我意识教育概述 ··································· 080
    第二节 学前儿童自我意识教育活动的设计与实施 ·················· 088

第六章 学前儿童社会交往教育 ·· 110
    第一节 学前儿童社会交往教育概述 ··································· 111

第二节　学前儿童社会交往教育活动的设计与实施……………………………113

第七章　学前儿童社会环境与规范教育……………………………119
　　第一节　学前儿童社会环境与规范教育概述…………………………120
　　第二节　学前儿童社会环境与规范教育活动的设计与实施……………134

第八章　学前儿童社会文化教育……………………………………142
　　第一节　学前儿童社会文化教育概述……………………………143
　　第二节　学前儿童社会文化教育活动的设计与实施……………148

参考文献……………………………………………………………184

微信扫描二维码

✓课件申请
✓样书申请
✓教学资源

教师服务入口

✓国考真题
✓拓展阅读
✓加入教师资格考试圈

学生服务入口

第一章 学前儿童社会教育概述

学前儿童社会教育作为一个独立的课程领域,有其独特的性质、任务与内涵。通过对个性、社会性和社会化这些词语的理解,学生可掌握学前儿童社会教育的内涵及重要意义。

1. 理解学前儿童社会教育的内涵。
2. 了解学前儿童社会教育的重要性。
3. 掌握"社会性"、"社会化"等的内涵。

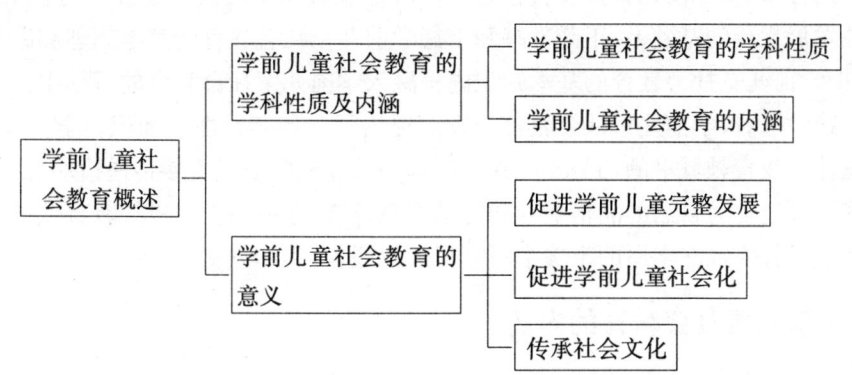

第一节 学前儿童社会教育的学科性质及内涵

情境导入

3岁的牛牛,今年9月份上幼儿园。刚进入幼儿园的一周,牛牛每天早上都会拉着妈妈的衣角又哭又闹,不愿意跟老师走。在班级里,牛牛也会时不时哭着找妈妈。一周之后,牛牛就能高兴地跟妈妈再见,主动跟老师进入班级了。

这是幼儿进入幼儿园普遍会出现的分离焦虑现象。在家庭中,妈妈是主要的养育者,幼儿以妈妈为中心去认识和探索世界,幼儿对妈妈都有着特殊依恋。然而,幼儿终究都要走出家庭,适应社会,所以,学前儿童社会教育意义重大,必不可少。

学前儿童社会教育作为一门学科,有不同于其他学科的独特性质与任务。对其性质的把握有助于我们明确学科学习与研究的方向。

一、学前儿童社会教育的学科性质

从学前儿童社会教育的历史发展来看,它是一门较为年轻的学科。学前儿童社会教育是一门介于儿童发展心理学与学前教育学之间具有边缘性质的学科,主要研究学前儿童社会性发展的现象、规律及其教育原理、方法与途径。它是一门兼有理论性、应用性与实践性的复杂学科。

从理论性来看,学前儿童社会教育需要研究幼儿社会性发展过程中的现象,揭示幼儿社会性发展的规律,探索幼儿社会教育的方式、方法,并据此来建构与时俱进的教育理念等。

从应用性来看,学前儿童社会教育是一门教法课程。学习者应能在充分把握学前儿童社会性发展规律的基础上,正确理解和掌握学前儿童社会教育的基本原理和原则、方法和策略,把学前儿童社会教育的基本知识内核融入学前儿童社会教育的行动中去。

从实践性来看,学前儿童社会教育为我们提供了一种实践性的知识。学习者掌握的学前儿童社会教育领域里的相关知识并不能以间接经验的方式直接传递给幼儿。学习者应将这些知识转化为自己的品格素养和行动智慧,这样才能产生积极的教育效果,并使学前儿童社会教育实践在丰厚的土壤中不断得到发展、升华和创新。

二、学前儿童社会教育的内涵

当一个人独处时,是谈不上"社会"的,但身边只要再有一个人,"社会"就构成了。一个家庭,就是一个小社会。凡是有人群的地方,就有各种各样的社会。人要在一定的社会条件下生存,必须学会适应社会、参与社会生活,才能融入社会,被社会所接纳。要想真了解学前儿童社会教育的内涵,必须掌握社会性、个性和社会化这三个概念及其相互关系。

(一) 社会性

人的需要是多种多样的。马斯洛把人类各种不同的需要归属于两大类,即生物性需要与社会性需要。生物性需要是指保存和维持有机体生命和延续种族的一些需要,例如对饮食、运动、休息、睡眠、觉醒、排泄、避痛等的需要。动物也有这类需要,所以这些需要也叫生理性需要或原发性需要。社会性需要是指与人的社会生活相联系的一些需要,如劳动需要、交往需要、认知需要、审美需要和成就需要等。社会性需要是后天习得的,源于人类的社会生活,属于人类社会历史的范畴,并随着社会生活条件的不同而有所不同。社会性需要也是个人生活所必需的,如果这类需要得不到满足,就会使个人产生焦虑、痛苦等情绪。比如,人自出世之后便成为各种社会团体中的一分子。从婴幼儿时期起,就想与他人亲近、与他人来往,希望得到别人的关心、友谊、爱护、接受、支持和合作。随着年龄的增长,人们不但没有因为自身力量的壮大而削弱这种需求,反而还增加了这种需求。对绝对孤立状态下的人(如某些宗教团体成员、遇难船上的人、隔离实验的志愿参加者)的个案研究表明,长时间的孤独会产生恐惧感和类似忧虑的情感,并且隔离时间越长,产生的恐惧和忧虑就越重。我们这里所说的社会性就是源于人类社会性需要而产生的。

社会性是指社会中的个体在社会化过程中为适应社会所表现出来的心理和行为特征。广义上可以理解为人在社会生活过程中所形成的全部社会特征的总和,是与个体的生物性相对而言的。狭义的社会性可以理解为个体在其生物性基础上形成和发展起来的适应社会环境、与人交往、竞争和合作,以及影响他人和团体的心理特征和行为方式。例如,儿童遵守规则、交往能力、利他行为、合群性等。本书是从狭义方面来理解社会性的。

学前儿童社会性的形成和发展是在个体的社会生活中,通过接受教育和社会影响而逐步习得的,其社会性的形成和发展是一个终身的历程,在不同的年龄阶段中有着不同的任务和内容,社会性的品质和发展的关键期也不同。但总的来说,儿童期是社会性发展的上升时期,学前期更是社会性发展的关键时期。

(二) 个性

个性主要是指在生物基础上受社会条件制约而形成的独特而稳定的、具有调控能力的、具有倾向性的各种心理特征的总和。个性结构是多层次、多侧面的,由复杂的心理特征结合构成的整体。学前儿童个性发展的心理结构主要包括自我调控、个性倾向性和个性心理特征三个系统,是在个体社会化过程中形成和发展起来的。

在学前儿童社会化过程中,学前儿童的个性和社会性逐步发展起来,虽然,社会化不等于社会性的发展,但学前儿童的社会性发展只能在他的社会化过程中实现,社会性发展水平与他的社会化成熟水平是相互联系的。

学前儿童的个性和社会性既有本质的区别又有显著的联系。由于社会性的发展主要与人所处的社会文化相适应,社会文化对学前儿童社会性发展的要求也有不同的内容和程度,故学前儿童社会性发展与个性发展有着不同的发展路径和制约因素。个性朝着与

他人区别的独特性发展,而社会性则朝着与社会群体相适应的共性方向发展。学前儿童在社会化中表现出自己的个性,但他的表现如果违背社会的规范价值观,就会被看成社会性发展缺陷或发展不足。二者只有协同发展,才能有益于儿童健康成长,更好更快地适应社会。

(三) 社会化

社会化是在一定社会环境影响下,个体朝着社会要求的方向不断发展并逐渐达到这种要求的过程。社会化是人类社会发展和人类文化延续的前提条件。

幼儿社会化,也称作幼儿社会性发展,它是幼儿成为负责任的、有独立行为能力的社会成员的发展过程。幼儿的社会化是一个非常复杂的过程。它既离不开与社会群体、集体、个人的相互作用和相互影响,也离不开个体主动地掌握社会经验和社会关系系统。这些社会经验和关系系统包括多方面内容,如参加社会生活所必需的道德品质、价值观念、行为规范,以及积极的生活态度和良好的自我调节与人际交往技能等。幼儿就是在社会性发展的过程中,不断丰富社会经验,完成从自然人到社会人的过渡的。

人类社会是绵延不息、持续不断前进的,这就为幼儿的社会性发展提供了无限空间。从这个意义上来说,幼儿的社会化是一个终身的动态发展过程。

(四) 学前儿童社会教育

究竟什么是学前儿童社会教育呢?应该说整个学前教育界对这一问题尚没有一个统一的说法。这主要是因为研究者们都是从各自不同的视角与立场对这一问题做出回答与解释。当前,有关学前儿童社会教育的概念主要有以下几种表述。

第一,学前儿童社会教育是指对学前儿童进行社会认知、社会情感、社会行为等方面的教育,具体来说是指帮助幼儿正确地认识自己、他人和社会,形成积极的社会情感,掌握与同伴、成人相互交往以及与周围环境相互作用的方式,以使幼儿能更好地在社会中生存与发展的教育。

第二,学前儿童社会教育是教育者按照社会的价值取向,通过多种途径不断向幼儿施加多方面的教育影响,使其逐渐适应社会环境的过程。

第三,学前儿童社会教育是以幼儿的社会生活事务及其相关的人文社会知识为基本内容,以社会及人类文明的积极价值为引导,在尊重幼儿生活,遵循幼儿社会性发展规律与特点的基础上,由教育者通过创设有教育意义的环境和活动等多种途径,陶冶幼儿心灵,最终实现培育具有良好社会理解力、社会情感、品德与行动能力完整、健康的幼儿之目的的教育过程。

为了方便理解和运用,依照中华人民共和国教育部1996年颁布的《幼儿园工作规程》、2001年颁布的《幼儿园教育指导纲要(试行)》(以下简称《纲要》)及2012年出台的《3~6岁儿童学习与发展指南》(以下简称《指南》)等有关文件,充分体现《幼儿园教师专业标准(试行)》中对幼儿教师提出的有关要求,我们将学前儿童社会教育定义为:以社会和人类文明的积极价值为取向,以发展幼儿的社会性为目标,以增进幼儿的社会认知、激发社会情感、培养社会行为为主要内容的教育。学前儿童社会教育的过程就是要引导幼儿在社会认知、社会情感和社会行为方面协调发展,使幼儿成为诚实的人、守信的人、勇敢的人、活泼开朗的人、善于交往的人、乐于助人的人。实质上,学前儿童社会教育就是做人的教育,旨在帮助幼儿成为一个健康、乐观和幸福的人。

第二节 学前儿童社会教育的意义

情境导入

教育具有强大的力量,可以唤醒人的潜在本质,让儿童逐渐认识自我、认识知识和探索道德。著名教育家张伯苓说:"作为一个教育者,我们不仅要教会学生知识,教会学生锻炼身体,更重要的是要教会学生如何做人。"俄国著名教育家乌申斯基说:"在教育中一切都应以教育者的人格为基础,因为只有人格才能影响人格,只有人格才能形成人格。"

社会教育不能代替全部的教育,但是在幼儿阶段,社会教育具有极其重要的地位和作用。幼儿时期的社会教育能够使幼儿真切地体验到公民的责任和义务,它是一种陶冶情操的教育、做人的教育和生活的教育。概括来说,学前儿童社会教育的意义体现在以下几方面。

一、促进学前儿童完整发展

幼儿期是人生发展的重要时期,在这个阶段,恰当的教育可以为幼儿一生的发展奠定良好的基础。

(一)促进幼儿体、智、德、美全面发展

从幼儿发展的内容来看,幼儿完整人格的发展是指其体、智、德、美的全面发展。促进幼儿体、智、德、美全面发展是幼儿园教育的根本目标。然而,在现代社会中,由于对工具理性和技术理性的过分推崇,造成功利主义和唯科学主义的价值观长久盛行于教育生活。"唯智论"的泛滥就体现了幼儿发展进程中的失衡。由于对应试教育的推崇,幼儿教育实践中普遍存在"小学化"现象,这严重违背了幼儿生长发育的特点和规律。学前儿童社会教育不仅重视智育,也重视其他各育的共同发展;不仅重视幼儿在学习和生活过程中的智力因素的发展,同时也非常重视幼儿非智力因素的培育,充分肯定智力因素和非智力因素对幼儿发展的协调作用。

(二)促进幼儿认知、情感和意志的统整发展

从幼儿发展的结构来看,幼儿完整人格的发展是指认知、情感和意志的统整发展。从人类发展的哲学意义上来讲,人是一种关系性的存在,人类总是从以往那种自我封闭的、孤立自存的实体状态之中不断地把自身解放出来,从而成为一个现实的、具体的人。这体现的是一种现代生活的世界观和关系性的思维方式。可以说,教育自产生之日起,儿童自出生之日起,从来没有离开过真实的生活世界。幼儿的真正发展是在与环境和成人的交

融中,源源不断地增长智慧,滋润情感,收获快乐和幸福的。学前儿童社会教育犹如幼儿之生活,它承载了幼儿认知、情感及其他各方面的发展,使幼儿体验了尊重与被尊重,理解了人存在的价值及生命的意义,从而不断完善人格。

二、促进学前儿童社会化

社会化是幼儿适应社会、参与社会生活、在社会环境中独立生存的必要条件。刚出生的婴儿除了具备最基本的生理和适应本能外,其他如社会观念、社会技能和价值观之类的成为社会成员的要素是没有的。幼儿必须通过社会教育来了解社会文化,学习社会生活技能,以便适应所处的社会,并在社会生活的大环境中获得发展。

幼儿的社会化是各方面因素交互影响的结果,幼儿园社会教育在幼儿社会化进程中发挥着至关重要的作用。对于幼儿来说,他们所受到的环境影响大多是被动的、不自觉的,环境对幼儿社会化的作用是潜移默化和难以抗拒的。当环境影响处于积极的趋向时,幼儿就会实现积极的社会化。例如,教师之间互敬互助的处事氛围、师幼之间关爱和赏识的交往方式能让幼儿学会尊重和爱护同伴,使幼儿更易与同伴建立起和谐融洽的关系。相反,当环境影响处于消极的趋向时,幼儿的社会化就会是消极的。例如,父母的溺爱和家庭不良生活环境会强化幼儿的自我中心倾向,养成不健康的行为习惯等。学前儿童社会教育的一个重要职责就是按照社会生活积极的价值取向,为幼儿创设各种有教育意义的环境,有意识地引导幼儿实现积极的社会化,让幼儿形成良好的行为习惯和积极的价值观,从这个角度来讲,学前儿童社会教育就是孩子心中的一座灯塔,指引着孩子前进的航向。

三、传承社会文化

一个国家公民的素质直接关系到社会能否健康发展、社会群体是否和谐、国家是否稳定等重大问题,而公民素质的高低很大程度上取决于教育,尤其是开始于幼儿阶段的社会教育至关重要。为社会培养合格公民是学前儿童社会教育的又一重要任务。学前儿童社会教育对公民的培养,既要注重优秀传统文化的继承,也要引导幼儿有参与现代全球化生活的眼光。社会教育的目的和内容受社会要求、社会发展状况的制约。同时,社会教育也必然会将社会要求、社会状况反映在教育内容中。通过这些内容的学习,使幼儿了解自己的社会,了解自己与社会的关系,了解社会中人与人之间的关系。通过社会教育,应使幼儿成为初步适应社会生活的人,为幼儿成为未来社会合格公民打下良好的基础。因此,幼儿园社会教育今后除了要加大幼儿行为习惯的培养外,还要在幼儿公民意识的培养方面有所作为。

案例分析

开学不久,小班王老师就发现:明明小朋友经常说脏话。虽然老师多次批评提醒,但是他还是经常说,甚至影响其他孩子也跟着说脏话。

问题：(1) 请分析明明及其他幼儿说脏话的原因。
(2) 王老师可以采取哪些有效的干预措施？

真题再现

(2016年真题)简述幼儿社会学习的指导要点。
➤扫描本书目录页下方的二维码，可查看参考答案及解析

技能训练

幼儿的社会性行为，包含亲社会行为和反社会行为。请结合幼儿园见习活动，谈一谈你所观察到的亲社会行为。

拓展链接

《幼儿园教育指导纲要》中社会教育的内容与要求

1. 引导幼儿参加各种集体活动，体验与教师、同伴等共同生活的乐趣，帮助他们正确认自己和他人，养成对他人、社会亲近、合作的态度，学习初步的人际交往技能。
2. 为每个幼儿提供表现自己长处和获得成功的机会，增强其自尊心和自信心。
3. 提供自由活动的机会，支持幼儿自主地选择、计划活动，鼓励他们通过多方面的努力解决问题，不轻易放弃克服困难的尝试。
4. 在共同的生活和活动中，以多种方式引导幼儿认识、体验并理解基本的社会行为规则，学习自律和尊重他人。
5. 教育幼儿爱护玩具和其他物品，爱护公物和公共环境。
6. 与家庭、社区合作，引导幼儿了解自己的亲人以及与自己生活有关的各行各业人们的劳动，培养其对劳动者的热爱和对劳动成果的尊重。
7. 充分利用社会资源，引导幼儿实际感受祖国文化的丰富与优秀，感受家乡的变化和发展，激发幼儿爱家乡、爱祖国的情感。
8. 适当向幼儿介绍我国各民族和世界其他国家、民族的文化，使其感知人类文化的多样性和差异性，培养理解、尊重、平等的态度。

第二章 学前儿童社会教育的目标与内容

本章对《幼儿园教育指导纲要(试行)》《3~6岁儿童学习与发展指南》中的幼儿社会领域目标进行结构分析,详细介绍了幼儿社会性发展的目标和分类目标。在确定目标的基础上,进一步论述了与目标相应的社会教育内容,为目标的实现提供丰富的材料和案例。通过相应的材料、案例、技能训练习题使学生熟练掌握幼儿社会领域活动目标的表述方式,依据幼儿社会领域的范畴确定具体活动内容。

1. 了解学前儿童社会教育目标的内涵与制定依据。
2. 掌握学前儿童社会教育目标的表述策略。
3. 理解选择学前儿童社会教育内容的依据。
4. 领会学前儿童社会教育内容的基本结构。

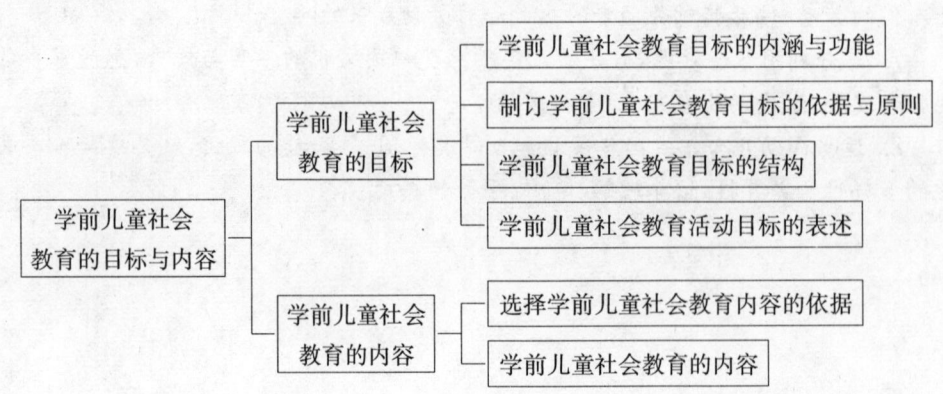

第一节 学前儿童社会教育的目标

情境导入

小王是一名公办幼儿园的代课老师,在工作后的第二年,她参加了当年全市统一招聘教师的考试,并且经过笔试进入了面试阶段。为了准备面试中要求的说课项目,她设计了一节社会领域的活动方案的说课稿。为了提高自己的面试成绩,她找到当年的老师,帮忙修改一下说课稿。老师首先指出了她设计的活动目标存在的问题,并且指出活动目标的科学与否,决定了整个教育活动的成败。那么,幼儿社会教育的活动目标真的这么重要吗?它包括哪些内容?

教育目标是教育的根本指向和行动的出发点,是人们对教育活动效果的一种期望和评价教育行为的参照。学前儿童社会教育活动目标为社会教育活动的设计与安排、组织与开展提供了基本依据,也为教育活动效果评价提供了基本标准。社会教育活动目标设计得恰当与否直接反映出教师的教学技能水平及教育观念,也直接影响着教育活动的质量。因此,要提高学前儿童社会教育教学水平,必须提高教师的社会教育活动目标的设计能力。

一、学前儿童社会教育目标的内涵与功能

学前儿童社会教育是教师有目的、有计划地对幼儿施加教育影响、引导幼儿积极主动地参与活动,并促进其社会认知、社会情感和社会行为等健康发展的过程。只有提高教师的目标意识,加强目标制订能力的训练,才能切实提高学前儿童社会教育的质量。

(一)学前儿童社会教育目标的内涵

学前儿童社会教育目标,是学前儿童社会教育活动预期结果的标准和期盼。学前儿童社会领域的教育,旨在促进儿童的社会化。社会教育的根本目的,即通过教育促进儿童社会认知、社会情感和社会行为等方面健康发展。

(二)学前儿童社会教育目标的功能

教育目标的落实是社会根据自身或人的发展需要对教育活动进行调节、控制的重要过程。学前儿童社会领域制订的教育目标,是学前儿童社会教育开展的基础和依据,只有明确了培养目标,才能选择恰当的内容与方法去实现这一目标,才能达到儿童社会发展的预期目的。

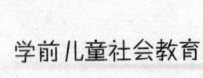

二、学前儿童社会教育目标制订的依据与原则

(一)学前儿童社会教育目标制订的依据

1. 以学前儿童的社会性发展特点及其需要为依据

学前儿童社会性发展的特点决定了儿童社会学习的内容与难易梯度,在不同的年龄阶段,儿童的接受水平和成长需要是不同的,儿童的社会认知、社会情感和社会行为技能的发展,在一定阶段表现出自身的规律和特点。因此,儿童的社会性发展特点是确定其社会教育目标的重要依据。制订学前儿童社会教育的目标必须依据儿童社会性发展的大致特征,才能更好地促进儿童社会性的发展。如果我们制订社会教育目标时"心中无儿童",那么所制订的教育目标就可能过高或过低,既无法实现促进儿童社会性发展的根本目的,还可能阻碍儿童社会性的发展,从而降低社会教育的质量。因此,在制订学前儿童社会教育目标时,尤其是对于制订具体教育活动目标的教师而言,需要经常观察儿童,以便真正地了解儿童的社会性发展水平,从而制订出科学、合理、可行的社会教育目标。儿童可能达到的社会性发展目标与内容也是因人因年龄段而有所差别的,教育者在制订教育目标时,必须要考虑学前儿童社会性发展的年龄差异和个体特点。

2. 以社会发展的需要为依据

社会发展的需要是教育目标制订的重要参考。社会的政治、经济和文化发展水平,决定了一个国家人才需要的特征,依据人才特点从而对各类教育提出相应的要求。学前儿童社会教育的目的是为祖国的明天培养人才,因此,学前儿童社会教育就要关注社会的未来,关注世界的变化。随着社会经济的发展、改革的深化,当今社会需要人的主动性、创造性、责任感、团队合作意识等。全球科技革命使人类生活多元化,国家之间、不同民族之间的相互制约与依赖不断加剧,社会的发展显示出互惠互利、合作分享的重要性。学前儿童社会教育目标的制订要能反映出儿童所处社会的需要和特点,培养既符合社会需要,又能适应社会发展的社会化人才。

3. 以学前儿童社会教育学科的发展为依据

儿童社会性发展的特点决定了社会教育内容是以儿童的经验为主体构建的。每一学科本身的基本目标、知识体系都将在一定程度上影响学前儿童社会教育目标的选择与确定。如社会学中理解社会角色、参与社会交往等目标,就会在学前儿童社会教育目标中有所渗透。又如人类学中对不同民族及其文化,应予以包容、尊重的态度等,这也会在学前儿童社会教育的目标体系中有所体现。

4. 以我国的教育目的与《幼儿园教育指导纲要(试行)》为依据

我国的教育目的是为巩固与发展社会主义服务的,学前儿童社会教育是学前儿童全面发展教育的重要组成部分,它是我国教育目的体系构成中必不可少的一部分。2001年教育部颁发的《幼儿园教育指导纲要(试行)》(以下简称《纲要》)对社会教育的领域目标做了明确规定,学前儿童社会教育目标是对我国教育目的和《纲要》的具体体现,在具体目标制订与陈述时会受到以上两者的制约。

儿童的发展特点与需要是学前儿童社会教育目标制订的内在依据,即教育的内在目的是促进儿童的健康发展与人生幸福;社会发展需要与社会学科发展特点是学前儿童社会教育目标制订的外在依据,即教育的外在目的是促进社会的发展,满足社会的需要;我国的教育目的与《纲要》是学前儿童社会教育目标制订的操作性依据,它们主要提供的是目标制订的陈述性指导,使学前儿童社会教育目标与整个教育目标体系保持一致性。只有综合考虑多种依据,我们才能制订与表述出适宜的学前儿童社会教育目标。

总之,学前儿童社会教育目标制定的四大依据必须相互融合,共同促进儿童发展成一个"完整的人"。我国幼儿教育新课程改革中的课程目标所蕴含的课程理念之一,就是要塑造这种"完整的人"。

(二) 学前儿童社会教育目标的建构原则[①]

1. 方向性与基础性原则

方向性原则即指学前儿童社会教育目标的建构要有一定的思想与价值指向。具体说来,是指我国学前儿童社会教育的目标一定要反映我国的教育目的与方针,反映我国有关幼儿教育的法规及政策精神,反映有关儿童教育及儿童保护法律文件的精神,使学前儿童社会教育具有明确的思想与价值指向。

培养全面发展的社会主义建设者与接班人是我国教育目的的基本指向,2016 年 3 月 1 日起施行的《幼儿园工作规程》(以下简称《规程》)明确提出幼儿园的任务是:贯彻国家的教育方针,按照保育与教育相结合的原则,遵循幼儿身心发展特点和规律,实施德、智、体、美等方面全面发展的教育,促进幼儿身心和谐发展。《纲要》进一步指出:幼儿园应为幼儿提供健康、丰富的生活和活动环境,满足他们多方面发展的需要,使他们在快乐的童年生活中获得有益于身心发展的经验。幼儿园教育应尊重幼儿的人格和权利,尊重幼儿身心发展的规律和学习特点,以游戏为基本活动,保教并重,关注个别差异,促进每个幼儿富有个性的发展。尊重幼儿的人格和权利,使幼儿在快乐的童年生活中获得有益身心发展的经验,促进幼儿全面和谐地发展是制订幼儿社会教育目标的基本价值方向。

基础性原则是指学前儿童社会教育的目标应当是社会教育领域中最基础的、启蒙性的目标,这种目标是为儿童社会性健康发展所必需的,同时,也有终身持续的发展性的目标,如自信、同情、责任等,都是作为人必须具备的社会性品格。这种目标应以幼儿的社会生活经验为前提,尤其对社会教育中与一定的学科系统知识有关的目标更应注重基础化、启蒙化,这是由幼儿身心发展的特点所决定的。因而,最基本、最粗浅、最初步等限定语经常出现在学前儿童社会教育的具体目标描述之中。

方向性原则保证了目标制订的理想性与价值性,基础性原则保证了目标制订的现实性与合宜性。

---

① 甘剑梅. 学前儿童社会教育[M]. 北京:中央广播电视大学出版社,2007:100 - 102.

2. 层次性与整体性原则

层次性原则是指学前儿童社会教育目标的建构是有层次的系列,这是由幼儿社会性发展水平的层次系列所决定的。不同年龄段的幼儿有不同的发展水平与要求,在目标制订中应考虑这种层次的差异,不能以同一标准对待所有年龄段的幼儿。同时,由于生长环境与自身特质的影响,同一年龄段的幼儿也存在发展水平的差异。国家课程标准中对某一学段的统一要求,是绝大多数儿童应达到的标准,而不是每一个幼儿必须要达到的标准,教育目标要考虑儿童的层次与个体差异,使目标具有层次性,体现因材施教的原则。层次性原则可以保证幼儿社会教育目标制订的差异性。

整体性原则即在建构幼儿社会教育目标时,要确立一种层次结构的整合观。这种整合观包括横向的类别整合与纵向的层次整合。横向的类别整合包括儿童社会认知、社会情感、社会行为三方面发展目标的整合,幼儿社会性发展是这三方面的协调发展,要避免只重知识传授而忽视情感和行为习惯培养的倾向,应把三者有机地协调起来。横向的类别整合还包括各教育系统学前儿童社会教育目标的整合,即家庭、社会与幼儿园的社会教育目标要基本一致,以形成教育的合力,促进幼儿健康发展。纵向的层次整合主要指学前儿童社会教育各层级目标的整合,即各相连层级间的目标是相互联系、相互支持的。整合性原则保证了学前儿童社会教育目标建构的综合系统性。

3. 科学性与动态性原则

科学性原则是指学前儿童社会教育目标应当是一个符合幼儿自身发展与教育规律的科学体系。一方面它要反映和遵循幼儿身心发展的规律,是适合幼儿发展的;另一方面,它应当符合教育的原理与规则,具有可教育性与可操作性。一个目标体系只有能付诸实践,并能通过实践真正起到引导幼儿健康发展的效果,才是科学而有效的,因而学前儿童社会教育目标应该是在充分研究儿童社会性发展规律与教育原理的基础上制订出来的。

动态性原则是指学前儿童社会教育的目标并不总是固定不变的,虽然教育目标是综合考虑各因素在教育活动展开之前制订下来的,具有相对的稳定性,但教育过程中总有预料之外的情况发生,时有偏离原有目标的情况出现。当出现目标偏离时,我们需要分析到底是目标设计的问题,还是教育策略的问题。如果是目标问题我们需要适时地调整目标,以适合具体的孩子与具体的情境。目标制订的最终目的是帮助教育者更好地引导幼儿的发展。如果在教育实践中,教育者用目标机械教条地去要求幼儿,那就违背了教育要从幼儿出发的基本原则。儿童的情感、社会性与品德的发展本就很难有一个精确的目标结果,此时更要关注儿童的个体差异与即时表现,要根据具体情况及时灵活地调整目标,以促进儿童个性的健康发展。由此,教育目标的制订应有一定的弹性空间,保持目标的动态性与开放性,让教师有更多的创造空间,也让儿童有更多的发展空间。

科学性原则保证了学前儿童社会教育目标制订的合理性,动态性原则保证了学前儿童社会教育目标制订的生成性与开放性。

三、学前儿童社会教育目标的结构

幼儿教育目标是幼儿园一切教育活动的依据和一切教育行动的指针。学前儿童社会教育的总目标是幼儿教师组织实施社会教育的方向与依据。幼儿教育目标体系可以分为纵向与横向两个不同的结构层次,在纵向上,可以分为社会领域教育总目标、年龄阶段目标、主题(单元)目标和教育活动目标;从横向上来看,可以分为自我意识、人际交往、社会环境、社会规范和社会文化等几个方面。

(一)学前儿童社会教育纵向目标

根据目标的概括性程度,可以将学前儿童社会教育目标分为三个层次,即社会教育总目标、年龄阶段目标和活动目标。越是高层次的目标,其概括性越高,越是低层次的目标,概括性越低,目标越具体,越具有验证性。

1. 学前儿童社会领域教育总目标

(1)《纲要》中的社会领域目标及阐释

2001年,教育部颁布的《幼儿园教育指导纲要(试行)》将社会领域的教育目标确定为以下内容:

① 能主动地参与各项活动,有自信心;
② 乐意与人交往,学习互助、合作和分享,有同情心;
③ 理解并遵守日常生活中基本的社会行为规则;
④ 能努力做好力所能及的事,不怕困难,有初步的责任感;
⑤ 爱父母长辈、老师和同伴,爱集体、爱家乡、爱祖国。

从以上表述中我们可以看出,《纲要》关于社会领域的教育目标是从四个方面对幼儿的社会认知、情感态度和行为方式提出总体要求的,这四个方面是:

第一,具有良好的自我意识。幼儿个人的生活态度,取决于他们对自己的看法和态度。幼儿应当逐渐发展正确估计自己的能力,知道自己哪方面能力强,哪方面能力弱;哪些事自己能做,并且能做的事情要充满信心地去做;幼儿言语要坦率、诚实,行为落落大方;以乐观的态度对待困难,养成良好的日常生活习惯,生活有规律,要有自立的意识,凡是自己能做的都自己做,不依赖他人,爱劳动,主动为集体和他人做一些力所能及的事情;积极主动地投入学习和游戏等活动中,并能有始有终;爱惜粮食和各种食品、玩具、服饰、学具等,养成勤俭节约的习惯。

第二,善于与人交往。幼儿应能尊敬父母、教师等长辈,对他们有依恋感和信任感;要有初步的责任意识,积极、主动、努力地完成成人交给的任务;能察觉他人的情感与需要,对人诚恳、善良、谦虚、友好、有同情心、有礼貌、言语文明,能对他人的好意表示感谢,对别人的过失表示宽容,对自己给别人造成的不便表示歉意,敢于承认自己的过错;努力做到活泼开朗,乐意与人交往,和同伴相处能做到互助合作、公平、公正、共享欢乐;在游戏时,对于玩具、分配角色、职责等方面能自觉考虑同伴的兴趣和愿望;能正确评价自己和同伴的行为;具有初步的自我控制能力和随机应变能力;在与人交往的过程中,要有足够的自信心、自尊心和胆量,逐步学会与人交往的基本规则和本领。

第三,乐于集体生活。幼儿应该以愉快的心情积极主动地参加集体活动,逐步适应并喜欢集体生活,喜欢上幼儿园,习惯与家人短暂的分离;遵守集体生活的基本规则;在公共场所举止文明,仪表得体,符合基本的文明行为准则;关心集体,乐于为集体做事,并尽量做好,有责任感和合作精神;能和集体中的成员和睦相处,团结友爱,助人为乐,尊重同伴,耐心倾听别人讲话,不插嘴,不打断别人的话;爱护公共财物和设施,节约用水和其他资源。

第四,对周围社会生活中的事物感兴趣,并持有正确的态度。幼儿应该知道自己的家庭地址,父母和家庭其他成员的名字、电话号码、工作单位,以及家庭附近的代表性建筑和主要设施;关注周围社会生活中发生的事情,关心与自己生活密切相关的各种机构和公共设施;熟悉当地的交通工具,知道从家里到幼儿园、公园和附近的商店可以使用哪些交通工具,遵守交通规则;热爱家乡,知道家乡的土特产、风土人情、主要工厂、学校、商店等;乐于观察和感受当地的自然景观,关心、爱护动物、植物,珍惜自然资源,能自觉地保护环境;对成人的生活、劳动以及劳动成果感兴趣,能认识到社会上许多不同职业的人都在为小朋友的快乐成长而辛勤劳动着,应该关心热爱他们,并珍惜他们的劳动成果;了解我国的主要民族,懂得各民族的主要特点,热爱自己的民族,懂得各民族地位平等,应当团结友好、和睦相处;热爱祖国,知道国旗、国徽,了解祖国著名的风景名胜和"世界之最",初步具有爱国情感。

(2)《指南》中的社会领域目标及阐释

《指南》中将社会领域划分为两大子领域,并相应提出七个教育目标,具体内容为:

表 2-1 幼儿社会领域的学习与发展目标①

领域	子领域	目标	目标在各年龄的表现
社会	人际交往	1. 愿意与人交往	具体见《指南》的相关内容
		2. 能与同伴友好相处	
		3. 具有自尊、自信、自主的表现	
		4. 关心尊重他人	
	社会适应	1. 喜欢并适应群体生活	
		2. 遵守基本的行为规范	
		3. 具有初步的归属感	

《指南》中社会领域的两个子领域是:人际交往和社会适应。前者包括四个目标:愿意与人交往;能与同伴友好相处;具有自尊、自信、自主的表现;关心尊重他人。后者包括三个目标:喜欢并适应群体生活;遵守基本的行为规范;具有初步的归属感。

我们对这些目标及各年龄段的表现进行分析,可以发现,《指南》中社会领域的学习与发展内容大致包括:交往态度和交往技能;对自我和对他人的认知、态度和行为;对群体、群体生活及我群关系的感受、态度和行为。其核心价值是逐步引导幼儿学会共同生活,建立和谐的社会(包括人际)关系,形成良好的社会性与个性品质。

第一,对《指南》目标的总体分析。《指南》中的这些目标体现了幼儿社会教育领域的

---

① 李季湄,冯晓霞.《3~6岁儿童学习与发展指南》解读[M].北京:人民教育出版社,2013:94.

核心价值,是一种理念的指引。《指南》是通过引导幼儿社会领域学习与发展的方向来表达学前儿童社会教育的要求的,不是对幼儿具体的社会性发展水平或社会化程度做出统一规定或提出量化标准。《指南》提出的幼儿社会领域学习与发展的目标中,将正确的儿童观、教育观和发展观有机地融合,从保障儿童权利出发,以文件形式对幼儿社会性学习与发展的"应知、应会"进行界定,引导幼儿教师、家长和社会沿着正确的方向,更科学、更有效地提升幼儿社会教育质量。

第二,人际交往子领域目标分析。人是一种群体性的动物,不可能离群索居。既然要在群体中生存,就必然要与他人交往。能不能主动与人交往、善于不善于与人交往,会在很大程度上影响一个人的生存与发展。对幼儿来说,形成积极的交往态度,发展最基本的交往能力,与周围的人建立亲密和谐的人际关系,既是当前生存与发展的需要,更是一生发展的重要基础。所以,《指南》将人际交往作为幼儿社会领域学习与发展的一个重要方面。人际交往子领域中的四个目标分别反映交往态度、交往能力以及在交往中形成并表现出来的对己对人的认识、态度和相应的行为表现。

第三,社会适应子领域目标分析。入园适应、入学适应就是比较明显的社会适应。人一生不可能永远只在一个固定不变的社会环境(如家庭)中生活,有变化就会有适应的问题。幼儿更是如此,他们总要成长,伴随成长他们总要不断地接触、进入一个个新的社会环境(幼儿园、小学、不同的同伴群体等)。每个新的社会环境都有不同的组织结构,对其成员都会有不同的角色期望和要求以及不同的行为规范。只有很快意识到这些要求和规范,并根据这种认识迅速做出调整,幼儿才能很快融入新环境,情绪安定愉快地生活、学习。因此,《指南》将喜欢并适应群体生活、遵守基本的行为规范、具有初步的归属感作为社会适应子领域的三个目标。

比较《指南》与《纲要》中的社会领域目标可以看出,虽然《指南》和《纲要》中的社会领域目标在表述上不完全一样,但对其内涵进行细致的比较就会发现两者的一致性程度很高。《纲要》社会领域总目标主要是从教师的角度提出的,意在让教师了解并掌握社会领域的教育方向。而《指南》则是从幼儿学习与发展的角度提出的,指出了幼儿社会领域发展的方向与目标。二者共同形成了我国幼儿园社会教育活动的总目标。

2. 学前儿童社会教育年龄阶段目标

学前儿童社会教育年龄阶段目标,是把社会教育总目标落实到具体的不同的年龄阶段,是对各个年龄阶段社会教育应达到的最终结果的表述。它源自社会教育总目标,是社会教育总目标的具体和深入。不同年龄阶段的幼儿应当有不同的阶段目标。

(1) 0~3岁儿童社会教育的目标

自我意识初步形成与发展,喜欢与周围的人接触、交往,培养动手做事的兴趣,发展基本的生活技能;学习遵守最基本的规则,培养基础的文明卫生行为习惯,在游戏活动和社会交往中保持愉悦的情绪、积极的情感。

(2) 3~6岁儿童社会教育的目标

根据对《纲要》和《指南》的理解,我们将学前儿童社会教育的年龄阶段目标做如下表述:

① 人际交往

表2-2 目标1 喜欢交往

3～4岁	4～5岁	5～6岁
1. 喜欢和小朋友一起游戏。 2. 喜欢与熟悉的长辈一起活动。	1. 喜欢和小朋友一起游戏,有经常一起玩的小伙伴。 2. 喜欢和长辈交谈,有事愿意告诉长辈。	1. 有自己的好朋友,也喜欢结交新朋友。 2. 有问题愿意向别人请教。 3. 有高兴的或有趣的事愿意与大家分享。

表2-3 目标2 能与同伴友好相处

3～4岁	4～5岁	5～6岁
1. 想加入同伴的游戏时,能友好地提出请求。 2. 在成人指导下,不争抢、不独霸玩具。 3. 与同伴发生冲突时,能听从成人的劝解。	1. 会运用介绍自己、交换玩具等简单技巧加入同伴游戏。 2. 对大家都喜欢的东西能轮流、分享。 3. 与同伴发生冲突时,能在他人帮助下和平解决。 4. 活动时愿意接受同伴的意见和建议。 5. 不欺负弱小。	1. 能想办法吸引同伴和自己一起游戏。 2. 活动时能与同伴分工合作,遇到困难能一起克服。 3. 与同伴发生冲突时能自己协商解决。 4. 知道别人的想法有时和自己不一样,能倾听和接受别人的意见,不能接受时会说明理由。 5. 不欺负别人,也不允许别人欺负自己。

表2-4 目标3 具有自尊、自信、自主的表现

3～4岁	4～5岁	5～6岁
1. 能根据自己的兴趣选择游戏或其他活动。 2. 为自己的好行为或活动成果感到高兴。 3. 自己能做的事情,愿意自己做。 4. 喜欢承担一些小任务。	1. 能按自己的想法进行游戏或其他活动。 2. 知道自己的优点和长处,对自己感到满意。 3. 自己的事情尽量自己做,不喜欢依赖别人。 4. 敢于尝试有一定难度的活动和任务。	1. 能主动发起活动或在活动中出主意、想办法。 2. 做了好事或取得了成功后还想做得更好。 3. 自己的事情自己做,不会的愿意学。 4. 主动承担任务,遇到困难能够坚持而不轻易求助。 5. 与别人的看法不同时,敢于坚持自己的意见并说出理由。

表2-5 目标4 关心尊重他人

3～4岁	4～5岁	5～6岁
1. 长辈讲话时能认真听,并能听从长辈的要求。 2. 身边的人生病或不开心时表示同情。 3. 在提醒下能做到不打扰别人。	1. 会用礼貌的方式向长辈表达自己的要求和想法。 2. 能注意到别人的情绪,并有关心、体贴的表现。 3. 知道父母的职业,能体会到父母为养育自己所付出的辛劳。	1. 能有礼貌地与人交往。 2. 能关注别人的情绪和需要,并能给予力所能及的帮助。 3. 尊重为大家提供服务的人,珍惜他们的劳动成果。 4. 接纳、尊重与自己的生活方式或习惯不同的人。

② 社会适应

表 2-6　目标 1　喜欢并适应群体生活

3～4 岁	4～5 岁	5～6 岁
1. 对群体活动有兴趣。 2. 对幼儿园的生活好奇，喜欢上幼儿园。	1. 愿意并主动参加群体活动。 2. 愿意与家长一起参加社区的一些群体活动。	1. 群体活动中积极、快乐。 2. 对小学生活有好奇和向往。

表 2-7　目标 2　遵守基本的行为规范

3～4 岁	4～5 岁	5～6 岁
1. 在提醒下，能遵守游戏和公共场所的规则。 2. 知道不经允许不能拿别人的东西，借别人的东西要归还。 3. 爱护玩具和其他物品。	1. 感受规则的意义，并能基本遵守规则。 2. 不私自拿不属于自己的东西。 3. 知道说谎是不对的。 4. 知道接受了的任务一定要完成。 5. 在提醒下能节约粮食、水电等。	1. 理解规则的意义，能与同伴协商制定游戏和活动规则。 2. 爱护公物，用别人的东西时也知道爱护。 3. 做了错事敢于承认，不说谎。 4. 能认真负责地完成自己所接受的任务。 5. 爱护身边的环境，注意节约资源。

表 2-8　目标 3　具有初步的归属感

3～4 岁	4～5 岁	5～6 岁
1. 知道和自己一起生活的家庭成员及与自己的关系，体会到自己是家庭的一员。 2. 能感受到家庭生活的温暖，爱父母，亲近与信赖长辈。 3. 能说出自己家所在街道、小区（乡镇、村）的名称。 4. 认识国旗，知道国歌。	1. 喜欢自己所在的幼儿园和班级，积极参加集体活动。 2. 能说出自己家所在地的省、市、县（区）名称，知道当地的有代表性的物产或景观。 3. 知道自己是中国人。 4. 奏国歌、升国旗时能自动站好。	1. 愿意为集体做事，为集体的成绩感到高兴。 2. 能感受到家乡的发展变化并为此感到高兴。 3. 知道自己的民族，知道中国是一个多民族的大家庭，各民族之间要互相尊重，团结友爱。 4. 知道一些国家的重大成就，爱祖国，为自己是中国人感到自豪。

　　学前儿童社会教育的年龄阶段目标服从于总目标，是总目标的具体化，反映了儿童社会性发展目标的年龄差异性和连续性。年龄阶段目标的主要特点就是将社会教育目标分化为不同的要求，形成对每一个年龄段幼儿逐步提高要求的具体目标，引导幼儿逐步达到社会教育的总目标，而且不同年龄段的目标之间应该是连续的、衔接的。例如，同样是培养幼儿与同伴交往的能力，但是不同年龄段的要求是不一样的。小班时，只要求能与同伴友好相处，主动礼貌地问候小朋友；而到中班时，希望幼儿逐渐喜欢和同伴游戏，关心弱小同伴；到大班时的目标则是能够主动带年幼的同伴共同游戏，体验大带小的快乐，愿意与众多的同伴合作游戏。

3. 学前儿童社会教育的单元目标

　　单元目标既可以指时间单元的目标，也可以指内容单元的目标。在幼儿园的教育实

践中,不同年龄阶段的儿童社会领域目标,既可以根据时间具体化为年度教育目标、学期教育目标和月教育目标,也可以根据实际教育活动分为不同的主题活动目标。目前,我国许多幼儿园的社会领域课程较多采用主题教学的教育模式,因此教师常常会将年度教育目标分解,并落实在不同的主题活动中,并通过一系列教育活动的实施来实现主题目标。

4. 学前儿童社会教育的活动目标

学前儿童社会教育活动目标是指每日或每次具体的社会教育活动所要达到的目标,它是最具体的目标,是单元目标的具体化和展开。学前儿童社会教育活动目标是整个社会教育活动的"指南针"和"方向盘"。如果活动目标设计不合理,那么即使实现了活动目标,教学也可能变得没有意义,成为"无效教学",甚至可能对幼儿发展产生不良影响。因此,社会教育活动目标的主要特点是具有可操作性、可验证性,可以通过具体的教和学的行为,通过师生及环境的相互作用得以实现,主要包括以下三方面:

(1) 社会认知目标,包括自我意识、社会环境的认知、社会文化认知等的发展。

(2) 社会情感目标,包括情感、态度、价值观、习惯等的发展。

(3) 社会技能目标,包括合作能力、交往能力、自主能力、移情能力、自我调节能力、适应环境的能力等的发展。

总之,对于制订具体教育活动目标的教师而言,需要经常观察儿童,以便真正地了解幼儿的社会性发展水平,从而制订出科学、合理、可行的具有操作性的社会教育目标。可以说,活动目标的设计基本上体现了教师对幼儿社会性发展特点、学习特点及兴趣、学习准备性等方面的观察及分析能力。

(二) 学前儿童社会教育横向目标

横向分类的学前儿童社会教育目标,通常是从目标内涵的角度出发,对社会教育总目标所涉及的具体内容加以分析和整合,从而确定若干个相对独立的类别。在此基础上,再对每一个类别进行深入的研究,进而确定分类目标的内容。分类目标直接来源于总目标,是对总目标的具体化和展开。

《指南》将幼儿社会领域的教育目标横向分为两大子领域:人际交往和社会适应。这主要涵盖了个体在社会发展中的自我、人与人、人与社会(环境)三个不同维度。从社会领域目标内涵的角度可以把社会领域目标分为五个方面:自我意识、社会交往、社会环境、社会规范和社会文化。各类别的教育目标表述如下:

1. 自我意识

(1) 初步了解有关自己成长的基本知识。

(2) 认识和接纳自己,能进行准确的自我评价。

(3) 能认识、理解和恰当表达自己的情绪。

(4) 逐步建立自信心和自尊心,形成一定的独立性。

(5) 学会克制自己,能遵守基本的集体规则,完成一定的任务,形成规则意识、任务意识及基本的自我控制能力。

2. 人际交往

(1) 了解父母、老师、同伴和其他社会成员,逐渐学会同情、关心他人并乐于帮助他人,形成爱父母长辈、老师和同伴的情感。

(2) 能积极地同他人交往,学会合作、交往、分享和谦让等基本社会技能。

(3) 了解自己所在的集体,逐步适应并喜欢集体生活,初步产生对集体的关心、喜欢之情。

(4) 初步具备诚实、勇敢、守纪等基本品质,形成乐观开朗的性格。

3. 社会环境

(1) 了解自己的家庭,知道自己的成长与家人的关系,产生热爱家人的情感。

(2) 了解自己的幼儿园,逐步形成集体荣誉感,能为班级、幼儿园做力所能及的事。

(3) 初步认识主要的生活机构和设施,知道它们与自己生活的关系,理解周围不同职业者的劳动,逐步产生尊重劳动者的情感。

(4) 知道自己家乡的名称,了解家乡的风俗、特产和名胜古迹,逐步产生热爱家乡的情感。

(5) 知道我国的国名、国旗、国歌和国徽,初步了解我国的民族状况和主要风景名胜,逐渐产生爱祖国的情感。

(6) 知道世界是由许多国家和民族组成的,萌发热爱和平的情感。

4. 社会规范

(1) 了解并掌握家庭生活的基本规则,学会感恩与尊重家人。

(2) 了解并逐步掌握与人交往的基本规则,学会与人交往。

(3) 了解并掌握基本的公共卫生规则,懂得保护环境,形成一定的环保意识。

(4) 了解并掌握各种学习活动的规则,学会学习。

(5) 初步区分正确与错误,形成基本的是非观、爱憎观。

(6) 了解并掌握基本的公共交通规则和公共场所规则,逐步确立安全意识和公德意识。

5. 社会文化

(1) 初步感受具有代表性的社区文化。

(2) 了解我国的主要人文景观及重大历史事件,产生对我国社会历史的兴趣。

(3) 了解我国主要的传统节日、风俗习惯和民间艺术,对我国的传统文化产生兴趣。

(4) 知道我国是一个多民族国家,了解一些少数民族的风俗文化。

(5) 初步了解世界著名的人文景观及优秀的艺术作品,产生对世界文化的兴趣。[1]

---

[1] 李焕稳.幼儿社会教育[M].北京:北京师范大学出版社,2015:31.

四、学前儿童社会教育活动目标的表述

(一) 学前儿童社会教育活动目标表述的基本要素

幼儿园教育活动目标表述有三个基本要素:

第一,行为。即通过活动指导幼儿能做什么。

第二,条件。即说明这些行为是在什么条件下产生的。

第三,标准。即指出合格行为的最低标准。

下面根据教学目标的分类,从三个方面列举各学习目标行为动词。

1. 认知学习目标行为动词举例

(1) 认知(对信息的回忆):举例、说出名称、复述、排列、回忆、选择、描述、辨认。

(2) 领会(用自己的语言解释信息):分类、叙述、解释、选择、归纳、猜测、举例说明、区别。

(3) 应用(将知识应用到新的情境):运用、计算、示范、说明、解释、解答、改变。

(4) 分析(将知识分解,找出各部分之间的联系):图示、指出、创编、设计、提出、归纳、总结。

(5) 评价(根据一定的标准进行判断):比较、评定、判断、证明、说出价值。

2. 情感学习目标行为动词举例

(1) 接受和注意(愿意注意某事件或活动):知道、注意、接受、赞同、选择。

(2) 反应(乐意以某种方式加入,以示做出反应):陈述、回答、列举、遵守、完成、听从、承认、参加、完成。

(3) 评价(对现象或行为做出价值判断,表示接受):区别、判别、支持、评价、判断、比较。

(4) 组织(将不同的价值标准组成一个体系,并确定它们之间的相互关系):讨论、确定。

(5) 价值或价值体系个别化(具有个别化的价值体系,以指导自己的行为):相信、拒绝、改变、判断。

3. 动作技能学习目标行为动词举例

(1) 知觉机能(根据环境刺激做出调节):旋转、接住、移动、踢、保持平衡。

(2) 体能(基本素质的提高):有耐力、反应敏捷。

(3) 技能动作(进行复杂的动作):演奏、使用、操作。

(4) 有意的沟通(传递情感的动作):用行动表达感情、改变脸部表情。

(二) 学前儿童社会教育活动目标的表述策略

1. 教育活动目标的表述方式要统一

在表述教育活动的目标时,表述的行为主体角度要统一,既可从教师角度表述,也可从幼儿角度表述,但必须是统一的,即同一教育活动的目标表述中,或者全是从教师的角

度表述，或者全是从幼儿的角度表述。在当前素质教育观的引领下关注点需要放在幼儿的"学"、"发展"上，活动目标应尽量从幼儿的角度出发。

一般情况下，教师的"教"常用"教育、帮助、激发、要求、引导、发展、培养"等词语表述；幼儿的"学"常用"学会、喜欢、说出、创编、尝试、体验、感受、知道、认识"等词语表述。

> **技能训练：**
> 1. 以下两条活动目标，哪一种更能体现"幼儿是学习的主人"？
> （1）初步了解自己是班里的一员。
> （2）让幼儿初步了解自己是班里的一员。
> 2. 该如何统一两条目标的角度？请做出修改。
> （1）了解大班幼儿的生活、学习情况。
> （2）激发幼儿向大班哥哥姐姐学习，争做大班小朋友的愿望。

2. 目标表述要具体简明，具有可操作性，避免过于笼统和抽象

幼儿园教育活动目标最主要的特点就是具体、明确，具有可操作性，能具体指导、调控教师的教学过程。

> **技能训练：**
> 以下两条目标笼统，不具有可操作性，该如何修改？
> 1. 引导幼儿观察周围生活中常见的标志。
> 2. 培养幼儿的社会交往能力。

3. 目标的数量适中，主次分明，重点突出

通常一个教育活动的目标不宜过多，2~3个就可以了，目标制订得太少，说明对认知、情感态度、能力等方面的挖掘不够，活动的价值较低。目标制订得太多，易出现书写条理不清晰的问题，并且易出现要求过多，一次活动难以实现的问题。目标的表述要具有层次性并尽可能与教育内容、活动内容在顺序上相对应。

> **技能训练：**
> 请写出中班社会教育活动"快乐的中秋节"的三维活动目标。

4. 目标的要求难度适宜，符合幼儿年龄特点

目标的制订应根据幼儿的年龄特点，要求不能太高，否则易流于形式；也不能太低，否则对幼儿发展缺乏有效的帮助。

> **技能训练：**
> 以下三条目标是否适合该年龄阶段的幼儿？请说明理由。
> （1）小班活动目标：了解有关台湾的基本知识，了解台湾是我国不可分割的一部分。
> （2）中班活动目标：引导幼儿能够区分自己及他人的左和右。
> （3）大班活动目标：学习准确使用"谢谢"、"你好"、"再见"等礼貌用语。

5. 教育活动目标要清晰、准确、可检测,不能用活动的过程或方法来取代

一个完整的目标表述包括行为、条件、标准等,其中核心要素是行为的表述,但有些教师经常用活动过程和方法替代行为的结果,混淆了活动过程、方法手段与行为目标之间的关系,也就较难反映幼儿的学习结果。

在撰写教育活动目标时,需要避免在目标表述中出现"通过……"、"在……中"等诸如此类的句式。这是把活动"手段"或"途径"的内容混同于活动目标中。教育活动的目标一般是分条目而列述的,这既是为了呈现目标内容的不同层次或维度,也是为了体现幼儿的经验要点。分条列述的目标在其各自所呈现的事件及其意义需要保持相对的独立性,彼此之间要避免意义上的交叉或重叠。

> **技能训练:**
> 某中班教育活动"夸济南"的活动目标如下,有哪些问题?该如何修改?
> (1)通过观赏趵突泉、大明湖的风景图片,初步萌发幼儿爱家乡的情感。
> (2)引导幼儿在看看、说说中,培养认真倾听和说话完整的能力。
> (3)知道济南名胜,学习有感情地朗读儿歌。

案例分析

安全小卫士(大班)[①]

【原定目标】

1. 了解安全行为的重要性。
2. 形成初步的安全意识,能分辨安全的事和不安全的事,增强自我保护意识。
3. 能结合自己的经验创造性地设计安全标志。

【实践与反思】

由一个受伤孩子打来的电话引出活动主题,通过幼儿讲述自己受伤的经历,观看安全主题的展板,开展区分安全的游戏以及制作安全标志将活动逐步深入。整个过程中,教师一直停留在安全辨别层面上引导幼儿开展活动。在制作安全标志这一环节中,由于幼儿经验储备不足,出现明显困难。作为一节幼儿社会教育领域的教育实践与研讨课,教育活动结束后,大家都有一个疑问:这节课的社会教育属性是否明确?参与研讨的专家、教师产生这种疑问是否由于教育目标定位出现偏差?如对于大班年龄的幼儿,我们还可以让其掌握哪些常用的自我保护方法,并且可以将主题提升到遵守规则的重要性层面上。经过讨论发现,有必要对原定目标加以修正。

【调整后的目标】

1. 认识安全标志,遵守日常生活中基本的社会行为规则。
2. 与小伙伴协商、互助,尝试着设计符合日常生活要求的安全标志。

---

① 赵雪梅.幼儿社会教育活动目标解析[J].新课程研究·教师教育,2008(7):23-24.

3. 体验设计安全标志的乐趣,萌发自我设计安全标志的自信心。

【修改理由】

原定目标1让人很难界定是健康教育目标还是幼儿社会教育目标,通过将安全标志的认识归入社会行为规则中,侧重于社会行为规范的培养,成为较典型的幼儿社会性发展教育目标。

原定目标2较为抽象,幼儿的社会经验有限,必须在一定的范围内让幼儿区分安全系数。

原定目标3的设定本意是为了激发幼儿的创造性,事实上安全标志具有规范性、一致性等特征,由此开展富有创意的安全标志设计可能缺乏针对性。因此立足于社会领域教育,按照知识、技能、情感三个层次,将该活动的目标加以改进。

【修改价值】

社会领域教育是幼儿园教育的组成部分,与其他领域教育一样,社会领域教育有自身的特点。幼儿的"社会学习"必须是具体的,使幼儿在参与性活动中去感受、体验,以此增进幼儿的社会认知,激发幼儿的社会情感,培养幼儿的社会行为。

真题再现

(2013年福建省教师招聘考试)简答题:简述学前社会教育的总目标。

➤扫描本书目录页下方的二维码,可查看参考答案及解析

技能训练

请阅读《静谧中的礼仪》,说说文中蕴含了哪些社会教育目标。

静谧中的礼仪①

在澳大利亚的许多公共场所,家长们对子女经常要做这个动作:将右手食指放在嘴上"嘘……"。这时,哪怕最好动的孩子,也会立刻安静下来。

英国伊丽莎白女王致孙女的"行为礼仪",条款多达32项。有关声音的规范,如"就餐时,咀嚼食物尽可能闭上嘴,不发出大的声响,不高声说笑,不可嘴里塞满食物同时说话","进入安静场合脚步要轻,避免在公共场合大声说话、咳嗽或动作发出很大的声音"。

在悉尼郊外贝尔蒙镇的一家"麦当劳"餐厅,一群孩子在举行生日庆祝会。有趣的,生日会没有"响声",孩子们多用手势和眼神"交谈"着,还不时以S水代酒碰杯祝贺,偌大的餐厅竟然听不到他们在说什么。如果不是服务生邀请在场的顾客与他们同唱生日歌,你会误以为这是一群"聋哑"孩子。

---

① 白兰.静谧中的礼仪[N].人民日报,2006-08-22.

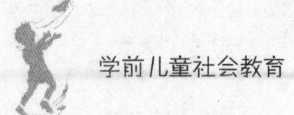

拓展链接

主题教学的功能[①]

主题教学是统整课程中最广为使用的方式，主题教学可引发与维持学习动机，符合个别化的学习需求，让学生透过外在探索活动与内在意义建构，获得有意义的统整性经验，从而产生良好的学习迁移。主题教学的功能如下：

1. 统整的功能

主题教学注重学习者的经验与发展、知识与社会情境的整合。教学的内容不脱离学习者的经验与需求，亦不脱离社会的期待，因此，学习者在学习中可获得内在心理与外在经验的统整。

2. 发展的功能

主题教学以学习者为中心设计课程，从学习者的兴趣、能力与需求出发，通过多种类型的活动，在不断地感知与实践之下，让学习者获得成功经验，不仅能引发学习兴趣，还可以维持学习兴趣，激发学习者的自信心，让自主学习成为可能。

3. 积累的功能

在主题教学中，学习者作为有能力主动学习的主体，可逐渐掌控学习主导权，在真实的情境下，经过不断的实践建立起主动学习的态度与习惯，获得认知、情意与技能多方能力的积累。

4. 转化的功能

主题教学注重多元的学习经验，强调学习者与教师及同伴间的互动与实战经验学习。在真实情境中学习，重视动态知识的建构，使学习者获得动态的学习经验，而非静态的书本知识，有助于学习者在日后相似情境的学习迁移。

第二节 学前儿童社会教育的内容

情境导入

孙静面试时，面试老师指定孙静完成一个有关中班幼儿社会领域的说课活动。孙静觉得社会领域的内容比较抽象，不知如何入手。作为一个新手教师，要知道教育是从目标

[①] 小学名师教学网.幼儿园主题教学之探析——概念、理论与模式[EB/OL]. hbteach-ers.cn/ye/yl/83409.html,2012-02-18.

和幼儿已有的水平开始,围绕目标选择内容与方法,帮助幼儿获得相应的发展。

幼儿在社会领域的发展内容有哪些?有哪些方法可以帮助幼儿实现该领域的学习与发展目标呢?

个体社会性发展实际是社会认知、社会情感和社会行为技能的统一。社会认知是对社会中的人、环境、规范的认识;社会情感是人们在社会生活、社会交往中的情感体验;社会行为技能是与人交往、参与社会生活时表现出的行为技能。社会性教育的内容往往紧紧围绕自我意识、人际交往、社会环境与规范及社会文化(民族文化和世界文化)等方面展开。

学前儿童社会教育内容是社会领域课程的主体部分,是社会领域目标的具体化,是实现社会教育目标的重要保证和手段。那么,确定社会教育内容的依据是什么呢?社会教育内容的确定,一定要以幼儿为本,以幼儿自身的经验与水平、幼儿的现实生活为出发点,以及以幼儿的社会学习与发展目标为依据。

一、选择学前儿童社会教育内容的依据

学前儿童社会教育的内容是实现教育活动目标的载体,活动内容解决的是"教或学什么"的问题。这个问题可以说是活动设计的关键,内容选取适合与否,将直接影响到目标能否顺利实现,活动内容的选择问题始终被视为活动设计的一个难点,要解决这个问题,教师必须考虑什么内容最适合幼儿学习,哪些内容最有利于实现活动目标,使幼儿达到预期的发展。因此,教师要兼顾幼儿发展、社会要求、人类知识等方面的因素,对教育活动内容加以选择,并恰当组织,使幼儿获得丰富的知识经验,促进儿童身心和谐发展。

(一)要从幼儿的发展水平出发

由于幼儿的现有生活经验、学习能力制约着社会教育内容的深度与广度,因此社会教育的内容要具有粗浅、启蒙的特点。同时,由于幼儿的思维方式以具体形象思维为主,因此一切社会教育的内容要符合幼儿的认知水平,应当选择生动、形象的教育内容以便于他们理解与接受。总而言之,在选择社会教育的内容时,一定要注意内容的主动性、直观性和健康性。应从幼儿的发展现实出发,使内容既能扩展他们的知识,又能激发他们的情感,还能培养他们良好的社会行为技能和习惯。

此外,由于不同年龄阶段的幼儿发展水平不同,同一内容对不同年龄阶段的幼儿的要求也不一样。幼儿的社会学习内容是螺旋上升的。例如,"愿意与人交往"这一学习与发展要求,对不同年龄阶段的儿童而言是有梯度差异的。

(二)要与幼儿的现实生活密切联系

现实生活既是幼儿社会学习的内容,也是幼儿社会学习的重要途径。社会教育的内容只有与幼儿的现实生活密切联系,更多地关注变化发展的社会生活,才有助于幼儿理解社会教育的内容,有助于幼儿的社会认知、社会情感与社会行为的有机整合与联系,真正促进幼儿的社会性发展。纳入幼儿社会性教育的内容必须是他们熟悉的、能够理解的。

例如,文明礼貌的教育、玩具大家一起玩、生活中的标志等就在儿童的身边,每天都在发生,这样的内容就是与幼儿的现实生活密切相关的。反之,如果远离幼儿的真实生活,让他们无法观察、体验和理解,这样的内容无论其本身有多么大的价值也不能纳入社会教育课程之中。

（三）要以幼儿社会教育的目标为依据

幼儿社会教育的目标是幼儿社会教育的基本指针。幼儿社会教育内容,应当以幼儿社会教育的目标为依据,针对社会教育目标的架构系选择和确定。所以,在选择社会教育的内容时,无论是基于社会现实,还是基于幼儿的发展,都应当具有明确的目标意识。在选择社会教育内容时,要避免对教育目标的遗漏、偏颇或是无效重复,即内容与目标要有对应性。

二、学前儿童社会教育的内容

（一）学前儿童社会教育内容的纲领性表述

1.《纲要》对幼儿社会教育内容的相关规定

《纲要》是进行幼儿园教育工作的依据,《纲要》在社会领域明确提出了如下内容和要求:

(1) 引导幼儿参加各种集体活动,体验与教师、同伴等共同生活的乐趣,帮助他们正确认识自己和他人,养成对他人、社会亲近、合作的态度,学习初步的人际交往技能。

(2) 为每个幼儿提供表现自己长处和获得成功的机会,增强其自尊心和自信心。

(3) 提供自由活动的机会,支持幼儿自主地选择、计划活动,鼓励他们通过多方面的努力解决问题,不轻易放弃克服困难的尝试。

(4) 在共同的生活和活动中,以多种方式引导幼儿认识、体验并理解基本的社会行为规则,学习自律和尊重他人。

(5) 教育幼儿爱护玩具和其他物品,爱护公物和公共环境。

(6) 与家庭、社区合作,引导幼儿了解自己的亲人以及与自己生活有关的各行各业人们的劳动,培养其对劳动者的热爱和对劳动成果的尊重。

(7) 充分利用社会资源,引导幼儿实际感受祖国文化的丰富与优秀,感受家乡的变化和发展,激发幼儿爱家乡、爱祖国的情感。

(8) 适当向幼儿介绍我国各民族和世界其他国家、民族的文化,使其感知人类文化的多样性和差异性,培养理解、尊重、平等的态度。

2.《指南》中对幼儿社会教育的教育建议

(1) 主动亲近和关心幼儿,经常和他一起游戏或活动,让幼儿感受到与成人交往的快乐,建立亲密的亲子关系和师生关系。

(2) 创造交往的机会,让幼儿体会交往的乐趣。

(3) 结合具体情境,指导幼儿学习交往的基本规则和技能。

(4) 结合具体情境,引导幼儿换位思考,学习理解别人。

(5) 和幼儿一起谈谈他的好朋友,说说喜欢这个朋友的原因,引导他多发现同伴的优点、长处。

(6) 关注幼儿的感受,保护其自尊心和自信心。

(7) 鼓励幼儿自主决定,独立做事,增强其自尊心和自信心。

(8) 成人以身作则,以尊重、关心的态度对待自己的父母、长辈和其他人。

(9) 引导幼儿尊重、关心长辈和身边的人,尊重他人劳动及成果。

(10) 引导幼儿学习用平等、接纳和尊重的态度对待差异。

(11) 经常和幼儿一起参加一些群体性的活动,让幼儿体会群体活动的乐趣。

(12) 幼儿园组织活动时,可以经常打破班级的界限,让幼儿有更多机会参加不同群体的活动。

(13) 带领大班幼儿参观小学,讲讲小学有趣的活动,唤起他们对小学生活的好奇和向往,为入学做好心理准备。

(14) 成人要遵守社会行为规则,为幼儿树立良好的榜样。如:答应幼儿的事一定要做到、尊老爱幼、爱护公共环境、节约水电等。

(15) 结合社会生活实际,帮助幼儿了解基本行为规则或其他游戏规则,体会规则的重要性,学习自觉遵守规则。

(16) 教育幼儿要诚实守信。

(17) 亲切地对待幼儿,关心幼儿,让他感到长辈是可亲、可近、可信赖的,家庭和幼儿园是温暖的。

(18) 吸引和鼓励幼儿参加集体活动,萌发集体意识。

(19) 运用幼儿喜闻乐见和能够理解的方式激发幼儿爱家乡、爱祖国的情感。

从上面内容可以看出,《纲要》对学前儿童社会教育内容的范围做了基本的界定。同时,对照《指南》有关社会教育的规定,我们可以发现这两个文件在幼儿社会领域的学习与发展方面的内容要求是基本一致的。幼儿园社会教育的内容非常丰富,涉及幼儿社会生活的方方面面。一切有助于达成社会领域目标的体验、知识、经验、技能等,都可以成为社会教育的内容。我们基本上把学前儿童社会教育内容分为自我意识、人际交往、社会环境与规范、社会文化等部分。

(二) 学前儿童社会教育内容的分类表述

1. 自我意识

自我意识主要包括自我认识、自我体验与自我控制三个方面。自我意识是幼儿社会性及个性发展的心理基础,幼儿的自我意识刚刚萌芽,处于初步发展阶段。因此,有关自我意识的教育内容要和幼儿的心理特点相符合。在此,我们以表格的形式对自我意识的教育内容进行归纳(见表2-9)。

表2-9 自我意识的教育内容①

教育内容	一级分解	二级分解	三级分解	活动建议
自我意识	自我认识	自我概念	对自己表面特征的认识,包括:身体、面貌、性别、姓名、所有物等;	"我的小小手"
			对自己内在的认识,包括:对兴趣、能力、自己在团体中的地位以及自己家人的认识	"我是男孩(女孩)"
				"我爱我的小宠物"
		自我评价	对自己的兴趣、外表、成就感、能力、纪律、体育、交往等的评价	"我上幼儿园了"
				"向大家介绍我自己"
	自我体验	自尊	自我尊重、自我爱护和期望他人的尊重	"我爱我自己"
		自信	对自己身体和能力的自信	"我是能干的小宝宝"
	自我控制	自制力	对自己动作、认知、运动、情绪情感的控制	"难过时怎么办?"
		自觉性	无人监督,仍能自我提醒与监督	"花儿好看我不摘"
		坚持性	为实现一定目的,克服困难,持续持久的行为倾向	"我是勇敢的好宝宝"
		延缓满足	为更长远的结果而放弃及时满足的选择取向	"别人的东西我不要"

在幼儿园社会教育活动中,比较常见的培养幼儿自我意识的教育活动有:"了不起的我"、"独特的我"、"我自己做"、"我的名字的故事"、"我长大了"、"我俩不一样"、"请投我一票"、"输了也不哭"。

技能训练:

你还能找到哪些活动呢?请把自我意识的发展目标填写在下表(表2-10)中的"目标"栏里,并把找到的相应教育活动对照目标填写在相应的"内容"栏中。

表2-10 自我意识的发展目标及相应教育活动

	目标	内容
1		
2		
3		
4		
5		

---

① 李焕稳.幼儿社会教育[M].北京:北京师范大学出版社,2015:103.

2. 人际交往

人际交往,是在社会生活活动过程中,人与人之间的意见沟通、信息情报交流以及相互作用的过程。但是,幼儿人际交往的范围很小,交往的程度很浅,交往获得的结果具有很大的后续性,即交往产生的作用不是立即全部体现出来,而是成为后续的生活经验。对幼儿而言,人际交往的内容主要有两类:一类是与成人交往,另一类是与同伴交往(见表2-11)。

表2-11 人际交往教育的内容①

人际交往类型	活动内容	活动建议
亲子交往	了解父母为自己做的事情; 熟悉父母的姓名、兴趣、爱好、职业等; 体验父母对自己的关心、爱护,形成良好的亲子关系; 培养对父母和长辈的依恋和信任感	与家长一起外出游玩、参观 亲子阅读 亲子游戏 亲子运动会 亲子联谊会等
同伴交往	能以合理的方式提出自己的要求,表达自己的感受; 能自信得体地与人打招呼,交谈; 能不随意插嘴,尊重别人的意见; 懂得沟通交流、合作妥协、平等竞争等; 愿意帮助他人,对别人的难过表示关注与同情; 能有办法解决冲突	自由活动 教育活动 日常活动 户外活动
师生交往	喜欢并逐步习惯幼儿园的集体生活; 懂得爱护公共财物,关心集体,遵守集体生活规则等; 建立平等、自由、温暖、宽松的师生关系	集体教育活动 个别教育指导 一日生活照顾
其他成人	了解和幼儿的生活相关的其他岗位或职业的人的工作 尊重和爱惜他人的劳动成果	参观或是请进来,引导儿童与不同职业的成年人互动

教师可以通过以下活动培养幼儿的人际交往能力,例如:"妈妈的新发型"、"学做小客(主)人"、"我想为你做点事"、"爸爸妈妈真能干"、"电话礼仪"、"我和老师做朋友"、"夸夸我的好朋友"、"生日计划"。

技能训练:

你还能找到哪些活动呢?请把人际交往的发展目标填写到下表(表2-12)的"目标"一栏中,并把找到的相应教育活动对照目标填写在"内容"一栏中。

---

① 李焕稳.幼儿社会教育[M].北京:北京师范大学出版社,2015:103.

表 2-12 人际交往的发展目标及相应教育活动

	目标	内容
1		
2		
3		
4		
5		

3. 社会环境和社会规范

社会环境,主要包括家庭、幼儿园、社区、家乡以及祖国等,它们与幼儿社会性发展有着重要的联系。社会规范的学习,离不开具体的社会环境和社会活动。没有规矩,不成方圆。所以,社会环境与社会规范的学习是一体的,不能分开的。

按照具体社会环境中主导活动类型的不同,可将与幼儿关系密切的社会环境及社会规范划分为六种类型,即生活起居活动、教育活动、休闲娱乐活动、文化公益活动、经济活动和政治活动(见表 2-13)。

表 2-13 社会环境及社会规范的类型[①]

主导活动类型	社会环境	社会规范
生活起居活动	家庭、居民楼、住宅小区等场所	家居生活中的基本礼仪与规范; 公共场所的一般行为规范
教育活动	幼儿园等早教机构	幼儿园(学校)的一般行为规范; 各年龄段学生及其他相关人员的行为规范
休闲娱乐活动	广场、景区、公园、游乐场、影剧院、体育馆等机构或设施	休闲娱乐场所的一般行为规范; 特定休闲娱乐场所相关人员的行为规范
文化公益活动	图书馆、博物馆、动物园、植物园、海洋馆、科技馆、艺术馆、主题纪念馆、慈善组织等机构或设施	公共场所的一般行为规范; 特定文化公益活动场所相关人员的行为规范
经济活动	饭店、超市、商场、农贸市场、工厂、医院、银行、邮递、通信、交通等机构或设施	公共场所的一般行为规范; 特定经济活动场所相关人员的行为规范
政治活动	各级各类政府机构及公共服务部门,如市政府、法院、公安局、消防队、军营、社区管理部门等机构或设施	公共场所的一般行为规范; 特定政治活动场所相关人员的行为规范

---

① 李焕稳.幼儿社会教育[M].北京:北京师范大学出版社,2015:103.

有关社会环境的教育活动:"我的房间"、"我的幼儿园"、"我居住的小区"、"我们的城市"、"五星红旗"、"街上的标志"、"参观图书馆"、"特殊的号码"、"公园小导游"。

技能训练：

你还能找到哪些活动呢？请把社会环境的发展目标填写在下表(表2-14)的"目标"栏中，并把找到的相应教育活动对照目标填写在"内容"栏里。

表2-14 社会环境的发展目标及相应教育活动

	目标	内容
1		
2		
3		
4		
5		

有关社会规范的教育活动："小小值日生"、"快乐整理"、"红绿灯"、"垃圾回家"、"今天我当家"、"好玩具大家玩"、"大家一起玩"、"公共场所不吵闹"、"花儿好看我不摘"。

技能训练：

你还能找到哪些活动呢？请把社会规范的发展目标填写在下表(表2-15)的"目标"栏中，并把找到的相应教育活动对照目标填写在"内容"栏里。

表2-15 社会规范的发展目标及相应教育活动

	目标	内容
1		
2		
3		
4		
5		

4. 社会文化

幼儿生活在多元的社会文化背景当中，通过分享不同的文化背景，如家庭习俗、语言、食物、音乐、价值观、家庭关系、生活类型、文化庆祝和民族遗产等，发展他们对自己的良好接纳以及对别人的积极认识和理解，使他们学会在快速变化的复杂的社会中适应多元的生活，与不同文化背景的人交往。

社会文化主要包括民族文化和世界文化。社会文化对幼儿社会性发展的促进作用，主要是通过幼儿对各种社会文化的认知以及参与各种社会文化生活活动等来实现的。社会文化的学习与了解，主要包括节日、艺术、民俗等内容。为了全面而系统地进行幼儿社会文化教育活动设计,将适合幼儿阶段的社会文化活动以表格的形式归纳如下(见表2-16)。

表2-16 社会文化教育的内容①

教育内容	一级分解	二级分解	三级分解	活动建议
社会文化	传统文化	传统节日	春节、元宵节、清明节、端午节、中秋节、重阳节、腊八节等	"快乐的春节""团圆中秋节"
		民风民俗	饮食厨艺、婚嫁仪式、对联、神话、传说等	"新年贴对联""中国功夫"
		传统艺术	剪纸、风筝、刺绣、年画、戏曲、建筑等	"杨柳青年画""京剧脸谱"
		少数民族	风俗习惯、历史传说、服饰等	"洁白的哈达""快乐泼水节"
	世界文化	典型节日	母亲节、父亲节、感恩节等	"快乐圣诞节"
		生活习惯	礼仪、饮食、语言、交往等	"我会吃西餐"

在幼儿园社会教育活动中,教师常用的以社会文化为主题的教育活动有:"中国结"、"快乐的中秋节"、"我们一起包粽子"、"十二生肖"、"我的压岁钱"、"西餐礼仪"、"家乡的特产"、"好吃的饺子"。

技能训练:

你还能找到哪些活动呢?请把社会文化的发展目标填写在下表(表2-17)的"目标"栏中,并把找到的相应教育活动对照目标填写在"内容"栏里。

表2-17 社会文化的发展目标及相应教育活动

	目标	内容
1		
2		
3		
4		
5		

总而言之,教师在确定幼儿社会教育的内容时,无论是依据幼儿园社会教育目标,还是考虑社会现实的需要,抑或是促进幼儿的发展,都应当坚持两条基本原则:一是生活经

---

① 李焕稳.幼儿社会教育[M].北京:北京师范大学出版社,2015:103.

验是教育内容的重要来源和依据,二是幼儿能与之"对话"的学科知识才有引入课程内容的价值。

技能训练

请根据下面现象,试确定一个有关幼儿园社会教育活动的内容并拟出这个活动的目标。

在一辆公共汽车上,一个争先上车的五六岁孩子一坐上座位,便对后上车的父母直嚷:"我抢到一个位置!我抢到一个位置!"其实,车上还有好几个空座位,根本无须去抢,可他还是一口一个"抢"字,这显然是日积月累地受大人影响所致。

除了抢座位,我们身边还有很多事情也好像与"抢"结下不解之缘,"抢购"、"抢道"、"抢劫"、"抢生意"、"抢手货"、"抢答"、"抢风头"、"抢饭碗"、"抢头功"、"抢镜头"、"抢地皮"、"抢眼"、"抢占道德制高点"、"抢生源"……

许多应该争取的东西不去争取,不该"抢"的事物偏要使劲地大"抢"特"抢",这反映了哪些问题呢?

第三章 学前儿童社会教育的途径和方法

在学前儿童的生活中可以通过哪些方式和具体方法来实现社会教育的目标呢?从课程实施途径的基本规律来看,环境和活动仍然是实现学前儿童社会教育目标的主要途径。本章主要从专门的社会教育活动、随机渗透的社会教育以及家庭中的社会教育三个方面论述学前儿童社会教育的基本途径。学前儿童社会教育方法是对学前儿童施加教育影响的措施和手段的总和。只有选择恰当的教育方法,教育活动得以顺利开展,学前儿童社会教育才能取得良好的教育效果。学前儿童社会教育内容涉及广泛,既有认知的,又有情感的;既有思想的,又有行为习惯的。由于社会教育过程受多种因素的影响,因而本章分别从学前儿童社会教育的一般方法和学前儿童社会教育的特殊方法两个角度论述方法的多样性。

1. 掌握学前儿童社会教育的三种途径。
2. 理解并掌握学前儿童社会教育的一般方法和特殊方法,并能在实践中灵活运用。

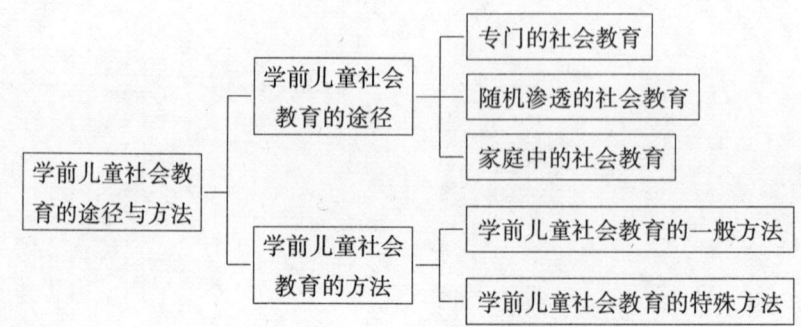

第一节　学前儿童社会教育的途径

情境导入

在自由活动中,孩子们总是把玩具扔得到处都是,收拾时又到处乱放,教师一遍又一遍地说要将玩具放整齐,但效果总是不佳,如果你作为幼儿园教师,面对这类问题,可以有哪些解决的途径呢?

学前儿童社会性的发展是一个综合的、长期的过程。儿童从一个自然人向一个社会人转变,会受到多方面、多种因素的影响,因此,进行社会教育的途径也是多方面的。可以概括为三大方面:专门的社会教育活动、随机渗透的社会教育和家庭中的社会教育。这三方面的教育各有特色、各有专长,而且互相联系、互相补充,共同促进儿童的社会性发展。

一、专门的社会教育活动

专门的社会教育活动是指幼儿园教师根据教育目的和教育计划,根据本班儿童的身心发展规律和特点,选择合适的教育内容,采取合理的教育方式和方法,对儿童进行社会教育的形式。专门的社会教育活动具有比较明确的目标和计划性,内容也比较系统和集中,教师对儿童的组织和指导作用更加直接、更加明显,也更具有针对性。例如,对于刚入园的儿童,教师可以组织一些有利于儿童认识幼儿园、认识小朋友的教育活动,帮助儿童尽快适应幼儿园的生活;针对一些儿童喜欢玩火,但又缺乏安全常识的状况,教师可以组织"消防队"等教育活动,帮助儿童认识"消防员"这种社会职业及其工作特点,知道消防的重要性以及如何防火、如何保护自己等;针对儿童霸道、不知谦让等行为,教师可以组织"我的好朋友"等教育活动,帮助儿童认识到与同伴友好相处的重要性以及如何与小朋友相处等。幼儿园的社会教育活动形式多样,因而具有多途径的特点,主要有以下几种形式。

(一) 综合教育活动

综合教育活动是教师组织儿童围绕一个主题,综合运用集体教学、游戏、参观、劳动等教育形式,发挥各种教育手段的作用,促进儿童社会性发展的一种教育形式。在综合教育活动中,教师采用多种教育形式,将儿童的兴趣、需要和幼儿园的社会教育目标结合起来,增进社会认知,产生社会情感,养成良好的社会行为习惯等。例如,以"电池真有用"、"认识春节"、"参观敬老院"、"遵守交通规则"、"祖国的宝岛——台湾"、"中国丝绸"等为主题的综合教育活动。综合教育活动往往将游戏、情境表演、谈话、欣赏等多种活动形式结合起来运用,使儿童对某一主题的认识更加系统、更加全面,教育效果也比较好。

(二) 游戏

游戏是儿童最喜爱、最能发挥主体性的活动,游戏本身就是他们认识社会、参与社会

生活的一种独特方式。通过游戏,不仅可以满足儿童参加成人生活的愿望,而且对于他们的社会认知、人际交往、社会行为等都有其他教育形式不可替代的作用。游戏不仅可以独立作为社会教育的活动形式,而且也可以和其他教育形式相结合使用。

儿童喜欢游戏,随时随地都可以开展游戏。例如,儿童戴上大檐帽就成了"警察",指挥起交通来;手里拿个圆圈类的东西就成了"司机",嘴里喊着"嘀嘀嘀"地就开起汽车来。儿童在游戏中体验到了社会生活的快乐,也在游戏中发展了社会性。

对学前儿童社会性发展影响较大的游戏,主要是角色游戏和表演游戏等。在这些游戏中,儿童必须和同伴协商内容、分配角色、处理纠纷、克服困难,以保证游戏的顺利进行。这就促使儿童不断地认识自己,协调自己与他人的关系,提高自己的社会交往能力。

教师应该重视游戏在儿童社会化中的教育功能,使游戏真正成为学前儿童社会教育的途径。教师应有意识地为儿童设计相应的游戏活动、创设游戏情境,如"如何招待客人"、"如何请求别人帮忙"等,让他们通过游戏来明确处理问题的方法,建立友好关系。除此以外,还应尽量尊重儿童、相信儿童,发挥儿童的主体性,让儿童自己选择游戏内容、自己分配角色、自己处理游戏中的问题,并从时间和机会上多为儿童提供方便。还可根据需要参与儿童的游戏,给予适时、适当的指导。

(三)区域活动

作为集体教育活动的补充,区域活动也是学前儿童社会教育的途径之一。在区域活动中,儿童可以自主选择,自发活动,并且以小组活动的形式,有协商、有配合,精神上没有压力。而且活动区也给儿童提供了更多的自由交往和表现的机会,儿童之间能够增加交流、增进了解。如与角色区、建构区、语言区、音乐区相关的"我有一双小巧手"、"娃娃家"、"饲养角"等活动,对儿童的社会性发展都能起到很好的促进作用。儿童在不同的区域里自由地说笑、操作、听音乐、表演、玩积木、阅读、饲养小动物等,乐趣无穷。

通过区域活动对学前儿童进行社会教育,主要是通过活动材料的投放来实现教育的功能,让幼儿在与活动材料、环境、同伴的互动中实现发展的目标。因此,创设有利于儿童社会性发展的环境,尤其是投放相应的材料就显得非常重要。首先,应为儿童提供数量充足的材料。研究表明,在活动面积较大、活动材料丰富的情况下,儿童的竞争性、侵犯性和破坏性都低于活动空间小、活动材料缺乏的情况。其次,应根据儿童的年龄特点和发展需要提供不同种类的材料。尤其应注意投放一些需要儿童互相合作、互相帮助的材料。例如,在建构区,大型的积木更有利于儿童之间的共同协商和分工合作,能使儿童在相互配合中学习处理人际关系、解决矛盾和各种问题。因此各活动区域应精心设计,以利于儿童社会性的发展。

二、随机渗透的社会教育

学前儿童的社会性发展和教育是一个长期的过程,在这个过程中,除了教师有目的、有计划的社会教育活动以外,儿童的日常生活、自由活动、偶然发生的事件以及其他领域的教育活动等也可能蕴含了很多社会教育的机会。因此,除了专门的社会教育活动外,教师还应重视各种情况下、各种活动中的随机教育,让学前儿童的社会教育渗透在一日生活的各项活动中。

(一) 日常生活中的随机教育

学前儿童的日常生活中蕴含了许多社会教育的因素,如入(离)园、进餐、盥洗、如厕、做操、做值日生、娱乐等活动,都渗透了社会教育的机会:儿童入(离)园的时候,可以渗透礼貌教育,学习如何待人接物;进餐时,可以渗透节约粮食以及饮食文化等方面的教育;通过值日渗透独立生活、克服困难、为他人服务等教育……随机教育可以渗透在学前儿童的一日生活之中。

在学前儿童的自由活动、自发游戏中,教师可以针对情况进行指导。例如,儿童为争夺活动场地或器材发生了争执,教师应该注意渗透团结、友爱的教育,并教给儿童处理问题的方法;有的儿童无法加入同伴的游戏中,教师可以教给他一些人际交往的技巧;有的儿童不愿意参加集体性的游戏,教师除了鼓励他参加游戏以外,还可以让其他儿童来邀请他加入游戏,培养他的合群性等。

生活中的偶发事件也是进行随机教育的机会。例如,同伴生病了,教师可以引导其他儿童对他进行关心和照顾,激发儿童之间的友爱之情;不小心把他人的饭菜撞翻了,教师可以引导儿童恰当处理等。

(二) 其他领域活动中的随机教育

幼儿园其他领域的教育活动中同样蕴涵着丰富的社会教育契机,教师应注意利用。科学领域的教育活动中,可以培养儿童科学认知的态度、积极探究的精神,在操作性的活动中还可以培养儿童不怕困难、团结合作的精神。例如,在"粮食"这一主题中,可以把粮食的用途、对人类的重要意义以及节约粮食等社会性的教育贯穿进去。语言领域活动中,很多文学作品和活动形式都包含了社会教育的内容。例如,故事表演《小羊过桥》教育儿童互相谦让;《狼来了》教育儿童要诚实,不撒谎;《小猫钓鱼》教育幼儿做事情不能三心二意,应该专心。在艺术领域的活动中,各种文艺作品和歌唱、音乐欣赏、表演等艺术活动可以让儿童体验、表达社会情感,与同伴交流沟通。例如,通过歌表演《泼水歌》,教育儿童和小朋友友好相处;通过舞蹈《摘果子》,教育儿童热爱劳动等。健康领域的活动中,可以通过各种体育活动培养儿童勇敢、坚强、乐观的精神和互相配合的能力。例如,在各类竞赛性的游戏中,可以教育儿童团结一致和胜不骄、败不馁的精神;在抛接球、跳绳、玩皮球等游戏活动中,教育儿童要互相协助、互相体谅;儿童不慎摔倒了,或者产生了畏惧情绪时,教师要鼓励儿童坚强、勇敢。除此以外,在节日活动中渗透社会教育也是非常有效的途径。例如,"三八"节进行爱妈妈教育,"五一"节进行爱劳动教育,国庆节进行爱国主义教育等。

在这些领域的活动中,社会教育的内容和价值常常被忽略,教师往往只注重实现某一领域的活动目标,而没有考虑到随机性的社会教育,无形中失去了很多教育机会。教师应提高社会教育意识,挖掘各领域活动中的社会教育因素,抓住各种教育契机,多管齐下,全面地进行社会教育。

三、家庭中的社会教育

学前儿童社会性的发展,是幼儿园、家庭、社会共同教育的结果。幼儿园是实施社会教育的专门机构,有比较良好的教育条件和受过专门训练的保教人员,按照国家的教育目标并结合儿童的特点进行教育。家庭是儿童生活、学习的主要场所,而且,家庭对儿童社会性发展的影响具有更强的连续性和稳定性的特点。家长可以比较细致、系统地观察、了解自己的孩子,根据孩子的具体表现进行有针对性的教育。同时,家长和孩子之间的亲缘关系也使得孩子对家长有一种特别的尊敬和爱戴,容易服从家长的管教,因而家庭教育的效果也更加显著。可以说,家庭对孩子社会化的影响是其他教育机构不可替代的。因此,幼儿园必须与家长密切联系、相互配合,共同担负教育任务。

家园合作有利于教师了解儿童的家庭状况以及家庭教育情况,了解学前儿童的兴趣、爱好、生活习惯,以及社会性方面的缺点和不足,以便更有针对性地进行社会教育。家园合作有利于家庭教育和幼儿园教育保持方向的一致性,作为学前儿童社会教育的两个重要场所,只有协调一致,才能充分发挥教育的整体作用,保证儿童社会性的协调发展。否则,就会削弱、抵消教育的效果。例如,教师比较注重发挥学前儿童的独立性和主动性,鼓励他们自己做力所能及的事情,家长对孩子的事情就不能包办代替;对待儿童之间的争执、争吵,家长要和教师的态度一致,让孩子们实事求是地评价自己和他人的行为。因此,家园合作有利于统一教育观念,发挥幼儿园教育和家庭教育双方的优势,获得良好的教育效果。家园一致的教育还可以减少儿童的困惑和不安,增强对教师和家长的信任,提高学习效率。家园合作有利于发挥幼儿园的教育辐射作用,向家长宣传科学的教育思想和理念,带动家庭的社会教育。也可以使家长有机会参与幼儿园的教育活动,为儿童提供更为科学的教育和帮助。

幼儿园作为专业的幼教机构,不仅要通过家园合作来宣传自己的教育思想和教育理念,取得家庭的配合与合作,还应该指导家庭中的社会教育。随着社会的发展、多元文化的冲突、家庭结构的变迁,家庭教育也容易出现各种问题。例如,有的家长认为孩子在一起会不断地出现争执、打架等现象,干脆不让孩子和其他孩子玩,只跟着大人玩;还有的家长认为"树大自然直",教育不教育都差不多;有的家长对社会的看法偏激,无形中也影响了孩子对社会的看法;有的家长不愿意社交,孩子的社交范围也局限在很小的范围内,这些现象都会造成儿童社会性发展的片面、封闭、滞后等不利的后果。因此,指导学前儿童家庭中的社会教育也是幼儿园的一项重要任务,应重点提醒家长注意以下五个方面:

(一)让孩子走进自然、走近社会

大自然、大社会蕴含了广泛的社会教育内容,只有让孩子参与社会生活中,去接受大自然、大社会的影响和熏陶,才能使孩子真正地认识社会。如果只让孩子在一个很有限的空间内接受抽象的说教,孩子的社会性发展也就成了一句空话。因此,家长应多带孩子走出家门,到更加广泛的社会生活中去认识社会,体验多方面的社会生活。例如,生活在农村或城市家庭里的儿童,应创造条件和机会互相走动,城里的孩子到乡村去感受乡村生活的特点,乡村的孩子到城市去感受一下城市生活的面貌,这样可以弥补孩子们由于自然环

境、人文环境、经济条件、文化资源的不同而造成的社会性发展的差异,实现对社会的更加完整的认识。

社区是"一所没有围墙的大学",家长应注意挖掘和利用社区资源,对孩子进行社会教育。例如,带孩子去附近的图书馆、电影院、运动中心等,了解人们的业余生活,培养爱护公物的品德和待人接物的能力。

家长工作的单位、组织等是社会的组成部分,是儿童进行社会学习比较直接和便利的场所,让儿童了解父母的工作单位和工作特点,学习跟父母的同事交往也是发展儿童社会性的一种方式。

邻里之间的交往是比较便捷的沟通方式,学前儿童和居所附近的同龄伙伴交往,"两小无猜"、"青梅竹马"式的同伴关系可以弥补独生子女家庭给孩子带来的孤独感、无助感,有利于发展学前儿童的利他行为等亲社会特征。家长要鼓励孩子串门,尤其是城市,人际关系疏远、隔膜较多,更应注意由于缺少交往伙伴而早熟的"小大人"倾向,或者形成自私、独占的个性特征。

(二)从小处着手,注意随机教育

家长要注意观察孩子,发现孩子发展中的问题,"勿以善小而不为,勿以恶小而为之",及时采取教育措施。例如,孩子吃饭时弄掉了不少饭粒儿,要让孩子捡起来,还要让孩子了解粮食是如何种出来的,农民种粮食很辛苦等,让孩子懂得节约粮食的道理。孩子在别人家作客时不懂事、没有礼貌,家长也要寻找合适的机会,对孩子进行相关的教育。

(三)利用适当的媒介进行教育

电视等大众媒体对儿童社会性发展的影响不容忽视,通过这些媒介学习的东西越来越多,但是学前儿童还不善于分辨好坏,所模仿的内容有时是错误的甚至危险的,因此家长要予以正确的引导。例如,帮孩子选择有教育性、启发性、能够激发儿童求知欲的内容,和孩子一起看,让孩子正确理解节目内容,并把正确的观点传递给他们。

儿童读物也是家长对孩子进行社会教育的常见媒介,家长要为孩子选择适合其年龄的、能促进其健康发展的读物,通过儿童读物了解社会知识,提高认识能力,亲子阅读的方式还可以加深亲子关系。

节日庆祝活动也是社会生活的一项内容。我国有许多传统的和现代的节日,很多家庭也有自己值得庆祝的日子,学前儿童参与这些节日的庆祝活动,可加深对社会的认识,激发社会情感,模仿社会行为。例如,庆祝"春节"的活动,通过参与准备过节物品,和家长一起包饺子、贴对联、拜年等,了解过年的风俗习惯;"国庆节"到来时,参与各种庆祝活动,培养孩子爱祖国的情感;"世界环保日"让孩子以实际行动参与环保活动,增强爱护环境的意识等。

(四)从小培养劳动意识和生活技能

许多家长担心孩子年龄小、干不好,或者认为孩子根本就不应该劳动,以至于剥夺了孩子劳动的机会,造成了孩子的劳动意识不强、动手能力差,甚至对劳动有偏见,认为劳动很"脏",这对儿童的社会性发展非常不利。学前儿童随着自主意识的增强,非常愿意参与

适当的劳动和实践活动,感受劳动时的气氛,在自己的劳动成果面前产生的成就感和自豪感,由此带来的自信、自尊是其他活动所无法相比的。通过动手劳动,学前儿童还能掌握一定的劳动技能,提高自己的生存能力,这对于儿童未来的社会生活是非常有帮助的。

（五）创设良好的家庭环境

在布置家庭环境时,应注意向孩子倾斜,尽可能地考虑孩子的需要,满足孩子学习、活动所需要的各种物质条件,让孩子拥有自己的一片天地,如自己的小房间、单独的小床、自己的玩具柜、自己的游戏区域、自己的小书架等。让孩子在自己的空间里充分地展示自我,发挥自己的主动性和积极性,这对于儿童的自我意识、情绪情感、个性等方面的发展非常有利。

心理环境的创设更加重要,应努力创设民主的家庭氛围,尊重孩子的独立人格,允许孩子发表不同于家长的意见,不把大人的意志强加给孩子。对孩子宽严结合,不娇惯溺爱,不姑息迁就,和孩子像朋友一样相处。教育孩子时态度要温和,语气要平缓,不能尖刻粗暴,更不能责骂体罚、恐吓压制。评价孩子时要多用肯定的、正面的语言鼓励孩子,如"你真能干"、"真不错"等,要多表扬孩子所做出的努力,不要光看到孩子的失败和错误。要看到孩子现在比以前的进步,不要总去和别的孩子进行横向比较,更不能用孩子的短处去比别人的长处。否则会让孩子产生灰心、丧气或者嫉妒、仇视等心理,产生交往障碍。另外,家庭成员之间要和睦,为孩子创设一个平等、和谐、温馨的家庭环境,教育上也要尽量保持一致。如果意见不一致,也要尽可能求同存异,不能互相矛盾,更不能因为意见相左而互相指责,甚至出现暴力。否则,孩子长期生活在家长的矛盾和争执之中而无所适从、精神紧张,也容易形成矛盾的性格和不良的习惯,影响其社会性的发展。

综上所述,专门的教育活动、随机的教育和家庭中的教育是儿童社会教育的重要途径,三种教育途径各有特点,应互相补充、互相统一。在教育实践中,教育者应该发挥各种教育途径的优势,形成三位一体的教育方式,促进儿童社会性的和谐发展。

第二节　学前儿童社会教育的方法

情境导入

幼儿园里,老师发现小女孩媛媛自觉地将其他幼儿用后乱放的毛巾整理好,及时地表扬了媛媛,第二天其他幼儿都争相模仿媛媛,自觉地整理好毛巾。看似没有直接的教导,为什么会有这样的效果呢?

学前儿童社会教育方法是指为了实现社会教育目标而对学前儿童施加教育影响的措施和手段的总和。教育目标的实现、教育内容的实施,都离不开适宜的教育方法。所以,教育方法是教育活动的要素之一,只有选择恰当的教育方法,教育活动得以顺利开展,学前儿童社会教育才能取得良好的教育效果。因此,研究选择教育方法与研究教育内容同样重要,从一定意义上讲,学前儿童社会教育的效果、效率的高低与教育方法直接相关。学前儿童社会教育内容涉及广泛,既有认知的,又有情感的;既有思想的,还有行为习惯的。要想实现这些教育目标,就必须灵活地、创造性地运用教育方法,并将这些方法有机地结合起来。由于社会教育过程受多种因素的影响,因而社会教育的方法也是多种多样的。

一、学前儿童社会教育的一般方法

所谓一般方法是指适用于学前儿童教育的各领域的方法,在学前儿童社会教育中,常用的主要有以下几种教育方法:

(一)讲解法

讲解法是指教师以口头语言对社会教育内容进行系统和生动的解释,帮助学前儿童理解社会生活的规则、要求和意义,学习正确的行为准则的教育方法。这是社会教育中最经常使用的一种方法。

讲解法的优点是:可以在较短的时间内获得较多的知识;便于教师控制教育过程,有利于教师发挥主导作用;主题明确,儿童易于直接接受;反馈及时,教师可根据儿童的回答得到反馈,便于调整讲解的内容和方法;有利于教师有目的地向儿童进行社会教育。但讲解法也有局限性:儿童以听教师讲为主,没有充分的机会对所学内容及时做出反馈,儿童学习的积极性、主动性不易充分发挥;讲解单调,儿童的注意不易保持;讲解的内容、方法统一,很难照顾到个别差异。

运用讲解法应该注意以下三点:

第一,讲解的适用性。只有学前儿童无法实践或体验的、难以理解的内容才适合专门的讲解,而对一些简单的或儿童已熟知的教育内容,教师就无须再讲解。

第二,讲解的直观形象性。因为儿童的语言水平发展比较低,对一些观念性的、概括性的内容很难理解。所以,教师在学前儿童的社会教育中,应当具体、直观、形象、简单明了地对他们进行讲解,使抽象的内容具体化,以利于儿童理解和接受。

第三,讲解的方式多样化。由于儿童听讲的注意力不可能集中比较长的时间,难以倾听单调的讲解。因此,教师的讲解要清晰、简练、准确,生动有趣、有感染力,速度适中、音量合适、注意抑扬顿挫、富有启发性和说服力。例如,采用游戏的口吻讲解穿衣方法,教师扮演猫妈妈,要带小猫出去玩。猫妈妈说:"小猫们,我们开火车到很远的地方去,现在就出发",边说边教儿童穿衣服。火车呜呜响(衣服套头),咔嚓咔嚓上山岗;钻山洞,过大桥(穿进袖筒),运客、运货忙又忙(拉拉锁或系扣子)——儿童便会认真按要求去做。

(二)谈话法

谈话法是指师生通过对话的方式展开教育活动的一种方法。教师可以向儿童提出问题,也可以解答儿童的问题,不受时间、地点和人物的限制。谈话的方式不拘一格,在生活活动、游戏活动、教学活动,或个人、小组、集体中都可以采用。谈话可充分调动学前儿童学习的积极性、主动性,引起他们的认识兴趣;有助于发展学前儿童的思维能力和口头语言表达能力;教师可以及时获得学前儿童学习情况的信息反馈,以进行有针对性的引导。但谈话法也有局限性,主要是费时较多,不易使全体儿童都参加到谈话中来;学前儿童需要一定的知识、经验的准备才能参与谈话。

运用谈话法应该注意以下几点:

第一,要在学前儿童社会教育的重点处采用谈话法。因为谈话法比较费时,所以要用在最能发挥它的优势的地方。一般来说,在完成社会教育的重点任务时,可以用一系列的问题进行引导、启发,帮助儿童理解和掌握这些内容,那种"好不好"、"是不是"、"对不对"之类的简单问题尽量少提。

第二,谈话的话题应与学前儿童已有经验相关,学前儿童才能积极地参与到话题中来,成为对话的一方,从中获取新的知识,与教师在情感上产生共鸣。

第三,谈话的对象要面向全班,要让每一个学前儿童都有参与的机会,在他们积极思考的基础上,再展开师幼间的对话。

第四,教师所提的问题应具体、明确、难易适度。所提的问题要符合学前儿童思维发展的水平,语言的表达形象生动,启发儿童进入思考状态。

第五,提出问题后应留给学前儿童思考的时间。由于年龄小、社会知识经验不多、思维能力有限,教师不能急于求成,谈话中要给予他们思考问题的时间。

第六,谈话结束时应进行总结,对学前儿童提出的问题和表达的看法要给予积极的鼓励和关注,这既增强他们参与谈话的信心,也有利于训练学前儿童交谈和倾听的能力。当然单调的一问一答谈话,很容易使儿童的注意力分散。因此,谈话法应与其他方法结合使用,尤其是要和讲解法结合起来,会收到更好的效果。

案例分析

我们一家人(中班)

【活动目标】

1. 加深对家庭成员的了解,增进和家人之间的亲爱之情。
2. 能在外人面前大方地介绍自己的家人并表达自己对家人的情感。

【活动重难点】

活动重点:加深对家庭成员的了解。

活动难点:表达自己对家人的情感。

【活动准备】

1. 幼儿自带一张"全家福"照片。
2. 幼儿在家注意观察,家里的人一般做些什么,各人喜欢些什么。

【活动过程】

1. 教师自然地引出与家人有关的话题。问:"今天早上谁送你来幼儿园的? 晚上谁来接你?"

2. 幼儿拿出"全家福"照片,仔细观察:我家有哪些人?
3. 交流:(1)"平时我们在家里干什么?"
　　　　(2)"家里人有什么爱好、特长?"
　　　　(3)"家里谁最喜欢我,我最喜欢谁,为什么?"
4. 创设情境,角色扮演:
(1) 向大家介绍自己的家人。
(2) 选择同伴分别扮演每一个家庭角色进行互动,表达自己的感情。
教师引导幼儿小结:我们和家人在一起很快乐,我们爱我们的家人。
【活动延伸】
在美工区选择材料,装扮全家福照片,制作"我的家人"画册。

分析: 这是一个主要运用谈话法增加幼儿社会认知,增进社会情感的活动。活动所选择的话题简单易懂,开放性强,问题的程度由易到难。幼儿容易回答,且都有自己不同的见解,可以发表不同的意见。通过扮演,幼儿还表达了对家人的情感,感受到与家人在一起的愉快情绪,逐步学会爱自己的家人。

(三) 讨论法

讨论法是指学前儿童在教师的指导下就社会性问题或现象互相启发、交换看法以获取知识的一种教育方法。讨论的具体方式有成对交换意见、分小组讨论、全班讨论三种。

讨论法最大的优点,在于它能在一定时间内增加儿童口头表达的机会,尤其是成对交换、分小组讨论形式,为学前儿童提供表达意见的机会更多,甚至不必考虑自己意见的对错。在与教师、同伴的讨论中,儿童的认识得以深化、情感能够自然流露出来,学习倾听不同的意见。因此,这种教育方法能够活跃思想、激发认识兴趣,发挥儿童的学习积极性,也有利于学前儿童在分析、比较各种意见中,提高独立思考的能力、分析问题和解决问题的能力和口头表达能力。例如,教师出示图片:禁止吐痰、禁止吸烟、禁止点火、禁止鸣喇叭、禁止行人通过标志、人行道标志、信号灯标志、公共厕所标志、向右转弯标志、危险物品标志等,让大班幼儿通过讨论找出这些标志的相同点和不同点。经过讨论,孩子们认识了这些标志符号,知道了符号表示的含义。

运用讨论法应该注意以下四点:

第一,选好讨论的主题。讨论的主题应贴近学前儿童的生活,能引起讨论的兴趣。一般地说,采用讨论法比讲解法和谈话法更费时间,但是它更有利于吸引全体成员参加讨论、积极思考,调动他们学习的积极性、主动性。

第二,要根据学前儿童年龄阶段开展讨论活动。一般来说,小班幼儿不适合采用讨论法,只有当学前儿童具备讨论的口语表达能力和知识经验储备时,才能使讨论交流的问题顺利进行下去。

第三,讨论的过程中教师要适当引导,不要轻易打断讨论或发表自己的意见。教师要创设平等、宽松的讨论气氛,让学前儿童自由地发言,敢想、敢问、敢说,在此基础上引导儿童分析、比较几种看法,从而得出正确的认识。

第四,做好讨论的结束工作。教师可以结合讲解法做讨论小结,起到强化讨论的主题、纠正错误认识和鼓励儿童的讨论热情的作用,以利于以后的讨论。有时为了引发儿童进一步学习的兴趣和主动探索的精神,对讨论的问题可以不做结论,留待继续探讨。

(四)观察、演示法

观察、演示法是指教师依据社会教育目标,出示实物、图片、录像、直观教具等具体感知的材料,让学前儿童通过观察获得相应的知识、体验或行为方式的一种教育方法。观察、演示法具有直观性、形象性、具体生动性,符合学前儿童以直觉动作思维和具体形象思维为主的发展特点。演示的材料可以是实物、图片、教师做的示范动作、幻灯片、教育电影、录像等。运用直观手段获得的表象,形象清晰、鲜明、生动有趣,印象深刻,便于记忆,容易巩固。例如,认识少数民族,可用反映各民族生活习俗的图片、电影或画报等向学前儿童介绍少数民族的服饰、居住情况及不同风格的歌曲和舞蹈,得到直观形象的认识。

运用观察、演示法教师应注意以下三点:

第一,要根据社会教育任务的实际需要,有目的、有针对性地运用观察、演示法,不能为演示而演示,也不能单纯为引起学前儿童的兴趣而演示。

第二,观察、演示前,要做好充分的物质和心理准备;演示过程中,要尽可能地使每个儿童都观察到演示的对象与过程。演示要与教师讲解引导等其他教育方法结合起来使用,使儿童的感知与观察结合,而不只是停留在感知观察上。

第三,教具的运用要适当,避免儿童注意力的分散。例如,准备展示材料时尽量不要让儿童提前发现;需要展示时,应让全体儿童都观察清楚后再把它们收起来,避免引起分心现象。

(五)参观法

参观法是指组织学前儿童到各种社会机构实地考察,在对实际事物或现象的观察、思考中获得有关社会知识和社会规范的教育方法。例如,组织儿童参观少年宫、敬老院、图书馆、超市、邮局、建筑工地等。参观法旨在将学前儿童社会教育活动与社会生活实际紧密地联系起来,"社会即学校",置身于真实的教育现场,以生动、活泼的形式进行社会教育。教师对参观活动的组织和指导,是学前儿童了解现实社会、获得社会知识经验的重要保证。

运用参观法时,应注意以下三个问题:

第一,参观前要做好充分的准备。教师要根据社会教育的任务、学前儿童的实际认识水平及当地的环境条件等,制定详细的参观计划。此计划应包括参观的具体目标、对象、时间、地点、顺序、任务等。

参观前,还应让学前儿童做好心理上的准备,通过简单的谈话让学前儿童获取必要的相关知识;让他们明确参观的目标、任务等;激发学前儿童参观的兴趣。

第二,参观时要加强指导。参观过程中,教师或参观现场的工作人员要根据学前儿童的实际情况,因势利导,引导儿童按照一定的顺序,采用适当的方法进行观察。教师还可以围绕参观的内容,启发儿童主动提出问题,或联想过去的知识经验,思考如何解决新问题。教师还要注意做好参观访问的组织工作,维持参观的秩序,保障学前儿童的人身安全。

第三,参观后要及时总结。参观之后的总结可以有多种方式:通过谈话,可以获得更完整、更有条理的知识;进行绘画或游戏等活动,把参观访问的结果用学前儿童自己喜欢的形式记录下来,有利于拓展他们的经验和视野。例如,参观服装自选商场后,把自己最喜欢的衣服画出来;参观邮局后,为儿童准备信封、邮票、笔和纸以及邮筒,开展邮局游戏。

案例分析

参观食品店(小班)

【活动目标】
1. 对参观食品店感兴趣,尊重营业员的工作,礼貌待人。
2. 能根据一定的依据进行食品分类。
3. 了解食品店里的主要商品,知道食品可以分类。

【活动重难点】
活动重点:懂得尊重营业员的工作。
活动难点:根据一定的依据进行食品分类。

【活动准备】
1. 选择参观的食品店,进行初步的沟通。
2. 制定参观路线。

【活动过程】
1. 通过谈话,引起幼儿对参观食品店的兴趣,并提出参观任务;观察食品店里卖什么东西,营业员是怎样卖东西的。
2. 参观食品店。
(1) 带领幼儿参观食品店,尝试了解各种食品的名称。
(2) 引导幼儿观察食品店所售食品种类的多样性:除了卖糖果、糕点,食品店里还卖些什么?
小结:食品店是卖吃的东西的地方,建立关于食品店的正确概念。
(3) 引导幼儿观察食品店里营业员和顾客的活动,注意倾听营业员和顾客之间的简单对话。
提示:食品店里有什么人?他们在干什么?
营业员是怎样卖食品的?她们是怎么对待顾客的?
(4) 仔细观察营业员是怎么放置食品的,幼儿尝试在营业员的指导下进行食品的摆放,建立初步的分类概念。

3. 幼儿在教师带领下进行购物活动,感受营业员对大家的热情服务。
4. 参观活动结束后,幼儿与营业员礼貌道别,组织幼儿回园。
5. 参观后进行谈话总结:
(1) 食品店里卖哪些食品?
(2) 如果我们身边没有食品店会怎样?

【活动延伸】

收集有关材料,布置"食品商店"区角环境,自主游戏。

分析: 这是一个典型的运用参观法扩展幼儿社会认知的活动,选择的参观对象是与幼儿的生活紧密联系的食品店,结合了幼儿的生活经验开展活动。参观的步骤清晰,任务明确;参观的方式多样,既观察静态的食品,也观察营业员与顾客之间的活动,还让幼儿实际体验,进行购物活动。幼儿既获得了社会认知(食品店的食物、食品的摆放、营业员与顾客的活动),又发展了社会行为(学习摆放食品、购物、与营业员打交道)。活动延伸有利于拓展幼儿的经验,在游戏中反复练习。

(六) 行为练习法

行为练习法是指组织学前儿童按正确的社会行为规范,参加各种活动和交往而得到实际锻炼,以养成良好的行为习惯的方法。这种方法是学前儿童习得社会行为最有效的方法。

学前儿童进行行为练习的方式是多种多样的。在教师创设的情境里进行行为练习;组织到实际生活环境中的练习,如各种家务劳动、社会交往活动、自我服务活动等;一日生活中教师组织的随机或专门的教育活动中的行为练习,如来园和离园的礼貌行为练习、用餐后的卫生行为习惯练习等。学前儿童良好的行为习惯、交往能力,只有经过反复认识和练习,才能形成自觉行动,在实践中不断适应社会。

运用行为练习法时,应注意以下几点:

第一,要明确行为练习的目的和要求,精心组织活动。开展什么活动,受到哪些锻炼,训练哪方面的社会行为和能力,事先都要有详细的计划。

第二,要充分尊重和发挥学前儿童的主动性和积极性,让儿童在练习中真正体验到快乐,达到练习的目的和效果。

第三,行为练习要循序渐进,练习的内容应能为儿童所接受。

第四,行为练习要反复进行,做到持之以恒。学前儿童的日常生活,是他们进行行为练习的机会,要通过日常的学习、劳动和生活进行反复练习,使学前儿童养成各种好习惯。例如,教师在指导学前儿童洗手时,把洗手的动作按顺序编成儿歌,让他们边念儿歌边洗手,经过反复的练习掌握洗手的方法,激发学前儿童的练习兴趣,体验练习的愉悦感和成就感,提高练习的效率。

案例分析

我们学剥豆(大班)

【活动目标】
1. 乐意参加剥豆活动,体验劳动过程的乐趣和成就感。
2. 掌握剥豆的方法,会自己动手剥豆。

【活动重难点】
活动重点:体验劳动的乐趣和成就感。
活动难点:掌握剥豆的方法。

【活动准备】
1. 每组幼儿准备一小盆毛豆、一个托盘、一只碗。
2. 事先和厨房联系好相关事宜。

【活动过程】
1. 观察一周食谱,找出哪些菜里有豆子,说出豆子的多种吃法。
2. 尝试剥豆子,组织讨论:你是怎样剥豆的?
3. 请剥得好的小朋友示范,其他人观摩后,小结:
要剥得又快又干净,一只碗放豆子,一个托盘放豆壳。
4. 分组比赛,集体剥豆。
5. 打扫桌面后,带领幼儿把剥好的豆送到厨房。

【活动延伸】
1. 午餐时,提醒幼儿多吃点自己剥的豆子。
2. 鼓励幼儿回家后主动帮忙做家务。

分析:这是一个主要运用行为练习法培养儿童动手能力的活动。活动所选择的内容是幼儿在生活中经常接触的,活动材料准备起来简单易行,操作也很便利。幼儿在进行操作前通过观察食谱,对豆子的吃法有了充分的感知,激起活动的兴趣,然后通过操作、再讨论,进一步掌握剥豆的技能。最后把剥好的豆送到厨房,并在午餐时吃自己剥的豆,让幼儿能够享用到自己的劳动成果,产生成就感,体验到劳动的快乐。

(七)强化评价法

强化评价法是指通过对学前儿童社会性行为的评价进行社会教育的方法。学前儿童在社会生活中,经常受到各种环境的刺激和影响,积极的、正面的影响促进学前儿童习得良好的社会行为;消极的、负面的影响会让他们沾染不良的社会行为。恰当的评价,能激发学前儿童的上进心,促进良好社会性行为的形成和发展,同时也能抑制不良社会性的产生和蔓延,这也是学前儿童社会教育常用的一种方法。

强化评价多种多样,一般常用的是正强化和负强化。正强化是指对学前儿童的良好表现给予表扬、鼓励、奖励等肯定性评价,它能提高积极性,激发学前儿童亲社会言行的出现;负强化是排除或减少对学前儿童不良行为的警告、规劝、批评、惩戒等否定性评价或刺激的方法,它能纠正学前儿童的不良行为。例如,当某一儿童把自己的玩具让给其他同伴玩时,成人及时的表扬和微笑会使他感受到满足,这类行为出现的频率会提高;当某个孩子不再争抢其他同伴的玩具时,教师撤销对他的游戏隔离,同样能让他认识到把玩具归还给同伴,或征得别人同意后再借来玩才是正确的。不管运用何种评价方式都应建立在对学前儿童的理解、尊重、信任的基础上。

运用强化评价法时,应注意以下几点:

第一,强化要及时。即当学前儿童的言行符合社会要求时,教师要及时地称赞表扬、点头、微笑、抚摸等;当学前儿童的言行不符合社会要求时,教师要及时地规劝否定、摇头、表情严肃、纠正等。这样,使儿童良好的言行得到保持,使不良的言行消退,强化的作用才能真正具有教育意义。

第二,强化要恰如其分。过多地运用表扬和奖励不能使学前儿童或者集体感到光荣,反而容易对表扬和奖励产生满不在乎和无所谓的心理,甚至还可能干扰活动。例如,大家都在专注地做"老鹰抓小鸡"游戏,教师泛泛的表扬会打断游戏的进程。在运用批评、惩戒时,更要慎重。因为批评、惩戒是消极的方法,它的副作用大,容易使学前儿童产生消极情绪。

第三,以表扬、奖励为主。当学前儿童出现良好的言论或行为时,教师要用表扬、奖励的方式,激励他们严格要求自己,发扬优点、克服缺点,取得更大的进步。需要注意的是,运用表扬要适度,把握好表扬的分寸,以避免被表扬的孩子产生骄傲自满的情绪。那些经过努力做得好,或经常被忽视而自信心不足的儿童应该是表扬、鼓励的重点。

第四,严禁体罚、恐吓、辱骂或变相体罚。教育法规和职业道德都禁止体罚或变相体罚。教师也不能以迫使儿童劳动、恐吓和辱骂作为批评、惩戒的手段。

二、学前儿童社会教育的特殊方法

学前儿童社会教育是儿童全面发展教育的有机组成部分之一,它与其他领域的教育密切相关,有许多相通之处,但它也有自身的规律和特点。学前儿童社会教育的特殊性,决定了它有一些不同于其他领域教育的独有方法,即学前儿童社会教育的特殊方法。

(一)榜样示范法

榜样示范法是指在社会教育中,利用他人良好的品德和行动作为示范,以促进学前儿童形成良好社会性品质的方法。学前儿童的模仿能力强,具体、生动、直观的典型容易激发他们向榜样学习的热情。因此,根据一定的情境,提供学习的榜样,学前儿童有意或无意地进行模仿,可以有效地促进儿童良好社会品质的形成和发展。在运用榜样示范教育过程中,教师要善于选择有教育意义,又切合学前儿童实际的典型人物或事例。

对儿童影响较大的榜样有以下三种。

第一,伟人和英雄模范人物。伟人和英雄模范人物的生平事迹和所建立的光辉业绩是具体、生动、形象的教育材料,学前儿童接触了这样的材料后,会产生敬爱之情,模仿其行为的动机会比较强。例如在每年的学雷锋月主题活动中,学前儿童的行动积极性都比较高涨。

第二,教师本人。学前儿童有很强的向师性,在他们的心目中老师有着崇高的地位,教师的一言一行都在潜移默化地影响着儿童。因此,教师一定要严格要求自己,言行要符合社会的道德规范,用美的语言、美的行为、美的心灵来影响孩子,培养学前儿童良好的社会性品质。

第三,同伴。与学前儿童年龄相近的同伴,他们作为榜样更易被儿童接受,特别是与学前儿童生活比较接近的那些平凡小事,产生的感染力更强。所以,教师要注意表扬学前儿童身边的好人好事,树立贴近生活的学习榜样。

(二)角色扮演法

角色扮演法是指通过扮演在实际生活中的某一角色或童话故事中的人物,以他们的言行举止来行动,从而掌握规范、形成某些经验和行为习惯的方法。在学前儿童社会教育过程中的角色扮演需要教师创设相应的情境,让学前儿童展开合理的想象,发挥自主性和创造性,表现出与这一角色一致的且符合规范的行为,在此过程中加深体验,更好地理解他人的感受,以掌握社会行为规范和道德要求。

现实生活中,每个人都承担着一种或几种角色,每个角色都有自己特殊的行为模式。学前儿童从家庭来到幼儿园,从家中的"小皇帝"、"小公主"变为群体中的普通一员,随着角色的转换,他们在家庭中养成的某些习惯与集体生活的规范可能会不一致甚至相互矛盾,角色扮演实际上就是学前儿童的一种从旁观者到参与者的学习过程。在日常生活中,教师要创设教育情境,引导学前儿童进入角色,模拟社会生活,从而获得新的行为模式。

在运用角色扮演法时,应注意以下几点:

第一,教师创设的教育情境要是学前童熟悉和喜爱的,扮演的角色是他们所认知和理解的。例如,让他们扮演生活中经常接触到的对象,如妈妈、老师、司机、交通警察等。

第二,角色扮演要有针对性,根据教育目标和儿童社会性发展的水平来确定目标。例如"我是大班哥哥姐姐"的活动中,学前儿童扮演哥哥姐姐的角色,因为这是他们即将达到的发展水平,所以会做出与之相适应的行为,如礼貌对待弟弟妹妹,关心、帮助弟弟妹妹,做弟弟妹妹的好榜样等。

第三,要充分发挥学前儿童的主动性、积极性和创造性,尊重他们自主选择角色、变化角色和创造角色的需要,教师不过分干预分配角色、如何扮演等。

第四,学前儿童扮演的角色应以正面角色为主,即使有反面角色的扮演,切忌让固定的人物经常扮演反面角色。

(三)移情训练法

移情又叫感情移入,是指一个人设身处地地站在别人的位置去理解他人的情感、需要及活动。学前儿童情绪、情感发展的主要特点之一是其情绪的易感染性,因此,移情对发展学前儿童的社会性有重要的作用。首先,移情可使主体内部产生某种情感共鸣,从而成为推动学前儿童品德行为发展的内在动因。例如,教师或父母通过对老人、邻居等的尊重

学前儿童社会教育

和关心,对集体和社会公益事业的热心支持等来影响儿童,使他们在情感上产生感染与共鸣,促进其良好品行的养成。其次,移情可以使学前儿童摆脱"自我中心",从别人的立场、位置来考虑问题,产生利他思想,逐渐形成亲社会行为。最后,移情还可以使学前儿童体会助人为乐、合作分享等带来的友爱与欢乐的情绪。但在现实生活中,移情并不是自然而然产生的,它需要在生活中、教育中通过训练才能够实现。

移情训练法是指通过学前儿童生活中的真实事件或讲故事、情境表演等方式,引导儿童设身处地地站在别人的位置考虑问题,分享和理解他人的情绪、情感体验,从而与之产生共鸣的训练方法。例如,在遇到他人苦恼的情境时,一个孩子的妈妈对伤害事件进行有感情的说明,激发孩子同情、怜悯别人,理解自己的行为与他人烦恼的关系。采取这种教养方式的父母,他们的孩子往往会对别人表现出移情,并可能表现出帮助、分享和同情等亲社会行为。可见,移情训练法是社会教育的一种很重要的教育方法。

移情训练的途径很多,主要有讲故事、编故事、生活情绪体验、情境表演等。例如续编故事,让学前儿童在编故事的过程中去理解和体验故事主人公的情感和心态,续编的部分含有儿童对故事中人物情感的理解与分享,还发展了想象力,延续了儿童的移情行为。又如情境表演,是把社会生活中的某些场景状态展现给学前儿童,如"关心爸爸妈妈"、"接待客人"等,让他们尝试表演,老师和小朋友再给予评价。情境演示的是发生在身边的事,学前儿童站在他人的角度去体验他人的情绪、情感,具有一定的感染力,易于接受其中的教育内容,达到移情的目的。

运用移情训练法时,应注意以下几点:

第一,创设的情境应该是学前儿童熟悉的社会生活,或者是符合他们的年龄特点,孩子们能够理解的,这样才能产生移情。

第二,移情训练要通过换位,让学前儿童去理解他人的情绪,并以自己本身的情感体验去感受、理解他人的情感需要,以唤起儿童的情感共鸣。

第三,在移情训练中,要变换移情对象的身份,以训练学前儿童对各种不同人物的移情,扩大移情的对象。

第四,移情训练的目的是为了学前儿童在社会生活中能理解他人,但不能只停留在认识层面上,应对他们进行良好的行为训练,形成良好的行为习惯。例如,不仅能够理解小朋友受到攻击的感受,而且还能给予力所能及的关心和帮助。

第五,在移情训练中,教育者要真情地与儿童一起进行训练,不能成为局外人。教育者的移情能力和对待移情训练的态度能影响学前儿童移情的效果,因为教育者的情绪具有很强的感染力,教育者真诚地加入移情训练中,会极大地感染儿童。

第六,移情训练法应与角色扮演法、行为练习法等有机结合起来运用,才能取得良好的教育效果。

(四)价值澄清法

美国心理学家、教育学家路易斯·拉斯教授在对传统的价值观教学法进行研究分析的基础上,提出了一种新的价值观教育法,即"价值澄清法",针对纷繁复杂的现代社会中,家庭、学校传授的各种做人的行为规范和准则与儿童所见所闻的种种相背离的社会现象,以及现代社会中不断变化的各种刺激导致价值观的混乱，认为只有通过儿童心理内部价值澄清，才能建立自己清晰的价值观和恰当的生活方式。实践证明，这种方法不仅灵活、方便、简单，而且非常生动、有趣、可行，是当前对儿童进行价值观教育的一种非常有效的方法。

价值澄清理论的基本内容是：每个人都有各自的价值，同时每人都按照自己的价值观去行事。价值尽管是个人的、相对的，是不能被灌输的，但有理智的人类应该有能力学会运用"评价过程"进行价值澄清，从而形成个人稳定的价值观，这一理论运用于学前儿童社会教育领域，是一种较为特殊的社会教育方法。

学前儿童价值观是指学前儿童在日常生活中，通过与周围人和事的接触逐渐形成比较稳定的待人处事的态度。即通过儿童内部心理活动进行价值选择、价值确定，然后付之于外部行动的过程。在价值澄清时，有七个评价步骤：儿童自由选择价值；儿童从尽可能多的选择内容中选择价值；儿童对各种选择过程及其后果三思后再做选择；让儿童珍惜和重视自己的选择；儿童公开表示自己的选择，并求得大家的认可；儿童根据自己的选择采取适宜行动；儿童根据自己的选择重复所采取的行动，使之成为个人的生活方式。价值澄清理论强调，儿童价值观的建立是通过儿童自己的内部心理活动、内心情感体验，进而进行意志行动的过程，即一个由内到外、从思想到行动的儿童主动建构价值的过程，它重视在公众场合儿童价值行为表现与个人独处时都能保持一致。

运用价值澄清法要注意：对儿童来讲，他们靠自己建立价值观是相当难的，主要是依赖于外部环境的刺激，通过自己的理解深化才能内化为自己的价值观。儿童个体价值观的确定，必须在进行中才能取得成效。所以，要为学前儿童提供适宜的教育条件，让他们在正确教育的影响下，引起自身内部矛盾冲突，建构正确的价值观。

总之，"教育有法，教无定法"。学前儿童社会教育的一般教育方法和特殊教育方法，各有其不同的特点和作用，它们之间有其内在的联系，各种方法相互配合、互相补充。教师在运用这些方法时要考虑教育对象的不同特点，灵活运用。随着社会的不断变化和发展，学前儿童社会教育的内容和手段不断更新，教育方法上也应有所创新，教师不但要学习新的教育理论和其他教师的先进经验，也要总结自己的教育经验，探索新的教育方法，逐渐提高社会教育的水平，促进学前儿童社会性的发展。

真题再现

1.（2017年真题）活动设计题：请围绕"有用的工具"为大班幼儿设计主题活动，应包含三个子活动。

要求：

（1）写出主题活动的总目标。

（2）写出一个子活动的具体活动方案，包括活动的名称、目标、准备以及主要环节。

（3）写出另外两个子活动的名称、目标。

2. 材料分析题：

3岁的萱萱，长着大大的眼睛，虎头虎脑的脑袋，一看就招人喜欢。然而，到幼儿园里

没有几天,老师就发现萱萱特别好动,她所进行的活动都很短暂,总是一个接着一个地换,如在活动室里,她几乎每分钟都在改变活动,一会儿玩积木,一会儿玩小汽车,一会儿玩拼图,更加让老师担心的是,稍不注意地就会爬上窗户往外看,还会袭击其他小伙伴……

(1) 结合以上案例,分析为什么萱萱会有以上的行为表现。

(2) 针对此类儿童,幼儿教师应如何教育?

技能训练

1. 选用适当的方法,引导儿童尊重图书管理员的工作。
2. 选用多种方法,引导儿童在别人休息、看书的时候保持安静。

拓展链接

价值澄清法的具体运用

价值澄清法在学前教育中常用的四种具体教育方法如下:

1. 澄清应答法

澄清应答法是指教师通过与儿童的交谈引起儿童的思考,在相互的交流中不知不觉地让儿童进行内省、价值评价的方法。它是价值澄清中最基本、最灵活的方法。例如,一位孩子在自由活动时说他喜欢拼图,教师听到后立即抓住机会与他交谈。教师:"你到底喜欢拼图什么呢?"儿童:"嗯——,让我想想,我也想不起来,但是,我就是很喜欢拼图。"教师:"你玩的一些游戏,是不是与拼图有关呢?"儿童:"不是的。"教师:"好,谢谢你,你接着玩,我去那边看看。"这种交谈时间很短,教师适时地把握住了教育时机,交谈虽然很快结束了,但是留下儿童一个人去回味刚才谈话的内容,留下了深刻的印象,这种短论,比长篇大论效果要好。教师走后,儿童可能自己会想一想,"我到底喜欢拼图什么呢?我为什么不做一些拼图游戏呢?"儿童的这些思考对他们的价值观澄清是有帮助的。

教师在运用澄清应答法时,一般要注意以下四点:

第一,针对当时的具体情景,教师要适时、及时地与儿童进行澄清应答,引导和鼓励孩子进行价值思考。一般情况下,不是儿童的一言一行都应进行澄清应答,只有当儿童在待人接物的态度、抱负、目的、兴趣及对社会现象的评说时才用此法,目的是指示儿童价值观的方向。

第二,在澄清应答过程中,教师要对儿童的言行表示出一种认同的态度,这样做并不是对儿童的言行完全赞成,但儿童觉得老师在注意他、尊重他,而不是忽视他、贬低他。这为以后的师生交谈建立了宽松、融洽的气氛。

第三,教师要鼓励儿童对自己的兴趣爱好、选择、行动进行慎重的思考与评价。上例中"你到底喜欢拼图什么呢?你玩的游戏,是不是与拼图有关呢?"这样问的目的是要促进儿童对自己的选择做进一步的思考,进而促进儿童的思维、情感与行为能力的发展。

第四,价值澄清应答的时间不宜太长,只要引发儿童进行有关价值思考就适可而止,要把思考的机会与答案留给儿童。

2. 价值表决法

价值表决法是指教师事先拟定一系列儿童关心的问题,让全体儿童一起来表示自己意见的一种方法。价值表决的目的是通过向儿童提供公开自己价值观的机会,让儿童获得他对自己价值的态度。

运用价值表决法应注意:每次让儿童表决的问题不要太多,最好在十个以内;要面向全体儿童,让他们每个人都有表决的机会。

3. 价值排队法

价值排队法是指让儿童以三四种事物为对象,根据自己认为的重要性程度为它们排名次,并说明排名原因的一种方法。在儿童的日常生活中,他们常常会遇到做出选择的事情,价值排队法就是要为儿童提供这些选择的机会,训练他们对其价值进行分析、比较、筛选的能力,帮助儿童进一步了解各种事物的价值,并公开表达自己的选择。

设计价值排队的题目时,教师要注意:排名的事物量不能太多,最好不超过四个;排名事物的内涵上不能相互交叉。

4. 展示自我法

展示自我的方法是教师或家长给儿童创造条件和提供自由发言的机会,让孩子们把与自己有关的事情讲出来给大伙听。展示自我的目的就在于系统地为儿童提供审视自己的机会,逐渐学会分析自我、检查自我和发现自我。需要注意的是,儿童每次讲时最好围绕一个题目进行。

价值澄清的方法很多,上述的几种是比较典型有效的方法。除此之外,教师可根据有关儿童获得价值观的原则,进一步设计出一些切实可行的方法,并把多种方法结合起来灵活运用,以达到预期的价值澄清效果。

第四章

学前儿童社会教育活动的设计原则与教学程序

学前儿童社会教育活动在实施前的设计是关系到活动能否取得成功的关键环节。教师在设计学前儿童社会教育活动时,必须考虑《纲要》及《指南》对社会领域教育提出的要求和建议,考虑幼儿自身的年龄特点和发展水平,这就需要遵循一定的原则和程序,这样才能保证幼儿在活动中能够处于"积极主动"的主体地位,使其社会性获得真正的发展。本章将对学前儿童社会教育的原则和活动设计程序进行较为系统的探讨。学前儿童社会教育对人一生的发展有着重要而深远的意义,但是社会领域的教育又有区别于一些传统学科的特殊性。教师在进行社会教育时要采用适合现代幼儿社会发展需要的新原则、新方法,以促进幼儿社会性的全面发展。

1. 了解学前儿童社会教育活动的设计原则。
2. 明确学前儿童社会教育活动的教学程序。
3. 掌握幼儿专门社会教育活动设计与实施的要点,灵活应用于教学实践。

第四章 学前儿童社会教育活动的设计原则与教学程序

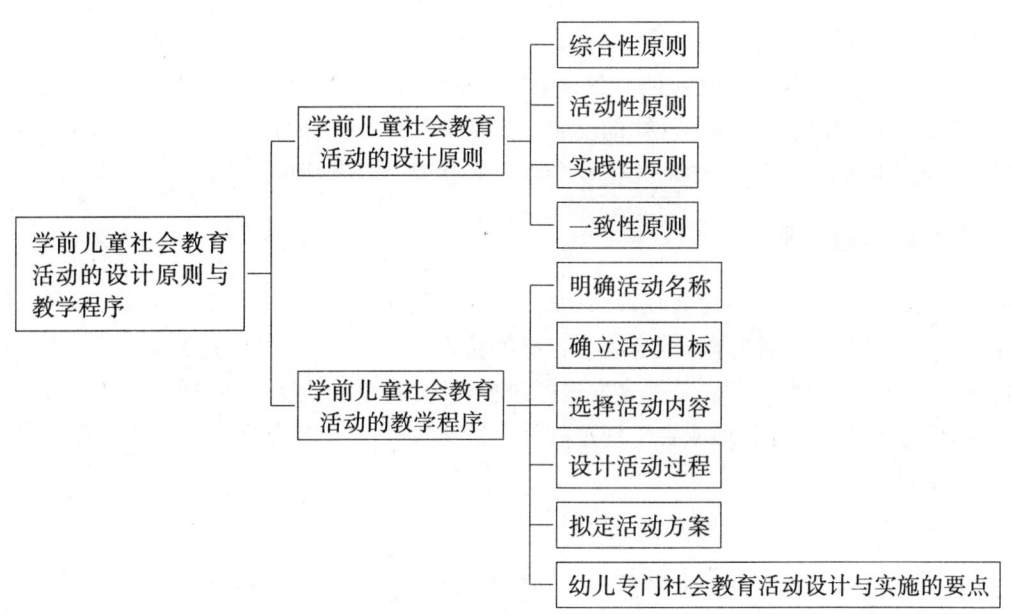

第一节 学前儿童社会教育活动的设计原则

情境导入

涵涵是个有主见的孩子,在区域活动中选择了建筑区。在和同伴商量怎样来装饰楼房的房顶时,涵涵大声说:"咱们不如用小三角形的积木来装饰房顶吧。"结果同伴们并没有按照他的意见去做,有的自己装饰,有的和其他幼儿一起合作起来。涵涵一看没人响应,于是按照自己的想法装饰起来。他不时地抬头看其他同伴,发现别人一起搭建得很快,可是自己还没有把屋顶装饰出来,很不高兴地嘟囔着:"他们都不听我的。"我摸了摸他的头说:"自己有想法是好的,但也得听听大家的意见啊。你可以去试试他们的办法,比较一下谁的办法更好。"于是他加入了其他小朋友的队伍,开始按照别人的想法进行装饰了。完成之后,与小朋友一起改动自己的房顶。很快,漂亮的房顶就装饰完了。

上述案例中,教师的介入让涵涵找到了解决问题的办法。使得他开始尝试去接受别人的意见,开始和同伴初步形成合作并能完成搭建内容。在这个过程中,他也初步感受到了与同伴合作的快乐。教师根据儿童的具体情况及教育原则采用了一系列方法来帮助他形成良好的交往行为。这一系列引导是建立在对儿童社会学习相关理论和特点以及社会教育原则和方法的熟练把握的基础上的,只有以此为基础,才能根据幼儿的特点,有针对

性地采用教育方法,创设教育情境,取得好的教育效果。

幼儿的社会学习具有随机性、长期性、实践性的特点,因此,社会领域的教育应具有潜移默化的特点,即将教育渗透到一日生活的各个环节,通过自然的形式对幼儿进行熏陶,如将社会教育渗透到幼儿的交往、探索、游戏等活动中,使幼儿适应环境,内化规则。

学前儿童社会教育的原则是指在对学前儿童进行社会教育时必须遵循的基本要求和指导思想,它是社会教育基本规律的反映。为了使教育既符合幼儿的心理和认知特点,又能对幼儿施以积极的影响,学前儿童社会教育必须遵循以下基本原则。

一、综合性原则

综合性原则是指进行社会教育活动时,应以幼儿的社会性发展为根本目标,以幼儿的直接经验和实际生活为基础,结合幼儿自身的特点,在教育活动中促进其多角度、多层次的发展。幼儿社会性的发展是综合发展的过程,社会教育活动要以增进幼儿的社会认知、培养其社会情感、引导其形成合乎规范的社会行为等几个方面为目标。贯彻综合性原则应注意以下几个方面。

(一)社会教育的内容应是综合的

幼儿需要逐渐理解和掌握的行为规则内容可谓丰富多彩,在教育过程中,教师应尽可能挖掘促进儿童社会性发展的教育内容。《纲要》中对幼儿社会教育提出八条纲领性描述,指出幼儿社会教育主要涉及个人、家庭、幼儿园和社会四个方面的生活,各方面的生活又分别涉及认知、情感、态度与行为几个方面的发展。如果我们不是简单地将社会领域的学习当作一种"社会常识"的获得,而是将其真正看作是培养幼儿良好的社会性和个性品质的话,那么我们就会发现,这个领域确如《纲要》所指出的那样,"应渗透在多种活动和一日生活的各个环节之中"。我们要注重幼儿在活动中的体验,避免简单说教,理解社会学习的渗透性、综合性,避免单一的"社会课"。

(二)社会教育的方法和途径应多种多样

综合性原则主要体现在教育目标、教育内容和教育方法等多方面的综合上。学前儿童社会教育的方法和途径应该是多样的,如参观、谈话、讲故事、角色扮演等,教师要根据幼儿的发展水平和教育内容的不同特点灵活使用。多种方法的使用可以增加幼儿学习的兴趣,提高学习的效果。如在大班的主题社会文化教育活动"欢欢喜喜过大年"中,要想实现这一主题的目标和内容,必然要综合渗透其他领域的内容,如艺术领域的"剪窗花"、欣赏乐曲《金蛇狂舞》,科学领域的"认识年历",语言领域的"说说压岁钱"和"年夜饭"等内容。

二、活动性原则

皮亚杰关于活动在幼儿的智力和认知发展中起着重要作用的观点,为学前儿童社会教育中坚持活动性原则提供了科学依据。活动性原则是指社会教育活动要为幼儿创设活动的机会和条件,引导幼儿在各种活动中与人交往,积极主动地发展社会性。

活动是幼儿心理发展的源泉,活动和交往是幼儿社会学习的重要方式。对于社会道德规则的传递,幼儿必须通过活动和交往亲身去感受、体验,才能逐渐掌握。假若幼儿离开了社会活动,他们的心理很难得到发展,社会性也不能形成。贯彻活动性原则应注意以下几个方面。

（一）为幼儿创设社会活动的空间和时间

教师要尽可能地把活动内容设计成各种自主性活动,要在现有的社会环境中,尽量留给幼儿足够大的社会活动空间。同时,要重视活动空间的布置,让幼儿积极参与。要为幼儿创造良好的条件,使他们能够有更多的时间和机会进行社会活动,让他们主动体验、观察、操作以获得社会认知,形成社会情感和社会行为,活动过程中不能设置太多约束。

（二）激发幼儿社会活动的动机

教师要抓住时机激发幼儿活动的愿望、主动性和积极性。要为幼儿提供适当的指导以提高他们的活动水平,如在他们需要帮助时,给予及时的指导。另外,还可以根据幼儿的活动水平,给他们提出更高的社会活动要求,激发他们更高、更多的社会活动需求。

三、实践性原则

著名教育家陶行知指出,"社会即学校,生活即教育"。儿童的生活中处处蕴藏着、渗透着社会教育的内容,生活和教育是不能截然分开的。实践性原则是指在社会教育过程中,教师应利用和创设各种机会,组织多种多样的活动,让儿童参与其中。

在幼儿社会领域的学习与发展中,结合幼儿生活经验,实践是一种非常重要的学习方式,特别是情感态度类的学习,不是简单地"讲道理"所能奏效的。原则上讲,态度不是"教"出来的,也不是刻意脱离其他内容而单独存在的东西,它是伴随着活动过程而产生的体验。比如幼儿自尊和自信的形成主要来自交往过程和各种活动过程中的体验,与个人的自我价值感和能力感(自我效能)密切相关。这一形成过程主要受三个因素的影响:别人对自己的态度与评价、个人活动经验(自我感觉)、社会比较。人在活动中的成功感或挫败感会影响他们对自己的看法和态度。经常获得成功的体验,人的自尊、自信就会增强,反之,就会降低。在活动过程中,人也会常常自觉或不自觉地把同伴作为衡量自己的标准,并根据比较结果形成对自己的评价。因此,在组织幼儿社会教育活动时,一定要尽可能地设置情境,多让幼儿亲自参与体验,真正形成良好的社会品德行为。贯彻实践性原则应注意以下几点。

（一）为幼儿提供实践活动的机会

教师要根据社会教育的目标,针对幼儿思想和行为的实际情况,有目的、有计划地为幼儿提供丰富多彩的、有益于他们身心发展的交往、合作、关心和谦让等锻炼机会,让幼儿身体力行、反复练习,克服行动中遇到的困难和障碍,养成良好的社会道德行为和习惯,把社会规则内化为他们的品质。在幼儿的一日活动中,教师不仅要引导他们理解、掌握、提高社会认知,内化行为准则,更要为幼儿提供充分的小组活动和个别活动,让他们有充分

的体验机会。同时,教师要在活动中给予指导,以提高幼儿实践活动的效果。

(二)教给幼儿正确、具体的行为方式

教师要让幼儿明白社会规则的要求与自己的行为紧密相关,规则是对每一个幼儿的要求,并且帮助幼儿把社会规则与自己的行为建立起联系。教师还应教给幼儿具体的行为方式,即教幼儿"如何做",帮助幼儿学会和掌握一些帮助别人的行为方式和方法,为他们以后在实际生活中的社会行为实践打下良好的基础。

(三)让幼儿自己解决问题

《指南》指出,教师要做到"当幼儿与同伴发生矛盾或冲突时,指导他尝试用协商、交换、轮流玩、合作等方式解决冲突"。如教师在帮助幼儿解决因争夺玩具而出现的矛盾时,应让他们运用自己所掌握的社会知识和技能来分析、讨论、协商解决问题,切忌自己包办处理,也不要利用自己的权威和指令来解决问题。

四、生活性原则

《指南》在幼儿社会领域的表述中指出,幼儿社会教育的目标包括"喜欢并适应群体生活"、"遵守基本的行为规范"。幼儿最初的社会生活内容就是在家庭和幼儿园所进行的日常生活,日常生活是幼儿学习的主要资源。生活性原则是指社会教育要指向幼儿的生活,把幼儿还原到真实的生活中开展社会教育。社会教育是在日常生活中,借助于日常生活,并且为了日常生活而进行的教育。贯彻生活性原则应注意以下几点。

(一)善于抓住生活中的细节

日常生活中蕴藏着丰富的社会教育内容,人们在生活中随时都在受到社会影响,并接受着生活的教育。教师要在日常生活中随时随地抓住教育机会,结合幼儿的生活经验、生活内容和生活方式,在日复一日的生活中渗透社会教育内容。比如,中班社会认知活动"有用的标志",设计的重点是认识日常生活中常见的标志,了解它们的名称、用途或功能等,并且让幼儿帮助班级和幼儿园设计一些有用的标记,如交通指示、物品摆放指示等。而对于标志的具体制作,则较为弱化。这样就突出了社会领域教育内容的特色,既加强了幼儿对幼儿园的认知,也培养了幼儿的主人翁意识。

(二)长期一贯的坚持

所谓一贯性,就是指作为教育者而言,对孩子的教育要求要坚持一贯,不能随着时间、地点或者教育者心情的不同而有所改变。因为幼儿的社会性学习有很大的反复性,容易受环境的影响而发生变化,有时甚至可能"进一步,退两步",因此,幼儿社会教育要有较强的系统性。

正是由于日常生活比较随意、琐碎和不断重复,使得幼儿比较容易学习和形成良好的行为习惯并不断巩固。因此,教师要充分挖掘和利用生活中的教育资源和教育机会,随时随地、坚持不懈地对幼儿进行社会教育。

五、一致性原则

所谓一致性原则,是指教育者要尽力为幼儿的社会学习营造一个连续和统一的影响环境。这个环境既包括教育者自身影响的连续性和统一性,也包括各方面力量的连续性和统一性。

教育家叶圣陶先生说:"好习惯养成了,一辈子受用;坏习惯养成了,一辈子吃它的亏,想改也不容易。"幼儿的社会学习是一个长期的过程,其模仿、学习的对象和环境应有相对的稳定性与一致性,这样才有利于幼儿良好社会行为习惯的建构。要促进幼儿社会性的良好发展,教师、父母等必须统一地发挥作用,形成教育合力。家庭成员对孩子要求一致,教师之间要求一致,家庭与幼儿园要求一致,各方密切配合,共同对孩子进行教育,是幼儿形成良好习惯的重要因素。贯彻一致性原则应注意以下几点。

(一)教育者自身要做到言行一致,始终如一

对儿童的合理要求一经提出就必须坚持。教师的教育态度要前后一致。如果教师的要求前后不能保持一致,会使幼儿无所适从,甚至觉得教师的要求可以遵循,也可以不遵循,这样,他们就很难形成良好的社会行为。同样,如果教师说的和做的不一致,会产生不良的教育效果。如教师要求幼儿互相帮助、互相合作、互相谦让等,但当幼儿表现出这些行为时教师却视而不见,不给任何表扬、肯定的评价,这是教师言行不一致的表现。因此,教师在教育幼儿时不但要言传,更要身教,要言行一致,这样才能促进幼儿良好的社会性的形成。

(二)协调统一幼儿园内部的力量

在学前教育机构工作的所有人员会形成一个小环境,潜移默化地影响着儿童。假若有些工作人员重视幼儿社会性的培养,而另一些工作人员不重视或不积极配合,甚至有些人在与儿童交往、教育的过程中给幼儿消极的影响,这就会严重影响幼儿良好社会性的形成。

学前教育机构的整体发展规划应与各班教师对幼儿的教育培养上下一致、积极配合,这将有利于幼儿社会性的良好发展。

(三)协调统一幼儿园与家庭、社区之间的力量

《纲要》中指出:"社会学习是一个漫长的积累过程,需要幼儿园、家庭和社会密切合作,协调一致,共同促进幼儿良好社会性品质的形成。"社会教育不是单靠一方的力量就能完成的,必须将社会教育置于广阔的社会背景下,利用多方面的教育因素。但要注意的是,各方面教育因素不一致所带来的负面影响会比单方面实施社会教育的负面影响更大,因此,幼儿园应主动承担起责任,统一社会中各方面的教育力量。幼儿园与家庭、社区在对儿童进行社会性教育时,要互相协调、步骤一致。如果各方面要求不一致、不协调、不连贯,会使教育的作用相互抵消,使得幼儿不能形成良好的品德与行为习惯,更严重的可能会形成双重人格。

第二节 学前儿童社会教育活动的教学程序

专门的社会教育活动的设计与实施,有助于幼儿社会领域教育目标的最终实现,它主要表现为集体形式教学。掌握专门社会教育活动的设计,不仅有益于集中和较快地实现教育、教学任务,也能够帮助教师理清和完善其他形式社会教学活动的设计与实施。

虽然不同类型的社会教育活动有不同的设计方法,不同的教师也有不同的设计思路,但社会领域教育活动有着共同的目标和指导原则,教师在设计幼儿社会教育活动时,必须考虑《纲要》和《指南》对社会领域教育提出的要求和建议,考虑幼儿自身的年龄特点和发展水平,遵循一定的教育规律,这样才能保证幼儿在活动中能够处于"积极主动"的主体地位,使其社会性获得真正的发展。

学前儿童社会教育活动的设计主要包括活动名称的设计、活动目标的设计、活动准备的设计、活动方法的设计、活动过程的设计以及活动延伸的设计。

一、明确活动名称

活动名称的设计应结合领域特点,一般有两种取法:一种是按照教学活动的要求,采用直观明确的方式撰写。例如,"一年四季我知道",这样定名称可以使幼儿从名称上就了解活动的内容和要求,但名称不够儿童化,缺乏生活气息。另一种是按照活动内容,用生活的语言定名称。例如,"我升中班了"。

二、确立活动目标

(一)活动目标设计的要求

根据单元主题目标结合活动内容的具体特点(发展价值),制定出科学合理的活动目标。活动目标设计的具体要求如下:

1. 适宜性

活动目标要适合幼儿的发展水平与需求,不能过于简单,也不能超出幼儿的能力水平,最好是处于幼儿"最近发展区"的目标水平。如对于幼儿来说,要让他变得勇敢,适宜的目标就是鼓励幼儿做一些自己生活中不敢尝试和不敢做的事。

2. 具有社会领域特点

活动目标要突显社会领域特点。社会领域目标的特点就是目标达成的内隐和滞后性,从这一特点出发,社会领域活动的目标更多是引导性的,而不是行为表现性的,不能一味地用能说、能做来表述。

3. 具有针对性和可操作性

教学活动目标需要考虑在有限的教学时间内要传达什么信息,解决什么问题。相对于主题目标来说,教学活动目标要针对具体内容提出可操作的目标,如听了《身上长条纹了》的故事以后,幼儿要理解什么,会表达什么,要引起幼儿什么样的情感体验等。

4. 简单、明确,重点突出,具有层次性

具体教学活动中,目标的表述要避免模糊笼统,如"引导幼儿观察周围生活中的常见标志",目标笼统,重点不突出,可以改为:"引导幼儿观察周围生活中常见的交通标志"。另外活动目标要有主次之分,要在一个教学活动中突出活动的重点与难点。活动重点是指通过教学活动帮助儿童达成的普遍目标。活动难点是指以幼儿的现有经验与水平而言有一定挑战性的内容。难点内容的完成需要教师较多的支持,对于难点目标不要求每个儿童都能完成,多数儿童能够完成就可以了。

(二)活动目标的分解

活动目标的分解可以从以下两个维度进行。

1. 范围维度

例如《指南》在社会领域的目标 4 中提到"关心尊重他人",那么,幼儿园班级目标、教育活动目标、幼儿个体发展目标应该有何区别?班级目标确定为"知道自己的班级,知道自己班级有哪些老师和小朋友",某一次的活动目标可以落实在"知道生病了很难受,能够关心班上生病的小朋友",幼儿个体发展目标定位为"为生病的婷婷留一个苹果"。

2. 时间维度

教师可以将《纲要》提出的社会领域发展目标逐渐具体化为学年目标、学期目标、月目标、周目标及活动目标。如小班社会领域学年目标是"初步掌握日常生活中的礼貌用语";学期目标就应该比这个目标更具体,可以是"初步掌握与父母、教师、同伴交往的礼貌用语";周目标进一步具体为"初步掌握和父母、教师、同伴的问候、分别、请求用语";具体教育活动目标就应该更具体一些,如次目标为掌握"对不起"或"谢谢"。

下面以单元主题活动"我"为例,展示幼儿园社会教育活动的设计,包括理清设计思路、确定单元目标及分解、拟定单元活动纲要等,如表 4-1 所示。

表 4-1 单元主题活动"我"①

单元名称	我(大班 5~6 岁)
设计思路	大班幼儿的自我意识已经开始在生活过程中、在人际交往中自发地形成。自我意识往往会自觉或不自觉地影响幼儿对人、对事的态度以及他的行为方式。因此,引导幼儿全面地认识自己,以积极的态度对待自己,学习适当地控制和调节自己的行为,形成对人、对事、对己的正确态度是十分必要的。
单元总目标	1. 知道自己的出生日期、相貌特征、兴趣爱好等。 2. 了解自己随年龄而发生的变化。 3. 认识自己的能力,喜欢做自己能做的事。 4. 知道引起情绪的原因,能用适当的方式表达情绪。 5. 了解自己与他人的异同,接纳自己,尊重和欣赏他人。 6. 知道自己需要别人的关爱和帮助,也知道应该关爱和帮助别人。

---

① 邓宪亮.学前儿童社会教育[M].北京:高等教育出版社,2014.

(续表)

名称	主要目标	主要内容与步骤	备注
一、我的出生日	1. 知道自己的生日。 2. 知道自己是妈妈生的。 3. 对妈妈怀有感激之情,并会表达。 4. 会做简单的统计,感受数字的用途。	1. 邀请怀孕的亲友到班上,由她向幼儿说出肚里怀有未出生的婴儿。 2. 教师利用胎儿在母体里的透视图,向幼儿讲解,每个人都曾经在妈妈的肚子里,是妈妈生的孩子。 3. 请幼儿回家问妈妈,她是在哪年哪月哪日生下自己的,并记下自己的出生日期,回幼儿园和小朋友交流。 4. 教师和幼儿共同制作生日月份统计表,统计每个月份生日的人数,班上最多人和最少人出生的月份,并安排同月出生的幼儿相互握手。 5. 安排幼儿制作爱心卡片送给妈妈,向妈妈表示谢意。幼儿可在卡片上画画,或从旧杂志、报纸、包装纸上剪下他们认为美好的图画贴在心意卡片上,并从报刊上剪下"我爱你"等字一起贴在心意卡片上。	准备工作: 搜集胎儿在母体里的透视图及有关婴儿成长的图书或故事书,供幼儿阅读。
二、我在不断长大	1. 了解自己随年龄而发生的变化。 2. 感受父母养育自己的艰辛。 3. 领悟"以前"和"现在"两个词的含义。 4. 按成长过程排序。	1. 举行"小时候"物品展览,请幼儿在爸爸妈妈的帮助下搜集有关婴儿的用品,例如照片、玩具、衣物、奶瓶、尿布等(可以是实物,也可以是图片),然后把它们带回幼儿园,在教师的指导下加以分类和整理,并贴在壁报板上展览。 2. 在教室墙面设"以前和现在"专栏,请幼儿向妈妈要"以前"和"现在"的照片各一张,贴在专栏内,通过对比,使幼儿察觉自己的改变,并领悟"以前"和"现在"这两个词的意义。 3. 请幼儿向妈妈询问有关自己婴儿时的事,请妈妈讲述自己"以前"和"现在"有什么不同,并讲一讲父母是怎么养育自己的。把询问到的资料在班上讲述。 4. 制作程序画,让幼儿按顺序排列。成长过程可以是体型上的改变,也可以是能力上的改变(例如初生婴儿是由别人喂奶,一岁左右让人喂食;现在自己进食之类)。 5. 讨论:爸爸妈妈养育我们很辛苦,我们现在长大了,怎样让爸爸妈妈少一点辛苦?	准备工作: 1. 向家长介绍活动内容,请他们支持。 2. 把从婴儿至今的成长过程制作成图卡若干套。不一定要教师绘图,可从报纸杂志上剪取现成的资料编制。
三、我很能干	1. 能说出自己会做的事。 2. 知道哪些事自己可以学会,并愿意学。 3. 主动做自己能做的事并努力做好。 4. 会做简单的统计,感受数字的用途。	1. 谈话:让幼儿谈谈他们在自我照顾方面能做的事,例如,洗脸、刷牙、穿衣、穿鞋袜、收拾书包等。 2. 制作统计图表。依据谈话内容,教师协助幼儿做出统计,找出哪一件工作是最多幼儿能做到的。让幼儿表达愿望,说出自己最希望学会做什么工作,并把他们的愿望做出统计。 3. 通过分配值日生的工作,使每个幼儿都有机会履行自己的责任,并引导他们评估值日生的工作表现。 4. 安排幼儿参与班内的工作,例如整理自然角、玩具角等,教师对他们所付出的努力应加以赞赏。 5. 安排时间,让幼儿共同完成一件工作后,表达自己的心情。 6. 鼓励幼儿在家中做自己可以做的事,例如,无需催促自己起床、刷牙、梳头、穿衣、穿鞋、进食。	注意事项: 教师要对幼儿能做到的每一件事表示欣赏,以增进其自豪感。评估幼儿的工作时要注意参与的意愿和负责的态度,不要只评估结果,更不要在幼儿之间做比较。

(续表)

名称	主要目标	主要内容与步骤	备注
四、我快乐，我不快乐	1. 知道人有不同的情绪。 2. 了解情绪的产生是有原因的。 3. 能够用比较适当的方式表达情绪。	1. 教师分别画出小孩快乐或不快乐的表情画，然后由幼儿猜想什么事使画中的小孩快乐或不快乐。 2. 让幼儿轮流说出一件曾使他们感到十分快乐或不快乐的事。教师总结，要想自己快乐，就不要做让别人不快乐的事。 3. 讨论：当你感到不快乐的时候，该怎么办？（建议幼儿把不快乐的事告诉老师、同学或者家里的人，得到亲近的人的安慰，心里会好受得多） 你的老师或爸爸妈妈是不是也有不快乐的时候？当你看到大人不快乐时，该怎么办？（让幼儿明白大人也会有不快乐的时候。至于幼儿该怎么做，则任由他们发挥，教师也可以提供意见）	准备工作： 画出小孩快乐或不快乐的表情画。
五、 （此处原表序号内容）	1. 能说出自己的相貌、喜好等方面的特点。 2. 知道自己和别人有相似的地方，也有不同的地方。 3. 喜欢自己的同时知道欣赏他人。 4. 能用流畅的语言表达。 5. 注意听别人讲话。	1. 让幼儿自由组合，两人一组，然后互相说出两人相同之处。最初可能需要教师提示，例如：同是小孩，同样长着头发、有眼睛，同样穿了衣服、鞋袜，都要吃东西、睡觉……幼儿掌握了可以比较的事，教师要放手让他们自己去发现。比较相同之处进行了一段时间后，可以比较相异之处，例如身高相貌、所穿衣服鞋袜的款式和颜色等。 2. 游戏：找相似的朋友。幼儿围圈而坐。其中一人站起来从众多幼儿中找出一个他认为与自己有最多相同点的幼儿，然后说出他们有哪些地方相似。事毕，找人的幼儿返回座位，先前被找的幼儿变成主动，重复第一个幼儿所做的事。依此类推，轮流去找相似的朋友。 3. 教师协助幼儿进行"我最喜爱的……"问卷调查，例如我最喜爱的水果、颜色、游戏等，然后制作统计图表，找出答案。 5. 制作完毕，举行"我的书"展览，学习欣赏别人的制作。幼儿也可以向别人介绍自己的制作。 6. 教师做总结，指出每个孩子都有他的特别之处，每一个人都是与别人不同的孩子，都很可爱。	
七、我们需要互相关爱	1. 能体会别人对自己的关爱。 2. 对关爱自己的人怀有感激之情。 3. 能主动关心别人，并能用适当的行为表达。 4. 理解大家既需要别人的关爱，也应该关爱别人。	1. 让幼儿回忆他们被人疼爱的事，从而引发他们对家人、老师和同学的亲切感情： 请你举出一些事例说说妈妈、爸爸怎样疼爱你？ 从哪一件事中，你可以知道老师爱护你？ 举出一两个你与同伴相亲相爱的例子。 2. 举办"最疼爱我的人"展览。请幼儿带一些家庭生活照片来园，照片中包括他们心目中最疼爱他们的人。师生共同把照片贴在壁报板上。每当看到这些照片，幼儿将会感受到爱并引起甜蜜的回忆。 3. 讨论：很多人疼爱和关心我，我可以怎样爱和关心别人？教师可以给出建议，如父母或家人生	建议： 1. 教师也要和儿童一样参加谈论，说出自己的经验和感受。 2. 班上如果有人病了，可请儿童讨论如何用行动来表示对别人的爱和关心。

(续表)

名称	主要目标	主要内容与步骤	备注
		病、疲倦或不快乐时,不要打扰他们,可以为他们递一杯茶、送一件自己做的小礼物,或轻轻说一声"我爱你",都会使他们感到快乐。 4. 举行"关怀周"活动。要求幼儿每天为别人做一件事,例如帮助别人或主动向别人表示关怀,并安排时间让幼儿分享他们所做的事。教师要以身作则,每天至少为别人做一件事,并且向幼儿报告她做了哪些事。"关怀周"过后,也要鼓励幼儿把关怀别人的精神继续发扬下去。 5. 谈话:让幼儿回忆帮助别人或向人表示关怀的经验,引导他们说出当时的心理感受。	

(三)活动目标的表述

1. 目标表述的维度

学前儿童社会教育领域的活动目标一般包括社会情感目标,社会认知目标和社会行为技能目标。这样制定的目标完整,便于落实。但活动目标不一定都包含三个方面,每个目标也未必只含一个维度的内容。

学前儿童社会教育领域的情感目标包含兴趣、态度、价值观、习惯等,可包含的内容为:良好的行为习惯(礼貌、讲卫生、勤俭等);良好的道德品质(同情心、乐于助人、分享、谦让、关爱、感恩、宽容、责任、诚信、爱护公物,爱护环境等);良好的个性品质(意志力,自信心、勇气、自制力、自尊心、自主、耐心、细心等);良好的态度(认真、虚心、有始有终、一心一意,努力探索等)。

学前儿童社会教育领域的能力维度的目标可包含的内容为:合作能力、交往能力、创新能力、想象力、认知能力、自主能力、独立能力、生活自理能力、抗挫折能力、是非判断能力、移情能力、自我调节能力、注意力、适应环境的能力等。

学前儿童社会教育领域的知识维度的目标可包含的内容为:有关自我意识发展的知识、有关社会环境和社会规范的知识、有关人际交往的知识、有关社会文化的知识等。

2. 目标的表述方式

目标表述有两个主要的角度:一是从儿童出发的发展目标,二是从教师出发的行为目标。从儿童角度表述的常用词有"感知、感受、体验、尝试、喜欢、乐意、了解、熟悉、理解"等;从教师角度表述的常用词有"引导、支持、帮助、鼓励、促进、介绍"等。教师只要能表述清楚活动对象与目标内容,不论从哪个角度表述都可以,重要的是表述要明确、清晰。但一般在一个活动的目标陈述中,表述方式要统一。

> **案例分析**

准备做大班哥哥姐姐(中班)

【活动目标】

1. 激发幼儿向大班哥哥姐姐学习,争做大班小朋友的愿望。(情感目标)
2. 了解大班幼儿的生活、学习情况。(认知目标)
3. 能主动与大班哥哥姐姐交流。(能力目标)

上述案例中,目标1中的行为主体是教师,是教师的教育目标;而目标2和3中的行为主体是幼儿,是幼儿的发展目标。可改为:以教师为主体的教育目标:

1. 激发幼儿向大班哥哥姐姐学习,争当大班小朋友的愿望。
2. 让幼儿了解大班儿童的生活、学习情况。
3. 鼓励幼儿主动与大班哥哥姐姐交流。

或改为以幼儿为主的发展目标:

1. 产生向大班哥哥姐姐学习的愿望,争当大班小朋友。
2. 了解大班幼儿的生活、学习情况。
3. 能主动与大班哥哥姐姐交流。

3. 目标表述要明确、具体

要想把促进幼儿的社会性发展落到实处,教师在设定社会教育活动目标时需要查找相关资料,准确了解一些社会性领域的基本概念,从而把促进幼儿社会性发展的目标具体化,提高社会教育质量。如下述案例中,在设计大班社会活动"大家一起来合作"的活动目标时,教师首先要对"合作"这个概念进行深入分析。合作是什么?合作最本质的特征是两个以上的人为了一个共同目的彼此协作完成具有一定难度的任务。在与人合作的过程中需要哪些个人品质?倾听、讨论、配合都是必需的。教师经过分析,对"合作"的本质特征有了清晰的认识,在目标设计时就有可能更加明确具体,避免空洞抽象。

> **案例分析**

大家一起来合作(大班)

【活动目标】

1. 愿意与同伴一起完成任务。
2. 尝试与其他同伴一起完成任务,学习倾听、发表意见。
3. 适当坚持和妥协,能从他人的角度去思考问题。

三、选择活动内容

(一) 活动内容的选择

1. 符合幼儿的年龄特点

内容的选择应该根据幼儿的年龄发展水平及其经验与能力来选择,如小班幼儿理解能力还比较弱,只能理解情节简单、角色不复杂的故事内容,所以较长的、情节复杂的故事就不适合小班幼儿的学习。比如,幼儿园渗透式领域课程(小班)中"玩具、图书我爱你"、"我是好宝宝"等活动内容都比较符合小班儿童的年龄特点。

2. 符合幼儿的生活经验与兴趣

社会领域教学活动的内容,应该贴近幼儿的日常生活经验,满足幼儿的现实需要,符合幼儿的兴趣,使活动目标建立在他们的原有经验之上。如为了教孩子诚实不说谎,教师们常常用故事《狼来了》,这个故事对于幼儿并不是特别合适,现在有一些很好的绘本可以利用,如《打破杯子的鼠小弟》,讲的也是一个诚实不说谎的故事,主要内容是:鼠小弟打破了杯子,这其实算不上犯错,但他从以往的经验中知道会挨妈妈说。于是,他发挥想象力编出一个又一个理由,想为自己开脱。正当他为自己的小聪明感到得意时,却在众目睽睽之下又一次打破了杯子。鼠小弟终于跑去对妈妈说:"我把杯子打破了。"

《打破杯子的鼠小弟》并不是《狼来了》式的深刻寓言,也不是《木偶奇遇记》那样带有说教性的故事,它只是用一幅幅有趣的图画把儿童撒谎的心理活动表现得淋漓尽致,孩子们会抱着亲切的感觉进入故事,和鼠小弟一起去寻找摆脱困境的办法。故事的结尾用幽默的手法使鼠小弟没能撒谎,做了一个诚实的好孩子。这个绘本的内容就比较贴近幼儿现实生活与经验,绘本内容可以看出幼儿心理变化过程,也有正确的价值观导向。

(二) 活动内容的分析与处理

1. 分析内容的教育性要素

内容的教育性主要指内容所蕴含的教育价值及其与教育目标的相关性。教育活动的内容材料根据抽象程度的不同,可以分为直接经验材料、示范观察材料以及语言符号材料。不同材料的教育要素分析方式是不同的。

对于直接经验材料,主要是通过儿童的参与和体验来呈现,这类材料的教育性要素,主要体现在教师要善于从目标出发对儿童的活动进行教育性引导与归纳,如参观超市、银行等活动。

示范观察材料的教育价值要素分析,需要教师带着教育目标引导儿童观察和分析材料,这样才能利用材料引起儿童的学习兴趣。比如,发现周围不好的行为、适时加入别人的游戏等,都属于有教育价值的材料。

教师在活动中用到的言语材料主要有故事和绘本等。教师可以从分析故事的主题、情节发展、角色特点、角色体验等方面去挖掘教育要素。如《好朋友》《花婆婆》《城里最漂亮的巨人》等都是幼儿社会教育可以用到的言语材料。

2. 分析内容的主要知识点，确定重难点

在明确了基本的教育因素以后，将内容分解成需要幼儿掌握的知识点，并确定教学中的重点与难点，这样活动设计的基本内容就大致完成了。

四、设计活动过程

社会教育活动过程各个环节必须精心设计，比如通过何种方式将幼儿引入集体教学活动中来；再如分为哪几个步骤开展活动，包括学习新内容、练习巩固等；又如采用什么方式结束活动等，都需要经过深入思考，安排得当。活动的设计流程要自然连贯，步骤要清晰明了，并为具体实施留有余地。

（一）导入部分

幼儿是否对活动感兴趣，是否积极参与到活动中，都与活动导入有密切的关系。一般来说，活动的导入有这样的一些形式：

(1) 设疑导入——猜一猜。疑问可以由教师直接提出，也可以以谜语、儿歌的形式间接提出。

(2) 图示导入——看一看。教师可利用彩图、标本实物、课件来列出活动。

(3) 故事导入——听一听。让幼儿听一段短小的故事，是社会教育常用的一种方法。

(4) 情境表演——看一看。创设一定的情境或利用情境来进行模拟表演，把幼儿带到教育活动中。

(5) 游戏导入——玩一玩。以游戏的形式开始，在游戏中渗透社会教育。

对于不同教育目标的活动，导入形式也是不一样的，教师应该根据教育目标、教育内容和幼儿实际情况选择恰当的开始。好的活动方式应该是既要适应不同类型社会教育活动的特点，又要引起幼儿对学习内容的浓厚兴趣，从而使幼儿积极主动地参与活动，这也是社会教育活动完成效果的保证。

（二）展开部分

问题情境是师幼有效互动的平台。教师提出的问题质量如何，直接影响活动实施的效果。在本环节，教师在设计中要重点注意提问的设计和活动方式的设计。提问要清晰，有针对性，能引发幼儿思考，活动过程中要顾及大部分的幼儿，又要正视幼儿的个体差异，一般来说，教师提问时要注意层次性、导向性、议论性和评价性，激发幼儿产生社会性认知冲突，启发幼儿思维，调动幼儿已有经验，使每个孩子都有成功的体验，都能得到较充分的发展，从而实现社会教育的目标。

活动的展开部分是教育的主要环节，需要掌握的知识、需要体验的情境、需要练习的行为都应该在这个部分呈现。要达成知识维度的目标，可以运用讲授、谈话、演示等方法进行；要达成能力维度的目标，可以运用示范—模仿、练习—反馈的方法进行；要达成情感维度的目标，可以运用体验、扮演、鼓励、强化等手段进行。

在教学活动过程设计中，应多思考活动的展开部分可以分成几个环节，各环节间如何做到逐步深入、层层递进，逐渐实现活动目标。要以多种形式让幼儿参与、体验，调动幼

的各种感官,让幼儿成为活动的真正主角。

(三)结束部分

活动最后,教师可以进行简单的总结、评价,并引导幼儿自然过渡到下一个活动。教师应该认识到,社会性教育往往不是通过一次活动就能完成教育目标的,所以在活动的最后,最好能让幼儿留下思考或对幼儿提出后续要求,使本次教学目标能更好地向游戏、生活、家庭延伸,更好地将知识与实践联系。

在活动过程的设计中,教师可根据各个活动步骤、内容的需要,恰当地选择、灵活地运用各种教学方法、组织形式,通常是几种方法、形式交替使用,以发挥其综合作用。如《幼儿园课程指导丛书(社会)》中大班的"今天我是值日生"活动中,第一步是引导幼儿"说说值日生该做哪些事?应该怎么做?",这是全班集体活动;第二步是组织幼儿讨论"怎样当好值日生?",这个步骤可以按固定小组进行;第三步是"引导幼儿进一步了解值日生的职责",又是全班集体活动;第四步是"分组练习做值日生,体验为班级服务的快乐",则可以让幼儿自选活动内容,以自选小组的形式进行。

五、拟定活动方案

一个完整的活动方案应该包括以下几个部分:活动名称、适用年龄、活动目标、活动准备、活动过程、活动延伸与建议,并且格式规范,文字表述清晰、流畅。

(一)活动名称与适用年龄

活动名称应该反映本次教学活动的核心目标与内容,简洁明了,富有趣味性,并且注明幼儿的适用年龄。在取名称时尽量符合儿童化的特点,如"好朋友握握手"、"中秋家家乐"、"会说话的标记朋友"、"学做小客人"等。

(二)活动目标

活动目标内容要全面,一般要从认知、情感与行为技能三个维度描述,不能只顾知识方面的要求而不及其余,也不能因突出能力的培养而忽略思想教育。根据具体活动,目标会有所侧重,有的是潜在的、隐性的,尽可能做到具体、明确、可操作,且陈述角度统一。

(三)活动准备

教学中如果教师和幼儿有充分的准备,取得的教学效果会更好。教师的准备包括教师的备课以及相关环境的创设和教具的准备,还包括教师引导幼儿做好相关的知识经验准备。对新教师来说,活动准备要尽可能地详尽,才能应对各种突发事件。如以重阳节为载体进行感恩教育活动,活动前准备《奶奶和小孙女的故事》、绘画工具、歌曲《感恩的心》等,让幼儿充分体会和感受老人对自己的爱和付出,知道感恩,知道怎样关心和爱他们,并用自己喜欢的绘画方式表达对他们的感谢。

(四)活动过程

活动过程从逻辑上讲包括活动导入、活动展开、活动结束。活动过程的设计应该有逻辑、有层次,逐渐深入,层层递进。在时间安排上,活动导入和活动结束部分一般都各占用活动总时间的 1/5,以保证有充分的时间来开展活动的重点、难点内容。在活动展开部分,可设计 1~2 个主体环节,帮助幼儿感受、体验和理解活动主题。

（五）活动延伸与建议

社会领域教育是一个漫长的过程,具有潜移默化的特点,仅靠一次或几次集体活动是难以达成目标的。对社会教育来说,幼儿生活的课内、课外都是有教育意义的,是一个有机整体,所以活动延伸的设计是不可缺少的一环。活动延伸是指在教育活动后,教师可以根据活动内容的特点、幼儿参与活动的热情和效果等,设计一些与此相关的辅助活动,使幼儿受教育的时间能够持续,使教育的目的能够更好地实现。活动延伸的形式可以是家园共育、领域渗透、环境创设、区角活动、游戏等。

六、学前儿童专门社会教育活动设计与实施的要点

（一）选择适宜的教学组织形式

组织教学活动的形式,一般有集体教学、小组教学及个别教学三种。集体教学是面对全班幼儿统一进行;小组教学是将幼儿按不同的特点分成不同的活动小组进行学习;个别教学是幼儿个人单独操作与学习,教师加以个别指导的方式。组织形式的选择基于内容与目标的需要,如讲故事一般会集体进行,谈话、讨论、制作等可以小组进行,画画等可以个别进行。有时一个活动可能需要综合运用几种形式,教师可以灵活安排,以给幼儿提供充分的参与机会和有效的学习支持为基本原则。

（二）教学各环节要求明确,施教灵活,组织有条理、有节奏

在开展教学活动时,教师要对各环节的任务十分清晰,并对幼儿提出具体、明确的学习要求,组织也要有条理,即活动开展的秩序有其内在的逻辑与顺序,不能杂乱无章。教学活动中有时会遇到幼儿的回应超出预期的情况,教师要根据具体情况及时调整教学的内容,以满足幼儿的学习需求。调整的依据应该是在教学目标指导下有益于幼儿充分学习的原则。

教学的节奏应当张弛有序,好的教学犹如一首乐曲,有舒缓放松的时间,也有富于激情的紧张的学习时间。例如,在导入环节是轻松有趣的,在展开部分是丰富而热烈的,在结束部分是充实的。

（三）教学过程要注重教师自身的示范作用和幼儿良好行为习惯的培养

教学实施过程是一个师生互动的过程。在这一过程中,幼儿不仅仅是通过教师所讲授的内容而学习,他们还通过教师如何与他们进行互动而学习。教师自身对待幼儿的态度、说话的方式以及教师自身对所教内容的态度与感受,都对幼儿有着深刻的影响。因此,在教学中,教师要注意自身的榜样作用,如用温和、清晰的语言进行教学,注意倾听幼儿的发言等。

教学也是培养幼儿良好行为习惯的一个重要途径。在教学的实施中,要注意幼儿良好学习习惯的培养,如倾听的习惯、礼貌表达的习惯,对幼儿的不当行为要提出正面的行为指导要求。

（四）教学中能为幼儿提供较充分的材料与经验支持，鼓励幼儿自主探究

教师要善于为幼儿的学习提供充分的材料与经验支持，让他们尝试自己去发现价值和真理，学习自主思考、判断。虽然对于幼儿来说，这些能力只能是很初级的、处于萌芽状态的表现，但教师应当有培养幼儿自主思维能力的意识。教师可根据幼儿的经验水平、能力差异提供不同内容、不同层次的活动材料，真正使每个幼儿在每个学习活动中都能有动手操作的机会，从而获得最大程度的发展。如在组织"认识标记"的活动时，教师投放的材料就应有不同的层次。

（五）教学活动中要抓住个别化教育的契机

教师要真正地尊重幼儿，多了解幼儿的内心世界，学会观察幼儿，真正把幼儿当作活生生的独一无二的人来看待，在教育过程中真正确立幼儿的主体地位。教师必须努力去掉自我本位或者专制的态度，以平和的态度去接近他们。

1. 教师设问的个别化

教师可针对不同的幼儿设置不同的问题，问题有难有易；有开放式，也有封闭式；有指定回答，也有自由抢答；有独立回答，也有集体讨论回答等。个别化的设问方式能让每个幼儿都有能力、有机会表达自己对问题的思考。

2. 教师反馈的个别化

教师对每个幼儿的答问表现所做出的应答应该是各不相同的，既可以用点头、微笑来肯定幼儿的答问，也可以用抚摸、拥抱来鼓励幼儿的表现。有的幼儿的答案虽然很平常，甚至在模仿别人，但教师依然应给予赞赏，因为该幼儿平时比较胆怯，这次能站起来就很了不起，所以要大力表扬；有的幼儿虽然表现很出色，但教师可能并不会给予过多赞赏，因为他可以表现得更加出色。这种针对幼儿的个人特点采用灵活变化的应答方式能满足幼儿不同的心理需要。

3. 幼儿表现方式的个别化

对一些需要共同达到的基础性目标，尤其是社会性目标，教师可鼓励幼儿用自己独特的方式和途径来实现。

4. 教师指导的个别化

教师给予每个幼儿的辅导、帮助应是不同的，有的仅给予语言提示性帮助，有的则帮一半、留一半，还有的需要手把手地教，这样做的目的是让每个幼儿都能在原有基础上得到发展，让每个幼儿都能体验到成功的快乐。

第四章 学前儿童社会教育活动的设计原则与教学程序

案例分析

玩具分享日①(小班)

【设计思路】

现代独生子女家庭的孩子,常常因缺少玩伴而不会与同伴交往,拥有许多玩具而不懂得与人分享。在这一点上,年龄越小的幼儿表现得越为突出。在日常生活和学习中,孩子们因为争抢玩具告状的很多,究其原因,主要是孩子们还不懂得怎样与小伙伴协商,缺乏与小伙伴交往的方法。于是"玩具分享日"这个活动中要力求让孩子们通过自己的体验、自己的感受、自己的思考,通过同伴的行为和态度的评价去获得交往的经验,体验分享的快乐。

评析: 确定幼儿社会教育活动方案的主题要考虑幼儿的先前经验、家庭背景、年龄特点以及个性特征,必须确定幼儿在教育活动开始前应习得的经验技能,然后才能协助幼儿设立一个适当的情境,以使幼儿能从一开始就参与问题的探索。

"玩具分享日"主题的确定是教师在幼儿已有经验、家庭背景及幼儿年龄特点的基础上选择和设计的,以幼儿自己体验、自己感受、自己思考的方式指导幼儿养成良好的行为习惯,主题的设计能较好地体现幼儿园社会教育领域的目标及内容,符合幼儿园社会教育领域的要求。

【活动目标】

1. 愿意与同伴交往,体验与同伴分享玩具的快乐。
2. 学会用征询的言语与同伴交换玩具。
3. 懂得与同伴礼貌交往能给别人带来快乐的道理。

评析: 在小班"玩具分享日"的目标中,目标1是从情感态度方面确定的目标;目标2是从能力技能的角度提出了目标;目标3是从认知的角度提出的目标。目标比较全面,而且具体可行。同时,目标的制定从幼儿的实际需要出发,较好地体现出社会领域教育内容。

最有效的学习内容是根据社会教育的目标所确定的,粗浅的、启蒙的、幼儿感兴趣的、能够直接感知的、具体形象的内容。如小班"玩具分享日",从内容的选择来说,玩具作为教学活动的材料,内容是幼儿熟悉且有经验的,能够很好地激发幼儿参与的兴趣。内容的设计上结合多种教学组织形式,符合小班幼儿的认知水平,有效地发展幼儿社会交往能力。因此社会性教育内容的选择,既要符合幼儿的兴趣和现有经验,又要有助于形成符合教育目标的新经验;既贴近幼儿的生活,又有助于拓展幼儿的经验。

【活动准备】

1. 幼儿准备

(1) 经验的准备:对自己的玩具有一定的了解,能进行简单的介绍。
(2) 物资的准备:选择一件或两件自己最喜欢的玩具带到幼儿园来。

---

① 教育部教育管理信息中心组.全国优秀幼儿社会教育活动课例评析[M].重庆:西南师范大学出版社,2010.

2. 教师准备

（1）撰写一封"给家长的信"，请家长知晓并融入这个活动中。

亲爱的家长：

你们好！学习与人分享事物，是踏入群体的第一步，也是培养良好人际关系的方式之一。

玩具是孩子最亲密的伙伴，也是最感兴趣的事物，通过这个载体，让孩子们学习交往，学会分享，是最好不过的。因而近段时间我班将开展玩具分享的活动，请您协助孩子选择一两种孩子最喜欢的玩具，带到幼儿园来。同时我们也将会和孩子们一起商定一个长久性的"玩具分享日"，让孩子们在分享玩具、体验交往中获得持续性的发展。谢谢您的支持！

小班　××老师

（2）物质准备："笑脸"不干胶贴片若干（两种颜色的）；用相机拍摄的玩具分类标志的照片（毛绒玩具、小车玩具、其他玩具）三张，"轻拿轻放"的照片一张；贴有分类标志的大小不一的塑料篓子若干，照片做标志有毛绒玩具类、小车玩具类、其他玩具类。

（3）环境准备：布置玩具角。

评析： 上述案例中教师在了解幼儿已有经验的基础上，有效地利用家长的支持与配合，材料准备与幼儿的发展相适宜，真正做到了解幼儿、尊重幼儿、满足幼儿，促进幼儿分享行为的良好发展。

【活动过程】

1. 体验交往

（1）幼儿自由地玩自己带来的玩具，并与同桌小朋友自由交谈自己的玩具。

（2）教师不做任何提示，让小朋友自然去交换玩具，互相交往。

师：看到小伙伴这么多好玩的玩具，你们想去玩一玩吗？现在请你们去找小伙伴交换玩具玩吧！如果成功交换到别人的玩具，就取一个"笑脸"小贴纸粘在自己的身上。

评析： 这一部分教师给予幼儿充分的体验与感受机会，让幼儿在分享的过程中感受快乐。

2. 说说想想（玩具放在凳子下）

（1）让幼儿说说自己交换到的玩具，是如何交换的，并向小伙伴演示。

提问：你玩了几件玩具？（数数身上的小贴纸）你是怎样玩到那么多的玩具的？你是怎样做的呢？

（在这个过程中，有的小朋友身上小贴纸的数量不少，但通过交流和演示发现有的小朋友是用语言交流来达到交换的目的，而有的小朋友是用肢体语言来达到交换的目的，如用玩具去碰碰小朋友，或直接向同伴展示玩具等，因而在演示的过程中，教师应指导幼儿努力用言语来表达自己的想法。）

提问：你身上的小贴纸很少，遇到了什么困难吗？你是怎样做的呢？谁能帮帮他？（请能干的小朋友来与他合作演示）

（小贴纸数量很少的幼儿，大多是性格比较内向或胆子比较小的孩子，在此环节中要注意孩子的心理特点，教师的语言评价要多体现鼓励性和帮助性，保护好孩子与同伴交往的积极性）

(2)师生讨论:想与别人分享玩具时,应该怎么做?

小结:与别人分享玩具时,先要有礼貌地向他借,征得对方同意后才能拿,并要有礼貌地说谢谢。

师生共归纳出这样几句征询语:

我玩玩你的玩具,好吗?

我和你换着玩,可以吗?我想玩玩你的玩具,你同意吗?

你的玩具是怎么玩的,你教我好吗?

我们一起玩,好不好?

你想不想玩我的玩具,我们换着玩吧!

评析:执教教师在教学中及时关注幼儿活动的表现,观察和组织不同个性的幼儿参与活动,引导他们学会与同伴交往,注重幼儿自身分享意识的培养。教学材料的提供与使用恰到好处,帮助幼儿练习分享这一行为。师生讨论活动进一步促进教师和幼儿之间形成有效互动,学会与人分享的结果体现了教学目标的要求。

3. 分享时光

(1)练习用新经验去获得分享玩具的机会,如果别人使用的礼貌语言让你觉得很快乐,你就奖励他一个小贴纸(另一种颜色的贴纸,与前一种有区别)。

(2)教师也参与分享游戏,在平行游戏中给个别幼儿以隐性的指导和鼓励性评价。

(3)集体交流:

说说分享游戏给自己带来的感受。

以后还想玩这样的游戏吗?(共同商定"玩具分享日"的时间)

(讨论中,老师折中了小朋友不同的建议,确定了"玩具分享日"的时间:周一、周三的早餐后时间段,周五的晚餐后时间段,周五离园时可带回家,更换玩具再带来)

评析:分享时光这一活动,引导幼儿运用新的经验感受体验分享的快乐,进一步巩固加强"玩具分享"这一主题活动的内涵。

4. 爱护玩具

(1)带来的玩具能否整天放在自己身上?为什么不能?

(2)看四张照片,说说图片中是怎样放置玩具的?(分类放置、轻放轻拿)

(3)请小朋友按照片的标志(毛绒玩具、小车玩具、其他玩具),将自己带来的玩具分类放到不同的篓子中。

评析:由分享玩具到爱护玩具,教学内容不断丰富,幼儿也在不断建构着自身的社会经验,提升自身社会性发展水平。整个活动过程中执教教师紧紧围绕教学目标组织设计,体验交往、说说想想、分享时光、爱护玩具四个教学环节的安排,给予幼儿充分的体验和感受机会,使得教学内容及环节进行逐层递进,教师适时指导,也让幼儿表现出饱满的学习状态,从而形成良好的社会行为习惯。

【活动延伸】

1. 园内延伸

在"玩具分享日"里进一步引导幼儿尝试与同伴合作玩玩具,体验一起玩的快乐。

2. 家庭延伸

在家庭生活中,继续关注孩子分享意识的培养,帮助孩子积累与周围人礼貌交往的经验。

评析: 幼儿良好的行为习惯的形成,不是一蹴而就的,它需要长期潜移默化的内化过程,幼儿社会性方面的学习发展也需要在具体情境中进行,并在实际生活中进一步运用,从而获得社会性的良好发展。执教教师在这个活动中充分践行了这个教学理念,为孩子们创设了一个很好的体验空间,与孩子们一起搭建了一个持续性交往的平台。园内延伸与家庭延伸使得教育范围扩大到幼儿生活的方方面面,通过师生之间、生生之间的相互影响,让孩子们获得了与他人交往的经验与技能。

真题再现

1. (2016年真题)活动设计题:请根据下面的素材,设计大班主题活动方案,要求写出主题活动名称,主题活动总目标,2个子活动。每个子活动包括:活动名称、活动目标、活动准备和活动的主要环节。

周一早晨户外活动,幼儿被院子里五颜六色的花吸引了,有的在指认花的颜色,红的、黄的、白的、紫的;有的在数花瓣,三瓣的、五瓣的、六瓣的;有的在争论花的名称,他们发现有的花朵长得一样,但颜色不一样;有的花朵有香味,有的花朵没有香味……户外活动时间结束了,幼儿还一直很兴奋地谈论着……

2. (2016年真题)教师拟定教育活动目标时,以幼儿现有发展水平与可以达到水平之间的距离为依据,这种做法体现的是( )。

  A. 维果斯基的最近发展区理论 B. 班杜拉的观察学习理论
  C. 皮亚杰的认知发展阶段论 D. 布鲁纳的发现教学论

➢扫描本书目录页下方的二维码,可查看参考答案及解析

技能训练

1. 为以下学前儿童社会教育活动设计具体活动目标:
(1) 我的好朋友(小班)
(2) 大家合作才能赢(中班)
(3) 帮助残疾人(大班)

2. 结合生活经验及幼儿发展特点,简述学前儿童社会教育设计的原则在教学中的应用。

3. 分析学前儿童社会教育活动的设计原则和教学程序,选择一个自己喜欢的话题,设计一份幼儿社会教育活动方案。

4. 观摩幼儿园集体教学活动,结合教学程序谈一谈自己的理解与感受。

5. 结合学前儿童社会教育活动设计原则,分析以下教学案例:

我长大了(中班)

【活动目标】

1. 结合幼儿的经历,通过展览、讲述,引导幼儿了解自己在不断地成长,引发幼儿对自身发展变化的兴趣。

2. 鼓励幼儿找出自己的优点,培养幼儿的自信心。

3. 帮助幼儿初步认识自己的不足,增强幼儿自我意识的客观性。

【活动准备】

1. 幼儿已了解自己小时候和现在在身体上所发生的主要变化。

2. 幼儿每人一张婴儿时候的照片及表现自己主要优点的录像或图片,并将它们布置成展览。

3. 教师观察和了解幼儿主要的能力发展情况。

【活动过程】

1. 通过照片展览、对比讲述,使幼儿了解自己小时候和现在的变化

(1) 带领幼儿参观照片展览,边看边问:照片上都是谁?是什么时候的照片?

(2) 请幼儿谈一谈:我们小时候是什么样子的,现在又是什么样子的?

可以启发幼儿对外部的变化进行对比,如身高、体重等方面;也可以从自己学会的本领来考虑,如念儿歌、画画等。

小结:小朋友现在长高了、变重了……更重要的是你们学会了各种各样的本领,学会了画画、顺倒数数等,那么,你觉得你自己哪些本领学得最好?

2. 鼓励幼儿找找自己的优点,并且愿意在集体面前展示出来

(1) 教师和幼儿共同找找教师的优点,并且将与优点相对应的图片贴在照片旁边,引发幼儿兴趣,激发他们说一说自己的优点。

(2) 请幼儿说说自己的优点,并且勇敢地在集体面前展示。

① 给幼儿读一篇寓言故事《狐狸与仙鹤》。

② 请幼儿上前拼图(拼图时间会很长,因此要安排在前面,这样可以减少等待时间)。

③ 展览幼儿的绘画作品(教师平常应有意识地收集幼儿的绘画作品,再用绳子串起来展示在教室里)。

④ 童话剧表演,将平日排练的童话剧,请幼儿节选片段现场表演。(此环节排在绘画展览等几个比较安静的活动之后,动静交替,使活动进入一个小高潮,激发每个幼儿上前表演的欲望)。

⑤ 将平时幼儿关心集体的行为录下来,再播放给幼儿看,引起幼儿对同伴行为的赞扬。

⑥ 进行叠被子、系鞋带比赛,通过竞赛形式看到别人的优点。

小结:每个小朋友都说了自己的优点,并且能够勇敢地将自己的优点在集体面前展示出来。

3. 找找自己的不足,鼓励幼儿继续努力

(1) 请幼儿谈谈自己在关心集体、参加体育活动、画画等方面还要向哪些小朋友学习?

（2）鼓励幼儿今后继续努力，争取不断进步。

【活动延伸】

教师还可以给幼儿多创造些表现自己的机会，发扬长处，鼓励幼儿大胆表现自我。

拓展链接

兔子先生去散步①（中班）

【设计意图】

标志存在于日常生活中的每个角落，给我们的生活带来了很多的便利。中班幼儿对周围的生活环境有了初步的经验积累，逐步萌发了关注周围事物的兴趣，有看简单标志的经验。因此，我试图通过本次活动引导幼儿关注标志，知道标志与人们生活的密切关系。

幼儿社会教育要避免枯燥说教，应该在生动的情境中潜移默化感染和影响幼儿。本次活动，我选择了作家五味太郎的作品《兔子先生去散步》这本故事书作为白板课件的蓝本。这本故事书画面和情节虽然简单，却可一书多读。一是可从社会领域的角度引导幼儿关注生活中的图像符号，发现图像与生活的密切联系，了解各种标志的意义。二是可以从艺术的角度，让孩子自己动手设计标志。三是可以从语言领域的角度进行诠释，利用书中的标志进行故事猜想、图画猜谜等。在对读本进行仔细分析的基础上，结合中班幼儿的年龄特点，我选择从社会领域作为切入点，以故事情境为载体和活动线索进行教学活动设计。

【活动目标】

1. 借助故事情境理解标志，依情节线索大胆想象，设计相应标志。
2. 关注生活中的一些常见标志，能看懂并按标志的意义行动。

【活动准备】

1. 电脑、白板、视频展台。
2. 课件《兔子先生去散步》。
3. 小图卡人手一张，记号笔人手一支。

【活动过程】

1. 游戏导入，激发兴趣

以变魔术的形式在白板上点出标志，引发幼儿猜测想象。

（1）老师点出洞的标志。

（2）幼儿分别点出楼梯和兔子的标志。

教师：这些图形到底表示什么意思呢？其实它们都藏在一个有趣的故事里。

---

① 徐琳.幼儿社会教育与活动指导[M].南京：江苏教育出版社，2013.

2. 欣赏故事,理解标志

老师边讲述故事《兔子先生去散步》,边逐幅出示画面。

(1) 画面一:小兔的家。

提问:这是谁的家?你是怎么知道的?(教师点出小兔)兔子先生你好啊!外面的天气真好,兔子先生想到外面去散散步。兔子先生出了门,走啊走啊!

(2) 画面二:楼梯的标志。

提问:兔子先生抬头一看,这是……?它会告诉兔子先生前面有什么?

(3) 画面三:楼梯画面。

提问:真的是楼梯啊,兔子先生要怎么样走过去呢?要一个台阶一个台阶慢慢地往上走。兔子先生明白了,慢慢上了楼梯,走上了高高的土坡,开开心心地继续往前走。

(4) 画面四:桥的标志。

提问:咦?这又是……?它会提醒兔子先生前面到了什么地方?

(5) 画面五:桥的画面。

提问:这可是一座独木桥,兔子先生好害怕呀,怎么样才能过去呢?我们一起来给兔子先生加加油。

(6) 画面六:坑洞的标志和坑洞的画面。

教师:兔子先生小心翼翼地过了桥,抬起头,挺起胸很神气地往前走。

(7) 画面七:兔子先生掉到洞里的画面。

提问:天哪!怎么回事?兔子先生心里觉得怎么样?除了害怕,还会有什么感觉?正当兔子先生又着急又害怕的时候,它发现了什么呢?(点击出现门的标志)它会告诉兔子先生什么?谁来帮兔子先生找一找?兔子先生开心极了,赶紧打开门,跑了出去。

(8) 画面八:门打开,兔子先生站在门外。

提问:兔子先生今天在散步的时候看到了一些有趣的标志,你们认识吗?故事里的这些标志告诉兔子先生前面到了哪儿,要注意些什么。

3. 创编故事,设计标志

(1) 引导幼儿讨论、创编故事情节。

提问:猜猜看兔子先生继续往前走,它可能会走到哪里去呢?(教师在白板上示范设计1~2个标志,如小山、小河。)

(2) 幼儿设计标志。

教师:兔子先生还可能会走到哪儿去呢?每个小朋友都来设计一个标志吧。

(3) 利用视频展台共同讨论交流标志的意思。

4. 讨论交流,拓展经验

(1) 引导幼儿讨论交流生活中的标志。

提问:今天兔子先生去散步的时候看到了许多有用的标志,小朋友们平时都看到过哪些标志呢?

(2) 观看图片,梳理经验。

第一幅:人行横道、红绿灯(马路)。

第二幅:安全通道、厕所、小心地滑(商场)。

第三幅:关紧水龙头、爱护小草(幼儿园)。

(3) 点击出现可回收垃圾箱的图片,激发幼儿对标志的关注和思考。

提问:这又是什么标志呢?这个标志里藏着许多的秘密,小朋友可以回去问问你的爸爸妈妈,这个标志到底表示什么意思,还可以把你的发现记下来,下次告诉班上的好朋友。

【活动评析】

为使整个活动结构紧凑、合理,设计白板课件时紧紧围绕活动目标,对原有故事形象、情节进行了删减和修改,小兔子改成了可爱的卡通形象,只保留了楼梯、桥、坑洞等几个和幼儿生活经验紧密联系的标志,并且设置了开放性的结尾,目的是为幼儿提供无限遐想的空间,并自然流畅地过渡到设计标志这一环节,在延续的情境中强化幼儿看标志以及按标志行动的意识。

活动一开始,坑洞、楼梯和兔子的标志隐藏在白板之中,很好地营造了一种变魔术的神秘、有趣氛围,有效地集中了孩子们的注意力,使孩子迅速被吸引并且投入到活动中来。此时开放性的提问。使他们发散思维的火花一触即发,同时让幼儿参与和白板互动,点出隐藏在白板中的其他标志,和课件来个"亲密接触",很大程度上满足了孩子好奇、爱探索的天性,充分调动他们的学习热情,从而以饱满的精神参与活动。

第二个环节是本次活动的重点部分:欣赏故事、理解标志。在这一环节,课件本身所具有的形象性、直观性、色彩鲜艳、图像逼真等特点,能引领幼儿进入生动、逼真的教学情境,而且基于交互式电子白板的技术使得课件"兔子先生去散步"具备较强的开放性,如:兔子先生设置为可以拖动,与传统的多媒体课件的使用相比,通过人机交互形式使得课件自然流畅的演示与教师即时的语言、肢体相得益彰,更能营造一种自然生动、引人入胜的教学情境,让孩子有身临其境的感觉。另外,课件的演示很好地创设了一种启发、引导式的教学环境,改变了过去教师讲、幼儿听的灌输式教学方法,教师与课件积极互动的同时也带动幼儿与课件的互动,如教师鼓励幼儿边观看课件边根据标志的提示进行故事情节的猜想,孩子思维一直处于一种激活的状态,形成教师、课件和幼儿三者之间积极有效的互动,使得幼儿在潜移默化中感受、体会了标志的重要作用。

活动从引导幼儿关注故事中的标志到设疑引发孩子大胆创编故事情节,尝试创作标志,再转移到对生活中标志的关注,环环相扣,循序渐进。

总之,整个活动设计科学合理,在活动中不断强化了幼儿看标志、按标志指示行动的意识,高效地达成了活动目标。

(江苏海安第二实验幼儿园 张 萍)

第五章 学前儿童自我意识教育

本章主要阐述了学前儿童自我意识教育活动设计的原则、步骤、设计过程以及典型案例等,对学前儿童自我意识教育从理论到实践做了比较详细的介绍。通过本章的学习,学生对于学前儿童自我意识教育活动教学设计应当遵循的原则会有明确的认识与理解,对活动设计的步骤会有比较全面的掌握,最后学生能够在了解学前儿童自我意识教育活动特点的基础上,灵活选题,合理设计,独立完成从设计到评价的一系列学前儿童自我意识教育活动。

1. 了解学前儿童自我意识教育的概念,熟悉幼儿自我意识发展特点。
2. 掌握学前儿童自我意识教育的目标、内容。
3. 能运用所学知识解决学前儿童自我意识教育中常见的问题。
4. 理解学前儿童自我意识教育活动设计的步骤,并能独立完成学前儿童自我意识教育活动的设计与评价。

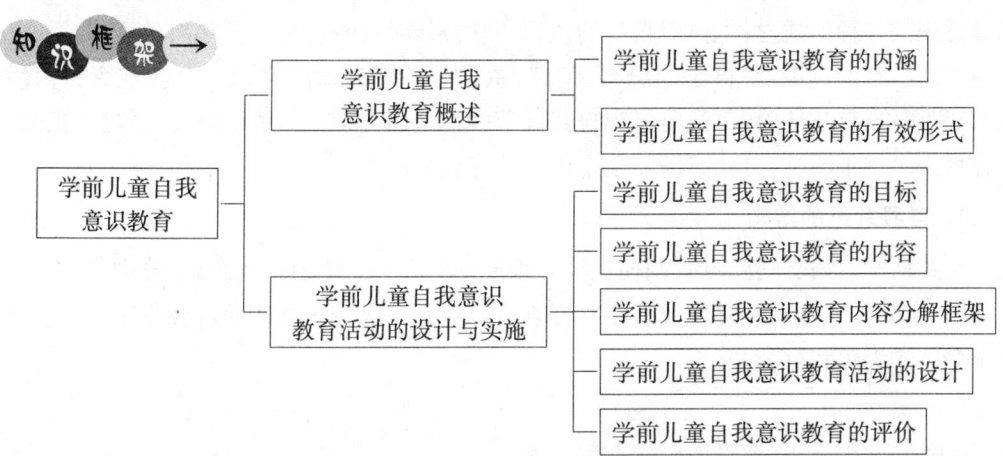

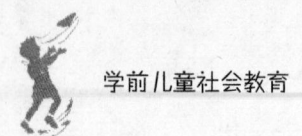

学前儿童社会教育

第一节 学前儿童自我意识教育概述

情境导入

当你问一个2岁的孩子"你是男孩还是女孩"时,他往往感到茫然,而同样的问题再问一个3岁的孩子时,他往往就会比较容易地回答你。同样,当你问一个小班的孩子"你是一个什么样的孩子"时,他往往借助他人之口评价自己,如"妈妈说我很漂亮"或"老师说我很聪明"等,但同样的问题再问大班的孩子,你得到的回答是这样:"戈寨漂亮,可是眼睛有一点点小",或者"我聪明,因为我讲故事很好,不过画画不太好"。

不同年龄段幼儿不同的回答水平,显示了他们自我意识发展水平是不同的。自我意识迅速发展的幼儿阶段,该如何在幼儿园中进行幼儿自我意识的教育活动,不断促进幼儿自我意识水平的发展呢?

一、学前儿童自我意识教育的内涵

自我意识主要是个体在与外界相互作用的过程中逐渐发展起来的,对自身特性以及周围事物关系的认识。幼儿的自我意识处于朦胧期,尚不能把自我从客体中完全分离出来,自我控制能力较薄弱,以具体形象思维为主。对幼儿进行自我意识教育有利于帮助个体完善自我、心理走向成熟。由于学龄前儿童的自我评价能力和水平极低,极易受到成人的影响,在个体自我意识发展的关键时期对个体进行积极的引导具有重要意义。

(一) 自我意识概述

自我意识的出现是人和动物在心理上的最后分界线。自我意识的发展究其本质是人逐渐走向自主乃至自由的过程,自我意识的发展标志着个体心理成熟的程度。① 自我意识是意识的一种形式,指主体对自身的意识。它包括对自身机体及其状态的意识,对自己机体活动状态的意识,对自己的思维、情感、意志等心理活动的意识。自我观念、自我知觉、自我评价、自我体验、自我监督和自我调节控制等都是其重要的内容。自我意识的发展过程是个体不断社会化的过程,是个体个性特征形成的过程。

1. 自我意识的结构

自我认知、自我体验、自我调控三种心理成分构成了个体的自我意识,分别代表了知、情、意三个维度。这三种心理成分相互影响、相互制约,统一于个体的自我意识中,共同作用于个体的思想和行为。

---

① 姚本先.心理学[M].北京:高等教育出版社,2005:33.

（1）自我认知

自我认知包括个体对自身的认知，以及对个体与外部世界的关系的认知两方面。个体对自身的认知是主体我对客体我的认识和评价，自我认识是对自己身心特征的认知，自我评价是在自我认识的基础上对自己做出的某种程度上的判断。实现自我认知的途径主要有自我观察、自我分析、社会比较、自我暴露、自我蒙骗五种方式。

对于3~6岁的幼儿而言，自我概念、自我评价和性别意识的发展是自我认知发展的主要内容。具体而言，自我概念是个人心目中对自己的印象，包括对自身存在以及身体、能力、性格、态度和思想等方面的认识。自我评价是个体对自己的思想、愿望、行为和个性特点的判断与评价，这是幼儿在别人评价他（她）的过程中逐渐学会的，是自我概念发展的产物。对性别的认知也是幼儿对自己的认知的重要内容。1~2岁的幼儿开始知道自己的性别，直至6岁，才形成比较全面、稳定的性别意识。

案例分析

我的表情

在开展"认识自己"的主题活动中，幼儿最先感知和发生兴趣的是自己身体的外部特点，例如，他们喜欢变化多端的脸部表情。因此，我将"我的表情"作为本次主题活动的第一个单元。

我们带领幼儿观察了产生不同表情时的五官变化后，我问幼儿："人为什么会有高兴、生气、难过等表情？"启发幼儿理解产生表情的原因与自己遇到事情或心情有关。鼓励幼儿大胆回忆、表达自己经历过的事情。月龙说："我做错事时大人批评我，我会难过，掉眼泪。"小晴说："妈妈送我礼物时，我会很高兴。"孩子们都争着要表达自己的想法，积极性很高。我又问幼儿："记录表情有什么方法？"有的孩子说拍照片，有的说画下来……最后孩子们采用了简单易行的绘画方式，他们不仅画出了自己的表情，而且把表情产生的原因画了出来，可以说每一幅作品都表现着一个生动的故事。

我的动作

认识了表情之后，我们又开展了"我的动作"这个活动，中班幼儿身体各部位的运动机能和发现事物变化的能力都处于发展和提高阶段，他们喜欢蹦、喜欢唱，更希望了解自己身体的特征，因此，我们将艺术领域中的音乐、舞蹈、绘画等运动形式与语言表达的训练融汇在一起，开展了此次活动。我们以动作产生为基础，对幼儿进行提问："请小朋友说一说人的身体中哪些地方可以活动？"幼儿的回答很丰富，如手腕、胳膊肘、膝关节、颈部等，还有的幼儿观察更细，说出了手指关节。孩子们边说边体会动作，之后教师通过舞蹈形式让幼儿观察、体会自己身体的动作变化，最后我们请幼儿把自己的一种动作画出来。孩子们通过亲身感受后，绘画的兴趣更强烈了，他们的动作各种各样，非常生动。在这次活动中，孩子们边说边动，积极性很高，观察能力也得到了提高。

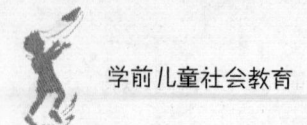

我的生日

每个班里都会有过生日的小朋友,每当他们快到生日的时候,他们总会主动地去诉老师和小朋友。当问他们过生日时最高兴的事时,大部分孩子都会说"喜欢吃生日蛋糕""喜欢收到生日礼物",但他们对过生日的具体日期及生日的意义并不是很了解。于是我们设计了一个"我的生日"活动,目的是让幼儿了解过生日的真正意义及对父母的感激之情。在活动中我们还根据幼儿的兴趣,鼓励幼儿设计生日蛋糕,设计生日贺卡,孩子们很喜欢这些活动,经常在美工区中重复地练习,并把自己设计的贺卡带回家,送给自己的爸爸妈妈。通过本次活动,幼儿了解了过生日的真正意义,同时幼儿的想象力和创造力得到了提高。

我喜欢……

"我喜欢"是从"我"出发,让幼儿通过了解自己的相貌、身体、情绪等方面与他人的不同,进而获得各种不同表达喜好的方式,让孩子们充分享受着表达"我喜欢……"的那份愉悦。当我问幼儿"你们最喜欢什么"时,他们的回答是丰富多样的,有的小朋友说喜欢吃××,有的小朋友说喜欢玩玩具,有的小朋友说喜欢和爸爸妈妈一同出去玩。我问他们在幼儿园最喜欢做的事时,很多幼儿都说喜欢当值日生。根据幼儿喜欢当值日生的愿望,我引导幼儿一起唱"值日生歌曲",设计值日生服和值日生胸卡,孩子们可高兴了。通过值日生活动,孩子们为他人、为集体的服务意识更加强烈了。

分析: 通过"认识自己"主题活动的开展,孩子们能认识自己的外貌、身体、情绪、喜好与他人的不同,同时在这次主题活动中增强了主动表达的意识。以上开展的这些活动都是根据幼儿发展目标及幼儿兴趣生成的,我们遵循了陈鹤琴先生"做中学、做中教、做中求进步"这一原则,活动中孩子们的积极性较高。在平时我们也注重多元智能理论的学习,用欣赏的目光去发现每一个幼儿的优势智能领域,使幼儿的优势智能得到很好的发挥。因此,孩子们在活动中表现得更自信、更爱表达自己。

(2) 自我体验

自我体验是一种情绪体验,即主观我对客观我所持有的一种态度。自我体验可以分为积极的和消极的两大类,前者包括自尊、自信、成功感和自豪感等;后者包括自卑、失败感和羞耻感等。自尊和自信在幼儿的发展中是非常重要的人格特质,其中自尊是一种内驱力,激励着个体尽可能努力获得别人的尊重,自信则是个体对自己能力的信念,相信自己具有完成任务的能力,对幼儿的情感、动机、社会适应性行为、认知活动及品德有着重要的制约作用,还有助于幼儿心理健康和良好个性发展。

案例分析

辰辰是个活泼好动的孩子,喜欢玩"拼插王国"玩具。在一次活动区的活动中,孩子们拼出了楼房、大树、花篮等,摆在了展台上。辰辰经过努力搭成了一架飞机,他把别人的作品全都碰倒放在一边,把自己的飞机放在那里。同区的小朋友看见,气愤地指责他。有的跑来"告状",我走过去惊讶地说:"哎呀!多可惜呀,这么漂亮的楼房都倒了,小朋友多不容易才搭好的,咱们一块重新搭好吗?"这时,活动区的时间到了,小友们很扫兴,于是我安慰那些小朋友:"一会有时间,我们再搭好。"在总结活动时,先肯定了这个区的小朋友能动脑筋,每人搭出与众不同的作品,尤其表扬辰辰搭出了较大的飞机。"如果刚才的楼房、大树都不被推倒,那就更好啦!现在只有一个作品,太孤单了。"这时我看到辰辰有点难为情的样子。

孩子最初并不懂得什么是好,什么是不好,但教师的鼓励与肯定会使他们获得积极的情感体验,从而朝教师所希望的方向发展。而他们的进步又将获得肯定和认可,便会形成良性循环。集体接纳了他们,而他们也学会了去接纳与适应集体,并从中找到乐趣。①

(3) 自我调控

自我调控是自我意识中的意志成分。自我调控体现的是主观的我对客观的我的制约,是指个体对自己思想、情感和行为的控制和调节,主要包括自我监督、自我控制和自我调节三个成分,具有能动性、反馈性和修正性等特征。首先,自我调控的前提是自我监督,自我监督是指个体自主、独立、自觉地从事和管理自己的行为,因此具有能动性。其次,在自我监督的基础上,个体依据周围环境的变化来进行自我控制,自我控制具有反馈性,自我调节过程要求个体不断去获得关于自身行为的进展、变化和结果的相关信息,与此同时还要不断地审视周围环境中的变化。最后,自我调节具有修正性,自我调节的目的是让个体的行为能更好地符合环境中的要求,在反馈的基础上,个体只有不断修正自己的行为,才能使自己的行为符合外部的要求。对幼儿自我调控的研究主要集中在自我控制能力上。自我控制是在缺乏外在监督时,个体按照社会期望行为的能力,主要体现在坚持性和自制力等方面。

2. 自我意识的发展过程

心理学研究表明,个体自我意识从发生、发展到相对稳定和成熟,需经过二十多年的时间,直到青年中后期才能形成比较稳定、成熟的自我意识。

自我意识的发展需经过以下三个阶段:

(1) 自我中心期

这一阶段从出生8个月到3岁,是自我意识的最原始形态,称生理自我。8个月左右,个体的生理自我开始萌生,1岁左右,个体开始能把自己的动作和动作对象区别开来,初步意识到自己是动作的主体;1周岁以后,个体逐步意识到自己身体的感觉,能把自己作为客体来认识。

(2) 客观化时期

从3岁到青春期,是个体接受社会文化影响最深的时期,也是学习角色的时期。个体

---

① 社会性案例:生活中体现幼儿的社会教育[EB/OL]. http://www.jx-teacher.com/baby/column27805/a2429dc6-5266-4f2d-91b9-373f43f9a41d.html,2017-08-15,有删减。

在这一阶段通过潜移默化形成角色观念,开始意识到自己在社会关系中的作用和地位,能意识到自己的社会角色,及自己所承担的社会义务和享有的社会权利,形成社会自我。

(3)主观化时期

从青春期到成人期的阶段,个体的自我意识趋于成熟,进入心理自我时期。在这一阶段身体和心理的变化明显,由于思维能力的发展和经验的累积,个体的主观性进一步增强,对问题的分析加工不再简单地依附别人的观点,而是形成自己独到的见解,这是心理自我的发展,也是个体自我意识水平发展的标志。

(二)学前儿童自我意识教育

个体可通过与周围环境长期的相互作用促进自我意识的形成与发展,个体只有通过觉察自己心理活动的内容、过程、特点等因素才能有效地适应环境和创造条件构建环境。自我意识在学前期的发展,对个体在青少年期,甚至整个人生历程中的发展都具有深刻的影响,它制约着个体人格的形成、发展和重建。因此,通过教育来促进幼儿自我意识健康、积极地发展是教育工作者的一项十分重要的任务。

自我意识教育是指运用有关心理健康教育的理论和技术,帮助个体科学地认识自我、悦纳自我、激励自我、调适自我、管理自我的一种教育活动。通过自我意识教育,促进个体良好自我概念的形成和自我意识的发展,形成自尊、自信、自重、自爱、自强、自制的健康人格。[1] 学前儿童自我意识教育主要是针对学前期儿童的身心发展特征及水平开展的,以促进积极健康的自我意识的形成与发展的教育活动。学前儿童自我意识教育主要包括学前儿童自我认知的教育、学前儿童自我体验的教育和学前儿童自我调控的教育。在教育活动中,学前儿童是自我意识教育的主体,教师或家长起主导作用。实施良好的自我意识教育就是要帮助幼儿建立自信、自尊的行为模式和典范;要以成功的经验培养幼儿的自我观;要尊重幼儿的理智与情感,防止不当的褒贬;要教育幼儿正确对待家庭、学校或社会的贬抑;要关怀幼儿人格和学业的成长与发展。

二、学前儿童自我意识教育的有效形式

学前儿童自我意识教育能否在幼儿园教育实践中取得良好的效果,还取决于是否能灵活地选择适宜学前儿童自我意识发展的教育活动形式。

(一)区域游戏活动有利于学前儿童自我认识能力的发展

在小组形式的区域游戏中,幼儿有更大的自主性和自由度,他们在各区域中能够较好地自我学习,体验成功,学习合作。比如在活动室一角设置一个主题区域——"娃娃变脸",在该游戏活动区,幼儿可以根据自己的心情,选择代表不同情绪的眼睛、嘴巴等五官,粘贴在娃娃的脸上,反映自己当时的心情。再如设置建构区,鼓励幼儿与同伴一起合作完成建造,在共同游戏中认识自己的能力,体会合作的乐趣。通过这些区域游戏活动,幼儿对自己的兴趣、爱好、特长、能力等有了进一步的自我认识,并在活动中不断自我调节,从

---

[1] 姚本先,伍新春.学生心理健康教育[M].北京:中国轻工业出版社,2008:34.

而减少了与同伴之间的吵闹现象,增加了彼此愉快的合作机会,使幼儿的自我意识能力得到不断的发展。

(二)集体教育活动有利于学前儿童自我体验水平的提高

基于自尊而建立起来的自信心,是幼儿自我体验的核心内容。幼儿自信心强烈与否,很重要的一个标准就是看幼儿在集体面前是否敢于表现自己。自信心强的幼儿,在平时的集体教育活动中能够大胆探索,举手发言,愿意展示自己的才能。自信心缺乏的幼儿,则不敢表现自己,在集体面前很少或根本不敢发表自己的想法。所以,要想帮助幼儿有效地建立起自信心,集体教育活动是一个最佳途径。

首先,要鼓励他们在集体面前多回答问题。对于自信心较弱的幼儿,教师在平时集体教育活动中可以选择一些简单问题提问他们,并且只要幼儿能够回答出一部分,教师就给予及时肯定,不仅使他们自己认识到"我也行",而且还要使班里的其他小朋友都认识到"他也行"。而后再通过阶梯形的培养,逐渐增加问题的难度,使这些自卑的孩子进一步地感觉到"我很行",从而在集体面前建立起初步的自信。

其次,要鼓励他们在集体教育活动中大胆表演。有研究表明,用身体动作的表演比用口头语言的表达更能锻炼幼儿的自信心。教师在集体教育活动中可以经常把故事、歌曲等内容编成一个个小短剧,请幼儿两三个人一组在集体面前表演,自信心不足的幼儿有了一定进步后,再鼓励幼儿积极地动脑筋,将日常生活中发生的一些事情自编成小故事在集体面前表演,进一步锻炼幼儿的胆量,巩固幼儿的自信心。

总之,在集体教育活动中培养幼儿乐于发言和大胆表演,是培养幼儿自信心的重要手段。因为幼儿自信心的主要来源不只是教师和成人的语言肯定,更需要来自他们同龄伙伴的肯定与认可,集体教育活动中的被肯定,无疑就是最有效的。

(三)体育游戏有利于学前儿童自我控制能力的发展

大部分的幼儿园体育游戏,无论是内容还是形式,都要求具有较强的集体性和纪律性,尤其是活动过程中的体育规则,往往要求幼儿吃苦耐劳、勇敢顽强,或者要求幼儿胆大心细、协调互助等,而这些品质的锻炼对于培养幼儿的自我控制能力是十分有效的。比如游戏"木头人",它的游戏目的就是能够很好地锻炼幼儿的反应能力,发展他们的自控能力,哪个幼儿一旦变成"木头人"后,就不能随意活动自己的身体,并且需要刻意保持某一固定姿势数分钟。再比如练习"走平衡木"的体育活动,能够较好地锻炼幼儿大胆、细心地走平衡木,不仅要求幼儿克制好身体的每一块肌肉,控制好每一个动作,来保持身体平衡,而且由于活动本身有一定的难度,所以幼儿在练习过程中也是在战胜恐惧,挑战自我。一旦成功地走过平衡木,幼儿的自控力、自信心将一并得到锻炼。

尤其对于语言表达能力尚不完善的年幼儿童,通过体育活动这种特殊的身体语言来表达自己、控制自己,是培养幼儿自我意识的一种很有效的途径。

(四)语言是提升学前儿童自我意识发展的一个重要因素

幼儿能否用恰当的语言描述出对自己、对他人的认识与感受,是他们自我认识发展的重要指标。因此,帮助幼儿掌握与个人有关的语言,是促使幼儿自我认识的重要途径。教师可以根据本班幼儿的情况,设计一些让幼儿能够认识自己的活动。比如组织幼儿学习说"我是谁",首先引导幼儿从说出自己的姓名、性别、年龄开始,然后逐渐扩展到说出自己优点和缺点、兴趣和愿望等。教师一般先要求幼儿说出"我是××"、"我是女孩子(男孩子)"、"我3岁了"、"我是漂亮的孩子"、"我是个聪明的孩子"等,在此基础上让幼儿学说"我怎样",如"我喜欢画画"、"我正在写作业"、"我在看图书"等。

同时,语言层面的表达,可以使本来模糊不清的意识变得清晰准确,并整理和训练幼儿的思维逐步从具体形象思维向抽象逻辑思维过渡,进而深入提升幼儿的自我意识发展水平。总之,根据具体的教育内容和活动目标,选择科学有效的教育途径和教育方式,是影响幼儿自我意识教育能否成功实施的关键性因素。

真题再现

1. (2015年真题)让脸上抹有红点的婴儿站在镜子前,观察其行为表现,这个实验测试的是婴儿哪方面的发展?( )。
  A. 自我意识 B. 防御意识 C. 性别意识 D. 道德意识

2. (2013年真题)2岁半的豆豆还不会自己吃饭,可偏要自己吃;不会穿衣,偏要自己穿。这反映了幼儿( )。
  A. 情绪的发展   B. 动作的发展
  C. 自我意识的发展   D. 认知的发展

3. (2017年真题)研究儿童自我控制能力和行为的实验是( )。
  A. 陌生情境实验   B. 点红实验
  C. 延迟满足实验   D. 三山实验

➢扫描本书目录页下方的二维码,可查看参考答案及解析

技能训练

根据下面的活动教案,与同学模拟教学活动,活动后进行评价和反思。

面对挫折我不怕(小班)

【活动目标】
1. 知道生活和学习中存在困难,会遭受挫折,只有勇敢面对方能获得成功。
2. 通过努力克服困难,感受成长的快乐,增强自信心。

【活动准备】
图片一幅(摔倒了自己爬起来),其他有对比的图片若干;编排情境表演:摔倒了自己爬起来;粘贴"春天的花"所需材料、工具,平衡木一个。

【活动过程】
1. 出示图片,看图讲述摔倒了自己爬起来。

2. 讲述画面内容,让幼儿谈谈谁做得好,谁做得不够好,并说明为什么。

3. 情境表演:摔倒了自己爬起来。引导幼儿思考自己摔倒了、别人摔倒了,我们应该怎么做。

4. 粘贴:"春天的花"。教师出示范例,示范粘贴过程,引导幼儿克服粘贴中的困难和挫折,体验成功的喜悦。

【活动延伸】

1. 开展体育活动:"过独木桥",鼓励幼儿克服困难,努力尝试,从而获得"过桥"成功的体验。

2. 在家庭生活中,提供幼儿在生活中面对困难、失败并尝试克服的机会,进行适当的指导和鼓励,使幼儿不断体验成功的乐趣。

3. 请根据故事《大嗓门的小黑熊》完成下面的学习任务:

(1) 故事中涉及自我意识教育的哪些方面?

(2) 进行幼儿自我意识教育应注意哪些方面?

(3) 根据所提供的故事,设计一个自我意识教育活动教案。

大嗓门的小黑熊

在森林幼儿园里,小黑熊是出了名的大嗓门。

每当户外活动时,小黑熊就跟伙伴们玩踢球游戏,大嗓门在操场上可管用了,喊这个接球过去,喊那个传球过来,像个指挥员一样的小黑熊真神气。

可是,每当游戏结束,进入活动室、寝室时,小黑熊的大嗓门有时就不受欢迎了。一天,上课了,小动物们都坐得端端正正地听山羊老师开始讲《小马过河》的故事,活动室里静悄悄的。小黑熊因为找踢到草丛里的球迟到了,他抱着球匆匆走进教室,一声"报告"像打雷一样,把听故事的小动物们吓了一跳,大家的眼睛都不由自主地朝小黑熊看去,山羊老师不得不将刚开始讲的故事停下来。小动物都埋怨起小黑熊来:"真讨厌,这么大的声音!""大嗓门,你也不看看这是什么地方,什么时候。"大家你一句我一句,课堂秩序变得很乱,山羊老师费了好大劲儿才使大家安静下来重新上课。

下午开展图书区角活动,小动物们领到图书后,都在安安静静地看。小黑熊阅读的连环画正好是《小马过河》的故事,他的大嗓门又忍不住了:"小花狗,你瞧,这就是今天老师讲的笨小马呢。"小花狗用眼睛瞟了他一眼,头一扭,不理他了。"小猫咪,快来看,小马碰到牛伯伯了。"小猫咪指着嘴"嘘"了一下,也轻轻地走开了。

小黑熊感到很无趣,就在这时,山羊老师走了过来,对小黑熊说:"要注意管住自己,在需要安静的公共场所,要遵守纪律,不要大声说话。"小黑熊明白了这个道理,不再说话了。

从此,小黑熊的大嗓门只有在幼儿园的操场上才能听得到。

学前儿童社会教育

第二节 学前儿童自我意识教育活动的设计与实施

情境导入

开学的一天,小班的涛涛哭着跑过来说:"文文咬我。"只见涛涛手上一个深深的齿痕,别的小朋友见涛涛哭了,也都跑来看热闹。这时乐乐也跑来告诉我"文文打我,还抢积木"。但见文文小朋友却若无其事,正高兴地玩着刚抢来的积木。

文文是小一班的小女孩,她聪明伶俐,长相可爱。但就是这样一个女孩,自私,以自我为中心,把什么玩具都归为己有,人家要玩,她就打、就咬,吓得其他孩子哇哇大哭。

针对这种情况,我们进行了一次家访。经过家访,方知她一直是外祖母照顾。父母很少回家,难得回家一次自然把自己的女儿宝贝得不得了,她要什么就给什么,总是事事依着她,使她养成了自私、好攻击的心理。对这样的孩子我们该采取怎样的教育呢?

对幼儿进行自我意识教育的活动指导可帮助幼儿正确地认识和评价自己,增进幼儿的自我价值感和自信心;帮助幼儿学习自由选择、自我决策,培养其独立的人格;帮助幼儿学会认识、理解和适当地表达自己的情绪、控制自己的行为。

一、学前儿童自我意识教育的目标

(一)《纲要》和《指南》中有关学前儿童自我意识教育的目标

《纲要》的社会领域目标指出:幼儿要"能努力做好力所能及的事,不怕困难,有初步的责任感"。同时在社会领域的内容与要求中又指出,幼儿社会教育要"为每个幼儿提供表现自己长处和获得成功的机会,增强其自尊心和自信心,提供自由活动的机会,支持幼儿自主地选择、计划活动,鼓励他们通过多方面的努力解决问题,不轻易放弃克服困难的尝试"。

《指南》在社会领域中讲述人际交往方面的目标时,特别提出了对幼儿自我意识方面的要求:通过培养自尊、自信、自主使幼儿获得良好的情绪体验,并提出如下教育建议:

(1)关注幼儿的感受,保护其自尊心和自信心。如能以平等的态度对待幼儿,使幼儿切实感受到自己被尊重。关注幼儿的活动和表现,善于发现其优点和长处,多给予肯定和表扬。同时,表扬一定要有针对性,要具体。不要拿幼儿的不足与其他幼儿的优点做简单比较。

(2)鼓励幼儿自主决定,独立做事,增强其自尊心和自信心。如与幼儿有关的事情要征求他们的意见,即使他们的意见与成人不同,也要认真听,接受他们的合理要求。在保证安全的情况下,支持幼儿按自己的想法做事;或提供必要的条件,帮助他们实现自己的想法。尽量放手让幼儿自己的事情自己做,即使做得不够好,也应鼓励并给予一定的指导,让他们在做事中树立自尊和自信。

鼓励幼儿尝试有一定难度的任务,并注意调整难度,让他们感受经过努力取得的成就感。

(二)幼儿园各年龄阶段自我意识教育目标

1. 目标1:能正确认识和评价自己(表5-1)

表5-1 能正确认识和评价自己

3~4岁	4~5岁	5~6岁
知道自己的姓名、性别、年龄	1. 能说出自己的身体特征 2. 理解性别差异的稳定性 3. 知道自己的爱好 4. 能对自己做出简单的评价	1. 知道自己的优缺点 2. 能具体地评价自己 3. 能比较客观地评价他人 4. 能对自己的性格做出评价

2. 目标2:具有自尊、自信、自主的表现(见表5-2)

表5-2 具有自尊、自信、自主的表现

3~4岁	4~5岁	5~6岁
1. 能根据自己的兴趣选择游戏或其他活动 2. 为自己的好行为或活动成果感到高兴 3. 自己能做的事情,愿意自己做 4. 喜欢承担一些小任务	1. 能按自己的想法进行游戏或其他活动 2. 知道自己的优点和长处,对自己感到满意 3. 自己的事情尽量自己做,不喜欢依赖别人 4. 敢于尝试有一定难度的活动和任务	1. 能主动发起活动或在活动中出主意、想办法 2. 做了好事或取得了成功后还想做得更好 3. 自己的事情自己做,不会的愿意学 4. 主动承担任务,遇到困难能够坚持而不轻易求助 5. 与别人的看法不同时,敢于坚持自己的意见并说出理由

3. 目标3:具有独立、坚持的品格,情绪稳定(见表5-3)

表5-3 具有独立、坚持的品格,情绪稳定

3~4岁	4~5岁	5~6岁
1. 在老师鼓励和要求下能独立做事情 2. 能有始有终地完成一件简单的事情 3. 情绪较稳定,经劝说能控制消极情绪	1. 自己能做的事情不请别人帮助 2. 能坚持一段时间完成有一定难度的事情 3. 能用较平和的方式表达情绪,较能控制消极情绪	1. 喜欢独立做事情,独立思考问题 2. 能在较长时间内主动克服困难,实现活动目标 3. 能用恰当的方式对不同的情景做出适宜的情绪反应

二、学前儿童自我意识教育的内容

对幼儿进行自我意识教育主要从自我认知、自我体验和自我调控三个方面展开。幼儿自我认知教育即是训练个体对自己的生理状况、心理特征以及自己与周围人的关系进行正确的认识,培育和发展个体积极健康的自我意识和良好的自我概念。

（一）自我认知

幼儿自我认知教育就是让幼儿了解自己，认识自己的姓名、性别、身体特征等，进而引导幼儿认识自己的兴趣爱好、能力、社会关系等，让幼儿能初步掌握自我的概念，认识到自己与周围事物的关系，对自己的能力做出正确的评估。例如，开展"我的家庭"活动，介绍"我"的家庭成员，"我"与他们每个成员的关系，了解他们和我的身体特征有哪些不同。再如开展"我有一张圆圆的脸蛋"、"我的个子小小的"、"我会洗菜"、"我会唱歌"等活动，通过这些活动使幼儿认识自己可以做什么或者应该怎么去做，让幼儿自己建立一个小目标，并采取相应的行动来促使目标的达成。

案例分析

好听的名字（小班）

【活动目标】
1. 知道每个人都有属于自己的名字。
2. 喜欢自己的名字，并且愿意在集体中大方地进行自我介绍。
3. 能讲述自己名字的来源。

【活动准备】
一只布偶小狗。

【活动过程】
1. 幼儿园坐在教师身边，教师手持布偶小狗向小朋友问好，介绍自己的名字叫"小花狗"。
2. 教师以小花狗的口吻告诉大家：它的鼻子很灵敏，只要闻一闻，就能猜出小朋友的名字。小花狗先闻了闻几个小朋友，猜出了三个幼儿的名字，并请这三个幼儿大胆地说出自己的名字。大家为小花狗猜对了拍拍手。小花狗再闻一闻几个幼儿，故意说错其中两个幼儿的名字，请这两个幼儿响亮地说出自己的名字。小花狗让每个小朋友说出自己的名字。
3. 教师：小花狗夸小朋友真能干，知道自己的名字叫什么。小花狗很高兴，他要亲亲你。
4. 教师：小花狗非常喜欢小朋友，它想记住你们每一个人的名字，与你们交朋友。它请小朋友帮助它尽快记住你们的名字（引导幼儿分享自己名字的来源）。

（二）自我体验

幼儿自我体验教育即是对幼儿积极情绪的培养，是对自尊心、自信心和自豪感的体验教育，教师通过教育教学行为引导幼儿正面评价自己，认识到自己的优缺点，学会能够愉快地接纳自己。可以指导幼儿将自己的现在与过去进行比较，体验自身的变化，也可以让幼儿将自己与他人比较，从而客观地看待自己，欣赏自身的长处也接纳自身的缺点，虚心学习别人的长处也积极展示自己的优点，建立起自信心。如开展"包饺子"的亲子活动，要求幼儿和家长一起包饺子,相互交流、协作,在整个活动过程中,父母不断地鼓励表扬幼儿,让幼儿可以尽情地展示自己的才能。"哇,你包的饺子形状真好看!""宝贝,你太棒!"旁人的鼓励和表扬比自己家长的鼓舞更加有效果。通过开展类似的活动,幼儿不仅展示了自己的动手能力,树立了自信心,更体会到了来自他人的肯定和尊重,这对幼儿的自我体验有重要的影响。

案例分析

我是妈妈的小帮手(小班)

【活动目标】

1. 知道为父母做力所能及的事。
2. 学会关心、爱护自己的家人。
3. 体验帮助家人的快乐。

【活动准备】

电话一部,餐具若干,玩具若干等。

【活动过程】

1. "妈妈,我们回来了。"

教师带头扮演兔姐姐,幼儿扮演小兔,一起在草地上念儿歌:"小白兔,蹦蹦跳,跳到草地吃青草。"同时自由地做小兔动作。

下雨了,小兔子们跑回家,走到家门口,兔姐姐带领小兔们敲门:"妈妈,我们回来了。"

2. 推门进去,"妈妈去哪里了?"

小兔们走进家门,自由地围着兔姐姐坐在家中的椅子上或者地上。

咦?妈妈呢,妈妈不在家,她会去什么地方呢?

这么长时间了,妈妈怎么还不回来?真着急,怎么办呢?(请幼儿想象怎样才能知道妈妈去哪里了呢?)

根据幼儿的回答,兔姐姐决定打电话。

3. 打电话了解妈妈的去向

怎么打电话呢?

妈妈没有去上班,手机也关机了,这可怎么办呢?(引导幼儿提出给爸爸打电话的办法)

我们怎么问爸爸呢?请大家想想怎么问爸爸。

兔姐姐打电话,与爸爸通话:"喂,爸爸,我是小兔,你知道妈妈上哪里去了吗?哦,原来奶奶生病了,妈妈去照顾奶奶了。"放下电话。

4. 接到妈妈的电话

电话铃响了,兔姐姐拿起电话,原来是妈妈打来的电话。

播放妈妈电话的声音:"小兔们,我是妈妈,奶奶病了,现在在医院里。我在照顾奶奶,

现在不能回来,你们帮妈妈做些事情好吗?小兔们,你们把外面的衣服收进来,折叠好;把桌子上的碗、勺子及杯子收到厨房里摆放整齐,把桌子、椅子擦干净;把地打扫干净;把自己的玩具整理好;把书架上的书整理整齐。小兔们听清楚了吗?妈妈再说一遍……好了,等一会妈妈回来看看我的宝宝们能不能干,妈妈带上好吃的东西给你们吃,好吗?小兔宝宝们再见。"

听清楚妈妈刚刚打电话时说的话了吗?(宝宝们再重复一次)

请小兔们帮妈妈干家务事。

5. 妈妈回来了

(请配班老师扮演兔妈妈)兔妈妈:"小兔宝宝们,你们把家整理得真干净啊,你们真是能干的好孩子,妈妈给你们带来了许多好吃的,我们一起坐下来吃,好吗?"(幼儿快乐地分享)。

(三)自我调控

幼儿自我调控教育是指教师通过引导和启发,使幼儿学会自我控制,学会管理自己的情绪,学会处理自我意识问题上的困扰,努力达到自我完善的目的。虽然大部分幼儿的心智还不是很成熟,不能做到真正意义上的自我调控,但是在成人的引导下,幼儿能够学着进行自我控制和自我调节,幼儿能够学着控制自己的欲望和情感,在困难和挫折面前进行积极的自我安慰。比如,当幼儿自己不小心跌倒受伤时,他会很快调节自己的心态,认为没事就很快地爬起来;当幼儿与周围的人发生冲突时,教师要指导幼儿尽量地克制自己的情绪,自己可能当时很生气,可以向对方诉说"我很生气"、"我现在不想和你说话"等,而不是直接与人吵架甚至是动手打架;指导幼儿养成良好的生活习惯,如按时安排自己一日生活的习惯,有秩序地摆放自己的物品,学会合理安排自己的时间和金钱,养成勤俭节约的美德等。

案例分析

做个好赢家(中班)①

【活动目标】

1. 培养幼儿形成做个好赢家的意识。
2. 学会控制自己的兴奋和高兴,与同伴友好交往。
3. 通过游戏,体验合理表达自己情绪的重要性。

【活动准备】

准备60厘米高的拱形门4个,沙包若干个。

【活动过程】

1. 玩游戏"小马运粮"

---

① 张明红.学前儿童社会教育[M].上海:华东师范大学出版社,2008:32.

分组钻过一个60厘米高的拱形门到达"磨坊",背起一袋粮食(沙包)往回跑(途中掉下来,放上去继续跑),到"家"后,拍第二个小朋友的手继续游戏,先运完的组获胜。

2. 让赢的小朋友和输的小朋友讨论

当你胜利的时候,你是怎么做的?

问输的小朋友,当其他小朋友赢了他心里的感受是什么?

让赢的小朋友发现当他赢了的时候特别高兴,可是输掉的小朋友心里很不开心。这时,赢的小朋友要学会隐藏自己兴奋的情绪和高兴的笑声,要懂得体会理解他人的情绪。

3. 让幼儿自由讨论赢家应该怎样做才能让输的人不难过?即不应该做什么?

三、学前儿童自我意识教育内容分解框架

为了全面而清晰地把握幼儿自我意识教育活动的具体内容,在此,我们以表格的形式把幼儿自我意识教育的内容分级列出来,以保证教育活动内容设计的全面性和代表性(见表5-4)。

表5-4 幼儿自我意识教育的内容分解框架①

教育内容	一级分解	二级分解	三级分解	活动建议(案例)
自我意识	自我认识	自我概念	对自己表面特征的认识(包括身、面貌、性别、喜好等)	"我的小小手" "我是男孩(女孩)" "我爱我的小宠物"
		自我评价	包括6个维度,即外表、成就感、能力、纪律、体育、交往	"我上幼儿园了" "向大家介绍我自己"
	自我体验	自尊	高度自尊、中度自尊、低度自尊	"我爱我自己"
		自信	对自己身体和能力的自信	"我是能干的小宝宝"
	自我控制	延缓满足	对客观世界、主观世界的要求	"别人东西我不要"
		自我调节	情绪抑制、运动抑制、认知活动抑制	"我是勇敢的好宝宝"

案例分析

介绍我自己(大班)②

【活动背景】

大班的孩子马上就要升入小学了,交往范围扩大,会认识许多新朋友,让孩子学会自

---

① 李焕稳. 幼儿社会教育[M]. 北京:北京师范大学出版社,2015:121.
② 肖小晨. 大班综合活动"介绍我自己"案例与反思[EB/OL]. http://new.060s.com/article/2013/07/17/780611.htm.,2017-08-15.

我介绍十分必要。

【活动目标】

1. 了解自我介绍的基本内容,愿意向大家大胆介绍自己。

2. 增进对自我的认识,体验相互交流的乐趣。

【活动重难点】

了解自我介绍的基本内容,学会介绍自己。

【活动准备】

1. 大图卡一份,小图卡每人一份,小话筒一个。

2. 会唱歌曲《认识你啊真高兴》。

【活动过程】

1. 师幼相互介绍姓名

（1）教师做自我介绍。

（2）请三四名幼儿做自我介绍,并指导幼儿说"认识你真高兴"。

2. 了解自我介绍的基本内容

（1）老师详细地做自我介绍,让幼儿仔细听。(老师介绍:我的名字叫……我的家住在……我喜欢……我的好朋友是……)

（2）师:"老师介绍了哪些内容?"(根据幼儿的回答出示图卡)

（3）请一两名幼儿模仿老师的介绍来介绍自己,让幼儿集体鼓掌。

（4）师:"他介绍了自己的哪些方面?"(对照图卡,引导幼儿补充不完整的地方)

3. 找个好朋友介绍自己

（1）每个幼儿拿着小卡片,先把自己的介绍记录下来,可以画画或者做记号,然后对照卡片内容和好朋友互相做自我介绍。

（2）请个别幼儿上台介绍自己,幼儿集体鼓掌。

（3）找个其他班的老师来做自我介绍。

（4）师:"什么时候需要介绍自己呢？还可以介绍哪些方面？"

（5）小结:介绍自己时,可从姓名、家庭住址、爱好、朋友、家庭成员等方面来介绍。

4. 结束活动

师:"今天通过自我介绍,认识了许多新朋友,我们真高兴,我们一起来跳个舞吧。"(放音乐《认识你啊真高兴》)

【教学反思】

孩子们在活动中积极参与,愿意大胆做自我介绍。在教学准备中利用图卡和话筒激发了幼儿参与话题的兴趣,并通过老师先介绍,引导幼儿获得了信息,了解了自我介绍的基本内容,接着安排幼儿利用小卡片内容和小朋友之间互相介绍、上台介绍、找其他班老师做自我介绍,并每次集体为幼儿鼓掌,增强了幼儿的成功感和自信心,增进了幼儿对自我的认识,让幼儿体验到了相互交流的乐趣。

四、学前儿童自我意识教育活动的设计

幼儿自我意识教育活动的设计,按照"先设计思路,然后确定单元活动目标、拟订单元

活动纲要并设计具体活动步骤(即教案),最后评价方案"的设计流程,以单元主题活动"我"为例,具体剖析整个教育活动的设计过程。

为了更好地观察实际设计过程的具体形式,在此我们采用幼儿园实践教学中最常用的表格形式,把"设计思路"、"单元目标及分解目标"和"单元活动纲要"三部分内容,形象而直观地整体呈现出来如下:

案例分析

单元活动:我长大了(中班)①

【设计思路】

对于刚升入中班的孩子来说,他们对于自己能成为幼儿园里的哥哥姐姐而感到兴奋和自豪,对于自己长大了的感受十分强烈。他们渴望进一步了解自己,获得更多的自我体验。在这个主题里,根据幼儿对自己身体变化的感知,引导他们自己去探索其中的奥秘,让他们初步养成良好的生活卫生习惯,并引导他们体会与人交往的快乐。

【单元目标及分解目标】

根据《指南》里对幼儿自我意识发展的年龄段要求,我们可以预设以下单元教育目标。

1. 对自己身体的变化和年龄的变化感兴趣,愿意尝试生活自理。
2. 喜欢同伴,在成人的引导下,愿意关心自己熟悉的人,学会与同伴分享快乐。
3. 喜欢表达自己的主张和爱好,对自己的行为表现出自信。
4. 关心喜欢自己的老师,主动和老师一起交流和探索。

【单元活动纲要】

表5-6 "我长大了"单元活动纲要

活动性质	活动名称
综合	我真棒、采访朋友
语言	老师的手、朋友船、团结友爱亲又亲
故事	小熊想长高
社会	我长大了
音乐	我们是中班的小朋友、认识你呀真高兴、朋友越多越快乐
美术	我
手工	我的好朋友、送给朋友的礼物
体育	合作真愉快

环境创设与资源利用

1. 生活区:可穿脱衣服的玩具娃娃若干个,请幼儿帮助玩具娃娃穿脱衣服。

---

① 林蓉,林佩. 我长大了(中班)[J]. 幼儿教育,2004(19):31.

2. 阅读区:提供有关成长的书籍,让幼儿自由阅读图书,感受长大的快乐和自豪。

3. 观察区:幼儿通过观察自己小时候的照片和镜子中的自己,发现自己现在的成长,意识到自己长大的变化,进一步感受成长的快乐。

4. 美工区:提供画笔及美术纸,让幼儿画出现在的自己,体验绘画的乐趣和成长的快乐。

5. 娃娃家:丰富带娃娃、过家家、做游戏等活动情节。

6. 幼儿园:布置体现"我长大了"的墙饰。

家园共育

请家长陪同幼儿看一些关于成长的儿童读物。利用各种资源及途径帮助幼儿理解成长的快乐,通过积极引导使他们认识到成为中班小朋友的骄傲和自豪。可建议家长在休息日带幼儿到户外进行观察,学习与人交往的技能,并从中体验交往带来的快乐。

具体教育活动设计

我们以主题单元活动"我长大了"里面的一个具体活动案例"我长大了"为例,来了解自我意识教育活动设计的方法与要求,具体内容如下:

我长大了(中班)

【活动目标】

1. 感受"我长大了",体验长大的快乐,体会父母的辛苦。
2. 乐于与同伴交流自己的感受。

【活动准备】

1. 录像:关于胎儿的生长发育及新生儿的养育的录像。
2. 幼儿小时候的衣物(部分布置在墙上,部分置于桌上)、照片以及玩具娃娃。
3. 幼儿向父母了解自己小时候的趣事。

【活动过程】

1. 导入部分

欣赏幼儿小时候的照片,教师:"今天,我们班上来了许多小宝宝,想知道他们是谁吗?"

出示幼儿小时候的照片,幼儿纷纷寻找自己的照片并相互介绍。(照片上的浩浩和林林没有穿衣服,大家哄笑起来:"羞,羞,不穿衣服"林林不服地嘟囔道:"这是我小时候,又不是现在!")

2. 展开部分

(1) 观看录像

教师:"你们都看到了自己小时候的样子,那你们知道自己在妈妈肚子里的时候是什么样子的吗?我们来看一段录像。"

录像把幼儿带入了神秘的生命起源时刻,他们的眼睛紧紧地盯看电视屏幕,不时发出惊叹和议论。直到电视里传出婴儿的第一声啼哭,他们才长长地舒了一口气。

教师:"看录像时你们在想什么?"

幼儿七嘴八舌地议论开了。"我阿姨肚子里有一个小宝宝,阿姨的脚都肿了。""我妈妈说,每个妈妈怀小宝宝的时候都很辛苦。""我妈妈说,我在她肚子里的时候,她吃什么吐什么,难受得不得了!"

(2) 回忆童年趣事

教师:"你们都听过自己小时候的故事吧?请讲给大家听听,好吗?"

幼儿争先恐后地讲自己小时候的故事,就连平时很少举手发言的孩子也积极参与其中。孩子们有说有笑,活动气氛热烈而融洽。

(3) 感受身体的成长

出示幼儿小时候的衣服。教师:"这是什么?请你们来穿一穿。"

幼儿笑了起来,纷纷表示"不能穿了,我们长大了,衣服太小了"。

教师:"我们身体的哪些地方长大了?"

幼儿开始试衣服、鞋子,他们发现自己身体的每个地方都长大了,并在玩具娃娃的身上做出相应的标记。

(4) 展示本领

教师:"我们的身体长大了,本领有没有增强呢?我们有了哪些本领呢?"

先让幼儿4人一组自由交流,互相展示自己的本领,最后再请几个孩子在全部儿童面前进行展示。

3. 结束部分

教师:"小时候我们样样事情都要大人帮助,现在我们在大人的关心和爱护下慢慢长大了,本领也变大了。以后,我们的本领会更大、更强!"

【活动延伸】

小朋友长大了,就可以帮助别人了。回到家里,请小朋友分别尝试为爸爸、妈妈做一件力所能及的事情,如帮助爸爸妈妈扫地、擦桌子、倒垃圾等。

【活动评析】

本次幼儿自我意识的教育活动设计,充分考虑了幼儿的兴趣与需要。尤其在活动的导入部分,教师用神秘的口吻、有趣的照片激发幼儿的好奇心,使幼儿很快就被吸引到活动中来。在活动过程中,教师先让幼儿参与"试穿衣服、鞋子""给玩具娃娃做标记""4人一组自由交流"等活动,让他们亲身体验,亲眼看到自己身体的每一部分都在长大,然后再组织幼儿讨论交流自己的感受,从而提升了幼儿的自我意识。

更难能可贵的是,以上活动除了紧扣活动目标,还包含了多个领域的教育价值,如让幼儿讲述自己小时候的故事,不仅能让他们分享快乐,达到良好的师幼互动,而且还能提升他们的语言表达能力、自我情绪情感的感知能力等。

以上活动的不足之处是,教师没有完全参与到活动中去,如果教师也拿来自己童年的照片,讲述自己童年的趣事,相信活动的气氛会更加热烈、融洽,而且教师的讲述还能起到一定的示范作用,有利于幼儿讲述水平的提高。

(四) 具体教育活动设计

完整地设计一个教育活动的具体过程,是保证教育目标贯彻实施的基本步骤。一个

完整的教育活动设计(教案),包括活动的名称、目标、准备、内容、方法、过程等。具体活动设计见下面提供的活动案例。

幼儿自我意识教育活动设计与教学在幼儿园的具体教育实践中,一般都是按照主题教育活动的总目标,灵活渗透在各个分目标里来出现与进行的。也就是说,在实际的教育活动中,每一个自我意识教育活动案例,不是一个个孤立地展开的,而是统一在某一个总主题之下。在这个主题里,教师会根据幼儿的兴趣与经验,并结合季节性与地域性,系统而灵活地出现各领域的教学目标与内容,其中也包括幼儿社会领域的自我意识教育。

案例分析

鞋子变小了(中班)[①]

【设计意图】

孩子们逐渐地长大,他们对自己长大的感觉也十分强烈,能干的事多了,自信心增强了,在生活中什么事情都想尝试,喜欢模仿比他们大的孩子和大人的活动。通过观看孩子们小时候的录像、观察自己身体的变化等方式,充分感受到自己的成长,并体味成长的快乐和自豪。

【活动目标】

1. 观察自己的鞋子、衣服变小了,感受自己的成长。
2. 了解成长过程中自己身体的变化,知道自己在慢慢长大。
3. 敢于在集体面前表达自己的想法。

【活动重难点】

重点:观察衣服、鞋子,幼儿感受自己的成长。

难点:能够大胆在集体面前讲述自己的想法。

【活动准备】

1. 经验准备:幼儿会自己穿、脱衣服。
2. 物质准备:

(1) 幼儿小时候的照片、录像、鞋子、衣服,带一岁左右的衣服、鞋子、照片较好,与现在的反差要大些。

(2) 幼儿现在穿的衣服、鞋子,照片。

(3) 与家长进行沟通,使家长了解幼儿园所做活动在带自些做事情的照片,家长鼓励幼儿们的视频。

(4) 幼儿园老师收集幼儿们在园活动的照片,能够体现出幼儿们的成长。

[①] 阎保华. 幼儿社会教育活动设计与指导[M]. 北京:北京理工大学出版社,2017:33-35.

【活动过程】

1. 猜一猜

导入活动：猜猜看，猜照片里的人是谁，激发幼儿的兴趣。

（1）以 PPT 形式，展示每一个幼儿小时候的照片，请幼儿猜猜是谁的。

（2）教师提问：

①"我们来猜一猜这位幼儿是谁？"

②"她和现在长得一样吗？哪里不一样？"

小结：头发长长了，个子长高了，会走路了……

2. 比一比

请幼儿观察带来的鞋子、衣服，与现在穿的进行对比，发现变化。

（1）衣服的对比，请幼儿将上衣、裤子进行对比，发现现在穿的衣服大，以前的衣服小。

（2）比比鞋子，发现鞋子的大小有变化。

3. 穿一穿。

（1）请幼儿穿一穿小时候的衣服，试一试小时候的鞋子。

教师提问："小朋友们都带来了小时候穿的鞋子、衣服，试一试现在还穿得下去吗？"感受身体长高的变化。

（2）教师提问："为什么穿不进去了？"使幼儿在亲身体验中，感受到自己的变化。

4. 说一说

利用投影播放幼儿自己做事情的照片，在看看、说说的过程中了解自己的成长。

（1）播放幼儿在幼儿园时自己吃饭，自己睡觉，自己穿脱衣服的照片，使幼儿们知道自己成长了，学会了许多本领。

（2）播放幼儿在家时自己做事情的照片，看看在家里的成长。

（3）播放家长表扬幼儿长大的视频，进一步鼓励幼儿。

【活动延伸】

在生活区投放扣子、衣服等生活材料，进一步培养幼儿自我服务能力。

【评析】

本次活动通过"猜一猜"、"比一比"、"穿一穿"、"说一说"等活动，让幼儿在"猜一猜"中激发了解自身变化的兴趣，在"比一比"中观察自己衣服和鞋子的变化，在"穿一穿"的游戏中体验自己发生的变化，最后在"说一说"中了解自己在各个方面的变化及其原因，引发幼儿的思考。活动的延伸部分是在区角中培养与健康领域相结合的自我服务能力，通过自我服务能力的提高，来增进幼儿的自主感。

我喜欢我自己（大班）[①]

【设计意图】

一位哲人曾经说过："谁拥有了自信，谁就成功了一半。"幼儿期是个性品质可塑性较

---

① 阎保华. 幼儿社会教育活动设计与指导[M]. 北京：北京理工大学出版社，2017：35-37.

强的时期,从小培养幼儿自信,对其一生都有影响。幼儿时期是自我意识形成和发展的最初阶段,而自我意识正是自尊和自信等重要的心理品质形成的基础。对于即将进入小学的大班幼儿来说,非常需要能够正确地认识自我、评价自我,从而自信地去迎接以学习为主要活动的人生新阶段。我根据大班幼儿的这些特点设计了"我喜欢我自己"的教育活动。

整个教育活动设计了三个环节:

第一个环节,借助课件讲故事,引导幼儿帮助伤心难过的青蛙寻找优点,从而感知、体会故事中所蕴含的道理。

第二个环节,鼓励幼儿大胆在别人面前展现自己的特长。

第三个环节,组织幼儿召开"赞美会",引导幼儿发现其他小朋友身上的优点,让每个幼儿感受赞美和被赞美的快乐。

最后,让幼儿们随音乐自由、大胆地展现自己,并大胆地告诉别人"我喜欢我自己",让自己更加自信!

整个活动,给幼儿们创造一个轻松、快乐的氛围,以帮助他们提高自己与别人交流的自信心。

【活动目标】

1. 理解故事内容,知道每个人都有自己的本领,我就是我,谁也代替不了。
2. 能发现自己的长处,并能大胆地讲述喜欢自己的理由。
3. 萌发自己与他人交流的自信心。

【活动准备】

故事课件、花环、音乐磁带。

【活动过程】

1. 谈话导入

师:"孩子们,你喜欢你自己吗?喜欢自己的什么地方?"

2. 结合课件讲故事

(1)教师讲故事前半部分

师:"(神秘状)今天老师还带来了一位动物朋友,它是谁呢?"(出示青蛙课件)

师:"你喜欢青蛙吗?为什么?"(引导幼儿找出青蛙的优点)

青蛙也是这么想的,今天,小青蛙在池塘边……它忍不住哭了起来。(结合课件讲故事)

师:"青蛙为什么会难受?他真的很没用吗?他有没有别人不会的本领呢?"

师:"青蛙有这么多的本领,他不应该难受呀!谁来安慰安慰它。"

(2)教师继续讲述故事后半部分

山羊笑着对青蛙说:"我们大家都喜欢你。"

师:"(高兴的情绪)你们猜猜,现在青蛙会是什么表情呢?"

故事讲到最后,问:"现在青蛙为什么又高兴起来了呢?山羊对它说了什么?"

师:"山羊不仅知道自己的本领,还知道观察别人的优点。那么野鸡、小松鼠有哪些本

领呢?"

师:"每个动物都有自己的本领,青蛙当然也有。最后青蛙是怎么对自己说的?"

师:"这会儿青蛙高兴了,它为自己是一只青蛙而感到自豪!这个故事的名字是《我喜欢我》。"

3. 鼓励幼儿大胆讲述自己的本领

(1) 幼儿相互交流

师:"你喜欢你自己吗?想想自己有哪些本领。请与你的小伙伴说一说,让他们更加喜欢你吧。"

(2) 幼儿轮流说说喜欢自己的理由

师:"看来小朋友的本领还真不少,说都说不完。这样吧,每个人把你的本领说给大家听听。"

教师追问幼儿:"你自己有哪些本领?会为自己做什么?还能为别人做什么事情?"

请现场幼儿展示(如:跳舞、唱歌、武术),教师及时鼓励。

小结:你们太了不起了,有这么多的本领呀,你们还能帮别人做那么多的事情,真是太棒了!

4. 召开"赞美会",让幼儿感受赞美与被赞美的快乐

师:"你有没有发现其他的小朋友身上也有很多优点呢?下面我们召开一个赞美会,你可以大声地赞美任何一个小朋友。可以用'我喜欢谁,因为他能……'的句式说出来。"

师:"××,听到这么多小朋友赞美你,你感觉怎么样?"

5. 鼓励幼儿随音乐自信地表演

师:"孩子们,通过自己和别人的赞美,今天我们发现了自己很多的优点,你们太棒了!让我们随音乐快乐一下吧!(放音乐《大家一起来》)跳到前面来,面向大家做一个自信的动作,他们会加喜欢你。"

(音乐声音变小)教师小结:"我们每天都在不断进步。优点会越来越多,也会有更多的人喜欢你。如果有人问你'你喜欢你自己吗?'你应该怎么告诉他?"(小朋友:"我喜欢我自己。")教师引导幼儿大声说出,并做动作。

【评析】

自信是幼儿健康人格发展的要素之一,它对人的认知、动机、情感和社会行为均会产生重要的影响。这就要求我们充分考虑幼儿的发展需求,保护每一颗幼小的心灵。在本班幼儿中,大部分的幼儿善于表现自己,也有部分幼儿在语言表达方面存在着表达不完整、不清楚而且不自信的问题。

在这次活动后,还要注意引导幼儿们在生活中体验成功的快乐、发现别人的长处,并学会赞美、帮助别人。所以,要想组织好一次教育活动,更重要的是将教育渗透到幼儿的生活当中,教师应具备掌握心中大目标、控制眼前小目标和随机接受新目标的能力。

五、学前儿童自我意识教育的评价

在开展幼儿自我意识教育活动时,主要包括对幼儿自我意识发展进行评价和对幼儿

自我意识教育进行评价。

(一)对学前儿童自我意识发展的评价

自我意识主要包括自我认知、自我体验和自我调控。与其他方面相比,幼儿自我意识发展相对较晚。一般来说,幼儿可以在与他人的交往中,初步学习了解自己、了解别人,学习把自己的行为、能力与别人的行为、能力做比较,学习简单地评价自己和其他幼儿的行为。但是,由于受自身心理发展水平的限制,幼儿自我意识发展的总体水平还是比较低的,他们还不能对自己进行独立、客观的评价,而往往是根据幼儿教师的评价来评价自己和他人。因此,幼儿教师对幼儿的评价对幼儿自我意识的发展有十分重要的影响。

1. 从轻信成人的评价到自己独立的评价

三四岁的幼儿对自己或别人的评价往往只是成人评价的简单再现,而且,对成人的评价,有一种不加考虑的轻信态度。例如,他们对自己的评价过高或过低,往往是因为"老师是这么说的"。到五六岁的时候,幼儿逐渐对评价持有了批评态度。例如,某大班选值日生,小朋友们选了彬彬,可是小宇说:"他今天骂过我,不能选他。"此时幼儿开始出现独立的评价,开始对成人的评价持有批判的态度。如果成人对儿童的评价不客观、不正确,儿童往往会提出疑问、申辩,甚至表示反感。

2. 从对外部行为的评价到对内心品质的评价

三四岁的幼儿一般只能评价一些外部的行为表现,还不能评价内心状态和道德品质。如问"为什么说你自己是好孩子?"四岁儿童回答"我不打架"或"我不抢玩具",而五六岁的幼儿剧可以说出一些比较抽象、内在的品质特点,如"我听话,遵守纪律"或"我谦让,对小朋友友好"等。

3. 从比较笼统的评价到比较细致的评价

三四岁的幼儿对自己的评价是比较简单、笼统的,往往只根据某一两个方面或局部进行自我评价,例如,"我会唱歌""我会画画"。五六岁幼儿的评价就比较细致、比较全面。例如,教师请小朋友单独朗诵儿歌后,要求其他小朋友评价朗读得如何,幼儿会这样评价:"他朗诵得好,因为他吐字清楚","声音自然,有表情"等。

在整个学前期,幼儿对自己评价的能力还是较差的,成人的态度对幼儿的自我评价有着重大的影响。因此,成人对幼儿的评价必须适当、客观、公正,任何过高、过低或其他不恰当的评价都是有害的。例如,如果成人对幼儿说"你永远也学不会""你总是不会安静""你老是爱打人"等,幼儿就会认为自己真的是毫无希望的人,变得没有信心。

案例分析

幼儿乐乐因打了人没有拿到小红花,而其他小朋友都拿到了。当天妈妈来接他时,他不肯回家,非要拿到小红花才肯离园。经过了解,原来是老师说了"乐乐今天表现不好"。老师和妈妈给乐乐讲明了道理,他跟着妈妈回了家。从第二天起,乐乐开始逐渐自觉控制自己的行为,每天都要问老师:"我今天表现好吗?"一天,老师说他有进步,给他一朵小红花,乐乐高兴极了。①

分析:幼儿还没有独立的自我评价,他们的自我评价常常依赖于他人的评价,特别是在幼儿初期,往往不加考虑地轻信老师和成人对自己的评价。幼儿的自我评价只是成人评价的简单重复,常常带有主观情绪性,从而过高或过低地评估自己,且自我评价还受到认识水平的限制。乐乐在对自己评价时,也体现了幼儿的自我评价依赖于成人对他们的评价,受到认识水平的限制。

对幼儿自我意识发展的评价应注意以下几点:

第一,对幼儿的评价应持赞赏性。教师要积极评价每个幼儿,处处尊重幼儿,时常鼓励和肯定他们。他们回答问题正确时,用点头、微笑赞许他或摸摸他的头以示鼓励;当回答错误时,千万不能流露出责备的神情或不满的情绪,可对他们说:"哦,某某小朋友还没有想好,没关系,过一会儿你再回答吧。"而对于把小手举得矮矮的或战战兢兢举起又放下的幼儿,就鼓励他大胆些,对他说:"我知道你已经想好了,对吧?你来回答。"

第二,对幼儿的评价应持客观性。幼儿喜欢用老师对是非的评价去判断好与坏,只要是老师赞成的事他们就认为是对的,只要是老师禁止的、批评的事他们就认为是错的,久而久之,是非评价的标准就习惯于"师从性",而缺乏客观性。例如,在某地发生的一次地震时桌凳剧烈摇晃,大家还没回过神来,大班的一个娃娃喊了一声"房子要垮了"就冲了出去。事后,小朋友都认为他违反了纪律,应该给予批评。老师问他"为什么不等老师发话就开跑",他说"房子垮下来要压死人"。在特殊情况下面对"纪律"和"生命"他选择了后者,老师表扬了他。小朋友最终受到了一次"灵活性"教育,明白了"纪律"也不是教条死板的。以后,随着年龄的增长和教育过程的深入,幼儿对行为的好坏标准会不断加深认识,教师应着重引导幼儿认识判断是非、好坏的原因,使好的行为不断得到彰显。

第三,对幼儿的评价应持区分性。教师要以不同的标准去要求和评价不同发展水平的幼儿,每个幼儿都希望得到教师的赞许,但由于幼儿间存在个体差异,这就要求教师用不同的标准去要求幼儿。对发展水平高的幼儿,教师要鼓励他们达到更高的要求。如在看图讲述《大象救兔子》故事中,教师先让幼儿看第一幅图,"老虎从树林中窜出来了,三只兔子飞快地跑",要求幼儿想办法救这三只兔子。当有幼儿想出让黑熊来对付老虎时,老师问为什么,幼儿说:"因为黑熊力气比老虎大。"老师又问:"你怎么知道黑熊力气比老虎大?"孩子说:"老师以前讲的故事《老虎和黑熊》中黑熊比老虎力气大。"这说明这个孩子他能把以前听的故事内容融会贯通,从而解决新问题,所以老师要告诉这孩子:"你想的办法不错,不过,我相信,如果你再动动小脑筋,一定会想出比这更好的办法。"这样,又对这个孩子提出了进一步的要求。而对于发展水平较低的幼儿,教师应多给些提示。还是就《大象救兔子》来说明,对水平较低的幼儿只要求他们回答"大象是怎样救了兔子的",并出示第二幅画。第二幅画中大象正在河中间,这时幼儿思维受到了一定的启发,当他们想出让大象用长鼻子卷起老虎并扔到河里去淹死时,教师就可以鼓励他们说:"你们真聪明!想的办法很好,大象伯伯都觉得这个方法不错,就真的用长鼻子卷起老虎扔到河里去了。"孩

---

① 朱洪萍.幼儿自我发展及教师评价对策[J].时代教育,2008(4):56-57.

子们就会显出一脸的灿烂。

（二）对学前儿童自我意识教育的评价

幼儿自我意识教育的评价是依据幼儿自我意识教育的目标来制定的。《纲要》提出：幼儿园要帮助他们正确认识自己，为每个幼儿提供表现自己长处和获得成功的机会，增强其自尊心和自信心。认识自己就是认识自己的一切，包括认识自己的生理状况、心理特征，以及自己与他人的交往等。只有在自我认识的基础上，才能对幼儿进行自我意识的教育。开展幼儿自我意识教育活动能够让幼儿认识和接纳自己，增强自我价值感和自信心；有助于幼儿充分地表达自己的情感，控制自己的行为，有助于幼儿学会自我选择、自我决断，培养其独立性和自主性，并对自己的行为负责任。幼儿自我意识教育评价的内容主要包括以下几个方面：

1. 幼儿是否形成正确的自我概念

幼儿自我意识突出的特点是具有很强的他律性，他们主要是以成人的评价为依据来评价自己，从而形成对自己的认知。尤其是父母、教师对幼儿的评价，往往成为幼儿评价自己的重要标准和依据。父母或者教师应该充分地尊重幼儿，按照幼儿的实际情况正确地看待幼儿。心理学理论认为：父母或者教师的及时鼓励、表扬能使幼儿获得愉快而肯定的情绪体验。父母的积极评价、流露出的友好感情、显示出的欣赏态度，必然会转化为幼儿积极向上、奋发图强、自强不息的动力，并且有助于幼儿形成正确的自我概念和自我评价。

2. 幼儿是否具有自信心

自信心是人对自己力量的认识与估计，以及在此基础上对自己产生的信心。幼儿自信心的发展是其自我意识不断成熟和发展的重要标志。自信心对于幼儿心理健康和认识能力都具有十分重要的意义，它能促进幼儿产生积极主动的活动愿望，大胆探索、思考问题，乐于与周围的人交往，经常保持愉快的情绪，让幼儿在获得更多知识和技能的同时，也能逐渐发展乐观、勇敢、独立等性格特征。缺乏自信心的幼儿，稍遇困难就退缩，不敢自由地表达自己的爱好和愿望，怯于与周围人交往，参加活动的积极性、主动性差，不能充分发挥自己的能力去认识和探索事物，而且容易形成胆小、懦弱、依赖性强、优柔寡断等性格特点。教育对自信心的发展具有重要意义。作为自我意识的主要成分，自信心的发展也是在与周围环境的相互作用中，特别是在与人交往中逐渐形成和发展的。周围的人，特别是成人（老师和家长）对幼儿的态度与评价，对幼儿的自信心具有直接的影响。

3. 幼儿是否学会自我评价

幼儿的自我评价是一项非常重要的心理活动，是主体在对自己身心特征认识的基础上产生的某种判断。自我评价高的幼儿在以后的发展中会表现出更多的自信，遇事不怕困难，积极面对，成就动机也高。而自我评价低的幼儿在以后的发展中会认为自己处处不如别人，遇事不求上进，易退缩，缺乏自信。因此，对幼儿进行自我评价能力的培养，有助于幼儿正确地认识自己，培养自信心，对幼儿的发展起到很好的支持和激励作用。

4. 幼儿是否学会自我控制

幼儿的自我控制是幼儿自我意识的重要组成部分,它是幼儿对自身的心理与行为的主动掌握,是幼儿自觉地选择目标,在没有外界监督的情况下抑制冲动、抵制诱惑、延迟满足、控制或调节自己的行为,从而保证目标实现的一种综合能力。自我控制能力是人类重要的心理品质,其发展水平的高低直接影响幼儿将来对社会的适应程度。幼儿自我控制能力的发展可预期他们的儿童期、青春期和成年后的学业成绩和社会认知能力等。可见幼儿自我控制能力的培养与发展对幼儿的成长与各方面的发展有着重要的作用。因此,在教育过程中,我们要抓住机会,促进幼儿良好自我控制的形成和发展。①

技能训练

1. 下面是一个小班的社会活动案例,请阅读后给出你的评价、建议和改进措施,然后以小组为单位尝试模拟教学。

"我是男孩(女孩)"(小班)

【设计思路】

儿童最早的性别意识形成于2岁以后,小班幼儿正是自我概念迅速发展的阶段,其中包括性别意识的发展。所以在小班及时进行性别教育,让幼儿分清自己是男孩还是女孩,就显得尤其必要。

【活动目标】

1. 引导幼儿区分男孩、女孩明显的外貌特征,知道自己的性别。
2. 激发幼儿对自己性别的喜爱之情。
3. 培养幼儿的性别意识。

【活动准备】

歌曲《开车歌》音乐磁带。

【活动过程】

1. 导入部分

"今天,我们班来了两位小客人,他们是男孩还是女孩?"(一个男孩,一个女孩)引导幼儿区别男孩、女孩的外貌特征。

"你是怎么知道他是男孩,她是女孩的?"

2. 基本部分

(1) 讨论:帮助幼儿区分自己的性别,激发幼儿对自己性别的喜爱之情。

① 我是男孩或女孩,让幼儿知道自己的性别,"小朋友们,你是男孩,还是女孩呢?""你喜欢做什么事情?"

---

① 陈世联.幼儿社会教育[M].海口:南海出版公司,2009:74-75.

② 你知道班里的哪个小朋友是女孩？你知道班里的哪个小朋友是男孩？

③ 你家里有谁是男的？谁是女的？

教师小结：小朋友们，你们都知道自己是男孩还是女孩，都非常可爱，不论男孩女孩，老师都很喜欢你们。

（2）通过游戏，进一步区分男孩和女孩。

① 游戏："找朋友"（能说出朋友的性别）。

② 游戏："坐车"（边听歌曲《开车歌》边做动作，男孩一组，女孩一组分组坐好）。

3. 结束部分

总结：无论男孩女孩，都值得自己骄傲，大家一起说："我是男孩（女孩），我爱自己！我也爱女孩（男孩）。"

【活动延伸】

让幼儿回到家里，分辨家里的父母、爷爷奶奶等是男的还是女的，在自己的小区里，说出遇到的邻居是男还是女，并让爸爸或妈妈来判断对错。

2. 下面是两个题目相同、设计内容不同的幼儿教育活动案例，请运用所学理论知识，分析两个教案设计有何不同？各有何优缺点？提出自己的合理化建议。

活动设计1："不快乐的时候"（中班）

【活动目标】

1. 认识不快乐的表情，并学会表达自己的不快乐情绪。

2. 学习如何正确处理、排解自己的不快乐情绪。

【活动准备】

图片、图画纸、水彩笔、录像、录音机。

【活动过程】

1. 出示伤心、哭泣的表情图片。并提问：你们在什么时候会伤心流泪？

2. 请幼儿讨论：说说自己最近不快乐的事情，并把不快乐的表情画下来。

3. 教师向幼儿提问：不快乐的时候该怎么办？

4. 教师引导幼儿：可以说出来你的不快乐，得到大家的安慰，也可以大声喊叫或跑步或踢球，发泄掉自己的不快乐；甚至可以大哭一场，排解内心的难过情绪。

5. 教师播放一段儿童释放自己不快乐的录像，让孩子直观看到多种处理消极情绪的途径。

6. 播放轻松愉快的音乐，让幼儿在音乐里把原来画的不快乐表情一一改成快乐的表情，并告诉大家，自己是如何让表情变得快乐起来的。

【活动评价】

引导幼儿知道排解不快乐情绪时不要伤害别人，并学习在一定程度上控制不快乐的情绪。

活动设计 2:"不快乐的时候"(大班)

【活动目标】
1. 在有趣的活动中让幼儿掌握一些缓解、转移不良情绪的方法。
2. 培养幼儿豁达、开朗的性格。

【活动准备】
1. "消气吧"场景布置。
2. 消气棒 3 个,蹦蹦床 1 个。
3. 动物园 3 个:小狐狸、河马、小猪。
4. 小朋友扮演小老鼠 2 只。

【活动过程】
1. 引出主题

(鞭炮声)这是什么声音?有什么高兴事?小狐狸那儿的"消气吧"开张了。介绍"消气吧"——这是一家让生气的人很快消气而变得快乐的地方,是一个特别的地方。

2. 讨论主题

(1) 出示河马

"消气吧"第一天开张小河马来了,它心里有什么感觉?你从哪儿看出来的?

原来河马参加棒球赛,赛场上被球打得鼻青脸肿,输给了对方。

小朋友想办法帮他消气;看小狐狸想什么办法?(请小朋友用消气棒实践)

(2) 出示小猪

小猪怎么了?他的身材长得怎么样?它为什么气呼呼的?(小猪太胖穿衣服不好看)

小狐狸会想什么办法帮小猪减肥?

请小朋友实践蹦蹦床。

(3) 帮小老鼠消气

"吱吱",谁来了?(两只小老鼠表演)

快帮小老鼠快乐起来吧。

请小朋友实践大声叫喊。

3. 归纳主题

大家都说"消气吧"好,它好在哪?

你们平时遇到过生气的事吗?你用什么方法消气而变得快乐?

小结:生气并不是一件坏事,人人都有生气的时候,如果你有不高兴的事生气了,可以哭一哭、叫一叫,不再生气。也可以把生气的事告诉老师、小朋友、爸爸妈妈,他们会劝你、安慰你,你的心里会好受些。你还可以吃点东西、玩下玩具、看看电视。如果别人惹你生气,你就要想想别人对你好的时候,这样就会原谅别人,就会消气,变得快乐,身体也就会更健康了。如果你经常生气又不消气,就会影响你的身体健康。

【活动延伸】
家长和孩子共同商讨消气的方法,贴在展板上。

3. 小班儿童已开始有自我意识,为了能让他们更好地认识自己,同时,知道自己的性别特征,请设计"认识自己"的社会活动。要求写明活动目标、活动准备和活动过程。

4. 试结合下面材料,分析幼儿自我意识发展的特点,并尝试设计一个游戏活动帮助幼儿建立积极的自我认知和自我体验,学会感受和理解他人的情绪。

小班的阿伟正想拿玩具柜上的毛绒小熊玩,豆豆走到他前面,一把拿下小熊,阿伟毫不示弱想夺回来,两人开始争抢玩具,边抢还边说"我的,我要玩的……"。这样的事情在小班幼儿中屡见不鲜,因为在他们的意识中以为"我喜欢的东西就是我的"。

拓展链接

对幼儿进行自我意识教育,只有集体活动的形式还是不够全面的,必须配合其他各种教育形式,比如个别教育、区域教育或自我教育等。下面提供一些其他形式的幼儿社会性教育的事例与总结。

学会个别教育记录

钰林平常最不喜欢运动,老师让小朋友做游戏他总是找借口留在教室,不是肚子疼,就是说想画画或是做其他事情。今天也不例外,他一个人在教室里坐着弄他的铅笔,没过多久,教室窗外传来了3组小朋友游戏的声音,"快抢呀,后面、后面……"闻声望去,他看见家豪正对着地上指手画脚,一副着急的样子。钰林十分好奇,于是跑到窗边观望着,他没有出声。望着游戏中在地上趴着的"螃蟹"和周围的抱蛋人,一个个神情紧张而又兴奋,他按捺不住了,于是干脆跑出教室,想看个究竟,"哦,原来是这样玩的!呵呵!"别人玩得很开心,他偶尔也在旁边偷着乐……我等待了许久,却始终没见他勇敢地走上前主动加入他们快乐的游戏行列中。

记录措施:我及时观察到了孩子情绪的变化、兴趣的提升,于是立刻上前鼓励他去玩游戏,并让他们那组的小朋友主动地将他带入游戏行列,他腼腆地开始了游戏,游戏中越玩越放得开,游戏时间要结束了,没想到这小家伙竟然第一次央求说:"老师,再玩一次嘛!"

鼓励幼儿阅读有益的图画书

幼儿图画书,除了能够更好地管理宝宝的情绪,还可以让幼儿知道如何面对自己的情绪。如《我很善良》《我好快乐》《我不愿悲伤》《我不想生气》等图画书,文字简单,画面干净,逻辑清晰,图画书里先把情绪的表现进行精确的描述,比如"快乐"时我蹦蹦跳,"悲伤"时我就一个人躲进角落里,接着再描述如何处理这些情绪,如"快乐"时与人分享则"快乐会加倍",而"悲伤"时找人倾听则会很快克服等。

如何帮孩子学习自我的情绪管理?

1. 让孩子认同自己,有情绪空间

要让孩子喜欢自己,老师要给孩子认同感。教师首先要学会管理自己的情绪,不

让不良情绪带给家庭、带给孩子,要塑造一种安全、温馨、平和的心理情境,用欣赏的眼光鼓励自己的孩子,让身处其中的孩子产生积极的自我认同,获得安全感,让其能自由、开放地感受和表达自己的情绪,使某些原本正常的情绪感受不因压抑而变质。

2. 让孩子认识情绪,表达情绪

通过游戏对话让孩子正确认识各种情绪,说出自己心里此时此刻真实的感受。只有知其所想,才能知何解。要让孩子知道原来人是有那么多情绪的,我们还可以通过句式"老师很生气,因为……""我感到有点难过,是因为……"来告诉孩子自己的情绪来源,同时也可以问孩子"你是什么感觉啊""老师看见你很生气、难过,能告诉我发生了什么事吗"等,来引导孩子表达自己的情绪及发现自己出现这些情绪的原因,有利于提高孩子的情绪敏感度。

3. 让孩子体验情绪,洞察他人情绪

游戏在幼儿的心理发展中起着重要作用,要让孩子在丰富多彩的游戏活动中体验自己的情绪,感受他人的情绪,知道自己和他人的需要。可以通过说故事编故事、角色扮演、和孩子讨论故事中人物的感觉和前因后果及利用周围的人、事物来引导孩子设想他人的情绪和想法。从他人的情绪反应中,孩子会逐渐领悟到积极情绪能让自己和对方快乐,消极情绪会让自己和对方痛苦,不利于事情的解决。如果幼儿在表达情绪与控制情绪之间取得平衡,便能以建设性的态度表达强烈的情感,而且控制对自己、对他人有伤害的情绪表达方式。

4. 让孩子学会乐观地面对生活

积极的情绪体验能够激发人体的潜能,使其保持旺盛的体力和精力,维护心理健康;消极的情绪体验只能使人意志消沉,有害身心健康。为此,学会保持乐观的生活态度与情绪,对孩子来说是十分重要的。作为教师,与孩子相处时,也必须乐观一点。只有这样,才能教会孩子以正确的态度和措施保持乐观。

5. 教会孩子适当宣泄不良情绪

人在精神压抑的时候,如果不寻找发泄机会宣泄情绪,会导致身心受到损害。生理学研究表明,人的泪水含有的毒素比较多,用泪水喂养小白鼠会导致其患上癌症。可见,在悲伤时用力压抑自己、忍住泪水是不合适的。另外,在愤怒的时候,适当的宣泄是必要的,不一定要采取大发脾气的方法,可以采用其他一些较好的方法。例如,在盛怒时,不妨赶快跑到其他地方,或找个体力活来干,或者干脆跑一圈,这样就能把因盛怒激发的能量释放出来。

情绪无所谓对错,只有表现的方式是否被社会所接受。教师要学会接纳孩子情绪表达的多面性,情绪表达的各种面貌都蕴藏着情绪转化的可能性。消极情绪可以转化为积极情绪,唯有正视情绪表达的所有面貌,健康的情绪发展才有可能;唯有能够驾驭自己情绪的孩子,才能够成为遵守纪律的孩子。

第六章 学前儿童社会交往教育

社会交往是儿童参与社会生活的基本方式,是儿童社会化的基本途径,通过社会交往,儿童的思维和语言得以发展,并通过宣泄不良情绪获得身心健康发展。3～6岁儿童在每一个年龄阶段,社会交往呈现不同特点,根据《纲要》和《指南》的要求,结合儿童年龄特点设计活动,在日常生活、教学活动、区角游戏中发展和提升儿童社会交往能力。

1. 掌握社会交往的概念。
2. 明确社会交往对学前儿童身心健康发展的重要意义。
3. 了解不同年龄的学前儿童社会交往行为发生、发展规律及特点。
4. 能够设计培养学前儿童社会交往能力的相关教育活动。

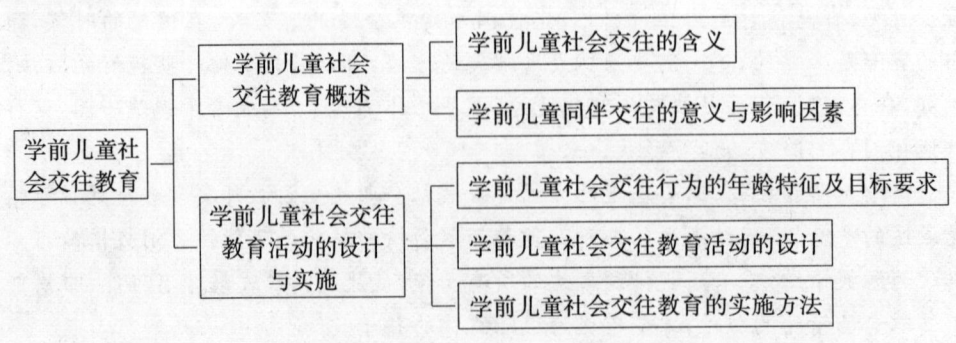

第六章 学前儿童社会交往教育

第一节 学前儿童社会交往教育概述

案例导入

3岁的敏敏是个性格温顺内向的孩子,上了幼儿园后,敏敏对周围的环境极不适应,总是一个人坐在角落发呆,不爱参加集体游戏,其他小朋友们也觉得她是个"怪人",不愿与她亲近。一个学期就要过去了,她还是交不到朋友,爸爸妈妈为此伤透了脑筋。

原来,在敏敏2岁的时候,妈妈因为嫌外面空气污染严重,很少抱孩子出门玩。抱着敏敏的时候,妈妈也不愿意让别人碰孩子,一是怕孩子沾染上细菌,二是怕孩子以后没有警惕性,被陌生人拐跑。这样做法导致敏敏后来见到陌生人常常被吓得哇哇大哭。正是因为家长忽视了对孩子进行早期社交能力的培养,造成了敏敏在幼儿园性格孤僻。

对于学前儿童来说,人际交往是指儿童在生活、学习中与他人的交流、接触与交往。任何一个生活在人类社会的人,都需要参与交往,交往是人类社会生存与生活的基本需要与重要途径。《纲要》在社会领域的教育目标中明确提出了培养幼儿"乐于与人交往,学习互助、合作和分享,有同情心"的人际交往目标,教师要"引导幼儿学习初步的人际交往技能",要尽可能"为幼儿提供人际交往和共同活动的机会和条件,并加以指导";《指南》指出:"人际交往和社会适应是幼儿社会学习的主要内容,也是其社会性发展的基本途径",成人应"创造交往的机会,让幼儿体会交往的乐趣"。可见,教育者应对幼儿的社会交往予以正确的引导,帮助他们树立正确的交往态度,获得交往能力,并与他人建立良好的人际关系,促进幼儿社会交往的发展。

一、学前儿童社会交往的含义

交往是人的整个社会生活的重要组成部分,幼儿与他人的交往也构成了他们的基本生活。学前儿童的社会交往是指幼儿在与成人的接触、交流或与同伴的游戏、学习生活过程中,运用语言或者非语言符号系统相互沟通、进行情感交流的活动,是其初步学会表达自己的愿望,了解别人的情绪和想法,调节自己的行为,促进相互之间的理解协调,并使这种关系得到延续和保持的活动。社会交往行为是人们在交往活动中对他人或某一事件表现出的态度、语言和行为反应,它在交往中产生,并指向交往中的另一方。

幼儿的社会交往包括两个范畴:一是与成人的交往,主要是指与父母和老师的交往;二是与儿童的交往,主要指同伴之间的交往。这是两种不同性质的交往。幼儿与成人的交往具有互补性,在传统意义上,这种交往中成人控制较多,幼儿服从较多;成人更多提供帮助,幼儿更多寻求帮助。而幼儿的同伴交往则是平等的、互惠的。从幼年起,儿童就表现出强烈的寻找伙伴进行交往活动的倾向,随着年龄的增长与活动场所的转移,儿童不断扩大交往的空间与范围,他们与同伴接触的时间逐渐增加。同伴逐渐成为儿童社会化发展与成长过程中的"重要他人",他们与教师、家长等构成儿童成长环境中最重要的组成部分。

社会交往对幼儿具有重要意义,交往经验构成了个体成长和发展的一个重要背景。在这一背景中,幼儿获得了大量的影响一生的情绪情感、态度和技能,这些对于儿童个体发展和社会发展都具有积极影响。从学前儿童社会教育的历史发展来看,它还是一门较为年轻的学科。学前儿童社会教育是一门介于儿童发展心理学与学前教育学之间具有边缘性质的学科。

二、学前儿童同伴交往的意义与影响因素

同伴交往是指同伴之间通过接触产生互相影响的过程,同伴交往能帮助幼儿形成自己的态度和价值观,筛选从父母那里获得的价值观念,吸收有益的部分,舍弃无用的部分,有利于幼儿摆脱自我中心,增强幼儿的情感支持,促进其亲社会行为、社会交往能力、社会认知等方面的发展。

（一）同伴交往对幼儿社会化发展的意义

1. 有助于培养幼儿积极的情绪情感

具备良好同伴交往能力有利于幼儿产生归属感、安全感,从而心情愉快、轻松。据观察发现,由于年龄相近、身心发展水平相近,幼儿与同伴在交往时处于相互平等的状态,会表现出更多的、显而易见的喜悦和无拘无束的交谈。具备良好的同伴交往能力的幼儿,可以积极主动地参加活动、分享快乐、承担烦恼;缺乏同伴交往能力的幼儿,不能和同伴一起游戏,会产生孤独感和不合群行为,沉浸在消极郁闷的情绪中,从而对心理发展产生不利的影响。

2. 有助于提高幼儿的社会交往能力

良好的社会交往能力会对幼儿步入社会后产生很大影响,而同伴交往能力正是它的基础。形成良好的同伴交往能力的过程是幼儿学习规则、掌握交往方式和方法的过程,这一过程培养了幼儿的社交技能。同时,在同伴交往能力形成过程中,幼儿通过观察对方良好的社交行为,进行学习来丰富自己的交往技能,并将自己学会的社交技能进行尝试和运用,使之不断巩固、熟练。

3. 有助于促进幼儿亲社会行为的发展。

同伴交往能力强的幼儿喜欢与人交往,在交往中积极主动,且常常表现出友好积极的交往行为;而同伴交往能力弱的幼儿会采取不友好的交往行为,如强行加入其他小朋友的活动,出现抢夺玩具、打骂他人等攻击行为。在幼儿同伴交往中,你对他人友好,对方就会喜欢你;相反,你争抢玩具,打骂别人,对方就会厌恶你、拒绝你。幼儿对同伴交往行为中特殊的、直接坦率的反馈有利于引导幼儿产生积极、友好的社会交往行为,减少攻击行为和不合群行为,因此,同伴交往能力的形成促进了幼儿亲社会行为的发展。

（二）幼儿同伴交往能力的影响因素

1. 幼儿自身因素的影响

（1）行为特征。行为特征是幼儿交往能力的重要体现，幼儿之所以在同伴交往中地位各异，主要是具有不同的行为特征，受欢迎儿童对同伴友好，没有明显的攻击行为；被拒绝儿童不会用恰当的方式加入群体活动，经常表现出攻击性行为；被忽视儿童因为害羞与胆小，很少表现自己也不攻击别人。

（2）社交技能与策略。幼儿的社交策略与技能对同伴交往也有影响，当幼儿学会运用协商、交换、请求、讲理、道歉、安慰等交往策略时，他的行为才能很好地被同伴认可和接纳，与同伴相处融洽。

2. 家庭因素的影响

良好的家庭人际环境有利于幼儿与同伴交往，而缺乏交往的家庭环境会影响幼儿的同伴交往，父母离异或不合，幼儿因缺少爱而不能有正常的安定情绪，形成了攻击破坏的行为习惯，造成与人交往的消极影响。有些家长对孩子过于保护，不和同龄小伙伴接触，总是在家里独自玩耍，限制了幼儿同伴交往能力的发展。

3. 教师因素的影响

幼儿从家庭进入集体环境，对教师有很强的依赖性，建立良好的师生关系是非常重要的。一个幼儿在教师心目中的地位如何，会间接影响到同伴对他的评价。例如，如果教师经常表扬一个幼儿，这个幼儿就会成为受欢迎的儿童，因为其他孩子也想成为老师心目中的好孩子。同年纪的幼儿在各方面的发展是不一样的，有的幼儿可能因为家长或家庭的原因，智力、能力和表现力各方面都比较好；而有的幼儿可能因为自身的发展比较晚，各方面不如同伴优秀，从而形成了对比。如果教师能发现每个孩子的优点，在一日活动中尽可能地关注到每一个幼儿，创造轻松的环境，就会有利于幼儿同伴间的交往。

第二节　学前儿童社会交往教育活动的设计与实施

一、学前儿童社会交往行为的年龄特征及目标要求

（一）学前儿童社会交往行为的年龄特征

1. 0～3岁婴儿同伴关系的发展特点

0～3岁的婴儿很早就能够对同伴的出现和行为做出反应。他们在与同伴交往中获得许多社会行为以及如何与他人交往的相关知识，这既促使他们的社会行为向友好积极的方向发展，又促进社交技能及策略的获得，同时还促进了其情绪情感和认知能力的发展。

2. 3~6岁儿童同伴关系的发展特点

3~6岁阶段,儿童与同伴相互作用的频率进一步增加,社会交往的总体水平显著提高。言语交往成为同伴之间主要的交往形式,互动的质量也逐渐提高。儿童认知能力和言语技能的发展改变着同伴交往的性质。学前儿童能够互相交流思想,分享有关活动的知识,参加集体性的角色游戏;能够与同伴共同商议与讨论游戏规则的制定、游戏角色的分配、游戏场地的划分、游戏材料的使用、游戏情节的建构等。

3. 0~6岁同伴关系的发展趋势

学前儿童同伴关系发展的基本趋势是:从最初的、零散的相互动作逐步发展到各种复杂的、互惠性的相互作用。在同伴关系发展过程中,同伴之间的相互作用变得越来越持久、越来越复杂,也越来越密切。

(二)《指南》中关于社会交往目标的表述

《3~6岁儿童学习与发展指南》把社会领域的目标分为社会交往和人际适应两部分。幼儿期的人际交往能力占据重要地位,例如,"愿意与人交往"、"能与同伴友好相处"的发展目标就体现了幼儿的交往态度。《指南》中人际交往目标"愿意"、"友好"、"不争抢"、"听劝解"等这几个重要词汇,分别表达了幼儿在交往初期阶段的交往态度。学前儿童的社会交往特点及目标要求如下表所示:

表6-1 《指南》中幼儿社会交往特点与目标

年龄班	小班(3~4岁)	中班(4~5岁)	大班(5~6岁)
特点	缺乏主动 独占玩具	主动 技巧薄弱	积极 不够稳定
目标1 愿意与人交往	愿意和小朋友一起游戏; 愿意与熟悉的长辈一起活动	喜欢和小朋友一起游戏,有经常一起玩的小伙伴; 喜欢和长辈交谈,有事愿意告诉长辈	有自己的好朋友,也喜欢结交新朋友有问题愿意向别人请教; 有高兴的或有趣的事愿意与大家分享

二、学前儿童社会交往教育活动的设计

案例分析

一起玩更快乐(小班)

【活动目标】

1. 引导幼儿萌生与同伴分享玩具的意识,并能乐意分享。
2. 学习各种与同伴分享的方法,在尝试中体验一起玩的快乐。

【活动准备】

1. 幼儿围坐成半圆形。
2. 各种各样幼儿自带的玩具。
3. 人数安排:没带玩具的幼儿占总人数的三分之一。
4. 合作分享方法图例:A. 一起玩;B. 交换玩;C. 等待着玩。

【活动过程】

1. 在自由玩耍中重温玩具带来的快乐

互动问题:

(1) 小朋友,今天你们带玩具来了吗?是什么玩具,怎么玩,能告诉大家吗?(引导幼儿介绍玩具的名称和玩法)

(2) 你们的玩具都很好玩,现在我们都来玩玩吧。(幼儿自主玩耍自带的玩具)

教学反思:在这个环节,玩玩具的幼儿特别高兴,都兴致勃勃地玩自己的玩具,充分体验玩具带来的快乐。

2. 在同伴的不悦中萌生一起玩的意识

互动问题:

(1) (提问玩玩具的幼儿)小朋友,你们玩得开心吗?(引导幼儿表达自己的快乐心情)

(2) (提问没有玩具的幼儿)小朋友,你们开心吗?为什么呢?(引导幼儿表达因没有玩具玩耍而产生的不悦心情)

(3) 原来是没有玩具玩,怪不得不开心呢。小朋友,有什么办法让他们也高兴起来呢?(通过提问及观察同伴不开心的表情,引发幼儿萌生与同伴一起玩玩具的意识,并表达出自己的分享愿望)

3. 在与同伴的玩乐中探究一起玩的方法

互动问题:

(1) 小朋友,现在你玩得开心吗?你愿意和他一起玩吗?

(2) 现在有那么多的小朋友愿意和大家一起玩,老师真开心,你们快去找个朋友一起玩吧。

(3) 真奇怪,一个玩具两个人玩,能告诉我你们是怎么一起玩的吗?(引导幼儿用简单的语句讲述自己和同伴的玩乐过程)

(4) 原来你们是这么玩的,那怎样一起玩得更快乐呢,让我们来看看小动物们是怎么做的吧。(出示一起玩的图例,让幼儿在看看、说说中了解一起玩的各种方法)

4. 在再次的尝试中体验一起玩的快乐

互动问题:

原来一起玩有这么多好方法,那就请小朋友再来试试,和你的好朋友玩得更快乐些,好吗?(指导幼儿再次合作玩耍,在尝试中体验一起玩的快乐)

5. 在总结中让快乐延伸

小朋友,一个人玩很开心,大家一起玩会更快乐,现在,让我们找更多的朋友一起玩,

好吗?(带领幼儿继续到户外进行分享合作玩耍,让快乐持续)

分析:这次活动主要是针对班上孩子经常出现的纠纷而设计的。拒绝分享和合作的行为,在小班孩子身上非常典型,有时,即使出现了分享和合作的积极行为,但技能上也是缺失的。为此,教师就以孩子们这种常见的纠纷为内容,采用巧妙的活动形式,让他们在玩乐中萌生与同伴分享的意识,习得合作的技能,在玩乐中悟得:一个人玩得快乐,一起玩更快乐。

对于幼儿来说,人际交往是指幼儿在生活、学习中与他人的接触与交往。幼儿的交往主体是家长、教师、同伴和其他社会成员。学前阶段对幼儿进行人际交往教育,不仅有利于幼儿学会与教师、同伴、家长以及其他社会成员交往,而且对幼儿长大后的人际交往也有着深远的影响。因此,幼儿园要为幼儿提供人与人之间相互交往的机会和条件,促进幼儿人际交往能力的健康发展。

幼儿园人际交往教育活动的类型多种多样,但由于其拥有共同的特点,其活动设计的基本环节如下:

(一)多种途径,感受同伴交往

上述案例,环节一中让幼儿在自由玩耍中重温玩具带来的快乐,环节二中让幼儿在同伴的不悦中萌生一起玩的意识,体现了教师通过多种途径引导幼儿,感受同伴交往。通过提问:"小朋友,你们玩得开心吗?"来引导幼儿表达自己的快乐心情;提问:"为什么呢?"引导幼儿表达因没有玩具玩耍而产生的不悦心情;通过提问及引导观察同伴不开心的表情,引发幼儿萌生与同伴一起玩玩具的意识,并表达出自己的分享愿望,初步感受交往的快乐。

(二)联系实际,掌握交往技能

在感受到了同伴交往的快乐,有了同伴交往的意识之后,掌握交往技能成为重中之重。上述案例,环节三中让幼儿在与同伴的玩乐中探究一起玩的方法。通过提问:"能告诉我你们是怎么一起玩的吗?"引导幼儿用简单的语句讲述自己和同伴的玩乐过程。配合出示一起玩的图例,让幼儿在看看、说说中了解一起玩的各种方法。

(三)游戏活动,实践交往技能

交往技能要在实践中得到提升和巩固。因此,在有了同伴交往的意识,掌握了交往技能之后,上述案例中环节四,通过幼儿再次合作玩耍,让幼儿在尝试中体验一起玩的快乐。感受、了解、实践,这是学前儿童认知发展的顺序。这也是学前儿童社会交往活动设计的必备环节。

三、学前儿童社会交往教育的实施方法

(一)创设人际交往情境

兴趣是最好的老师。通过情境的创设,如朗诵诗歌、观看动画片、看图片、听故事、做游戏、猜谜语等,引发幼儿参与的兴趣。通过教师创设的人际交往环境,让幼儿在轻松、友好、快乐的交往氛围中,积极与人交往。例如,大班社会活动"微笑"的设计者,就是通过观看小蜗牛微笑的卡片,以及欣赏微笑的故事,将幼儿引入人际交往活动中。

(二)学习人际交往技巧

人际交往教育活动的主要目标就是帮助幼儿掌握一定的人际交往技能技巧。因此教

师向幼儿介绍人际交往技巧是非常重要的一个环节。介绍人际交往技巧可以采用两种方法：一是直接呈现法，就是让幼儿直接接触人际交往技巧，如面带微笑，使用礼貌用语，并让幼儿感受到这种交往技巧能够给人带来快乐，从而使他们愿意使用交往技能；二是间接呈现法，这是指教师通过呈现反面事例，让幼儿进行讨论，逐步引出人际交往技巧。例如，教师请幼儿观看一个短片：幼儿A想参与其他几个幼儿的游戏，但是他们不同意。于是，A开始捣乱。其结果不但没能和大家一起玩，还引起了争执和冲突。观看短片后，教师组织幼儿讨论：短片中哪些孩子做得好？哪些孩子做得不好？最后引出人际交往技巧——学会与人协商的方法。

（三）运用人际交往技巧

幼儿接触人际交往技能后，教师要结合具体情境，指导幼儿学习交往的基本规则和技能，这是人际交往教育活动的核心环节。其主要目的在于帮助幼儿掌握所学的人际交往技巧在哪些场合可以使用，对什么交往人群可以使用等。在这一环节中，教师可以采用角色扮演法，如设计一些需要运用技巧的交往情境让幼儿可以自由表演；也可以采用讨论法，利用相关的图书、故事，结合幼儿的交往经验，和他们讨论什么样的行为受大家欢迎，想要得到别人的接纳应该怎么做。

（四）学前儿童社会交往教育的实施途径

社会交往对幼儿的心理健康发展以及社会化的顺利实现，具有十分重要的作用。早期社会交往能力的发展将影响幼儿今后对人的态度和人际关系，影响其认知及人格的发展。社会交往是人类社会生活的重要部分，渗透于生活的方方面面，因此，培养幼儿社会交往能力的途径与方法是多样而广泛的。通常，幼儿社会交往教育的具体途径有：教育活动、游戏活动、生活活动和社区活动等，具体方法可以通过引导幼儿学习交往语言、学习初步的社会交往技能、利用文学作品进行情境表演等帮助幼儿克服任性、自私、自我为中心等不利于社会化的行为。无论采用哪种途径与方法，教师都应在有准备的环境中进行社会交往教育，并做到家园配合。

真题再现

1.（2018年真题）在角色游戏中，教师观察幼儿能否主动协商处理玩伴关系，主要考查的是（   ）。

  A. 幼儿的情绪表达能力
  B. 幼儿的社会交往能力
  C. 幼儿的规则意识
  D. 幼儿的思维发展水平

2.（2016年真题）简答题：影响在园幼儿同伴交往的因素有哪些？

▶扫描本书目录页下的二维码，可查看参考答案与解析

技能训练

1. 案例分析:

洋洋,男孩,5岁,长得又高又壮。洋洋在幼儿园里属于"小霸王"型的,无论做什么事,只要其他小朋友不顺着自己的心意,就会动粗,处处显得非常强势。洋洋妈妈隔三岔五地被老师通报,要求好好管管自己的孩子,不要动不动就打人。平时在家里,父母工作很忙,洋洋经常跟着爷爷奶奶,在老人面前特别受宠,只要不顺心就会大哭大闹,一闹腾爷爷奶奶就会满足他的要求。在妈妈面前洋洋一般不敢这样,有几次闹腾被痛打了一顿,事后明显老实多了。但是看到孩子在幼儿园有这样的行为,洋洋妈妈担心以后孩子在与小伙伴交往中会受排挤,不被人欢迎。她该怎么教育洋洋呢?

2. 请到幼儿园观察中班的区域活动或者游戏活动,观察孩子的交往水平、交往方式,分析交往中存在的问题,找出解决问题的策略和方法。

3. 请在幼儿园某班观察在教育活动中师幼交往互动频率,认真记录并分析。

拓展链接

丹尼尔·戈尔曼的人际技能理论

丹尼尔·戈尔曼在《情感智商》一书中引用了哈奇和加德纳有关人际技能的观点,认为人际技能的四大要素是组织能力、协商能力、人际联系能力和分析能力。

1. 组织能力

组织能力是领导者最重要的能力,包括激发与协调组织机构中成员的能力。任何组织的领导者大多具备这种能力,表现在孩子身上则往往是游戏场上的带头者或者合作活动的发起者。

2. 协商能力

中介协商、制止冲突、善于"化干戈为玉帛",这种人擅长调和与排解纷争,适于发展外交、公关等事业。日常生活中或者游戏场上,有这种能力的孩子常为同伴化解矛盾,解决问题。

3. 人际联系能力

人际联系能力即对同伴所表现的移情与联系能力,这是一种发展人际关系的艺术。这样的人是忠实的伴侣、朋友与事业伙伴。这样的孩子善于察言观色,解读他人的信息,从而受到小伙伴们的爱戴。

4. 分析能力

分析能力是指能很敏锐地觉察他人的情感动机与想法,易于与他人建立深厚的亲密关系的能力。这些人际技能不是与生俱来的,需要不断地培养和锻炼。

第七章 学前儿童社会环境与规范教育

本章结合学前儿童社会认知发展的基本理论,分析学前儿童社会环境与规范认知的含义和发展特点,展现了学前儿童社会认知教育的广泛内容,总结并归纳了学前儿童社会环境与规范教育设计与实施的环节与步骤,以及不同的环节所体现不同的教育要求。有助于学习者树立正确的学前儿童社会教育观念,并在理论的指导下,掌握学前儿童社会环境与规范教育活动设计的实践能力。

1. 了解学前儿童社会环境与规范认知的含义和发展特点。
2. 掌握学前儿童社会环境与规范教育设计与实施的环节与步骤。
3. 树立正确的学前儿童社会教育观。

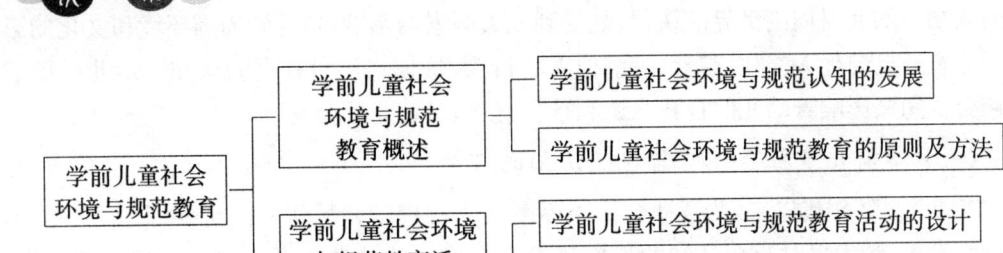

第一节 学前儿童社会环境与规范教育概述

情境导入

早晨妞妞一来到活动室就高兴地说:"今天我是乘公交车来的。"其他的孩子听了,便七嘴八舌地议论开了:"我也坐过公交车,坐公交车要买票。""我跑得快,总能抢到座位。""我上次坐公交车还给老奶奶让座的呢。"

巴克指出,周围的环境常常会引起人们对其一定社会行为的联想,从而影响我们的社会认知,幼儿也不例外,如在图书馆、影剧院、车站等公众场所,人们一定要遵守行为规则和社会行为规范,如文明乘车,保持安静,尽量不要大声喧哗,以免影响他人。幼儿用这样的评判标准很容易判断出在公共汽车上用手机大声通话是不合适的社会行为。社会环境和社会规范认知两者之间是互为关联的,不能截然分开。对社会环境的认知,必然伴随对这个环境的社会规范的认知。由于幼儿具体形象的思维特点,社会规范的认知更应该强调在社会环境中进行,并注重规范的直观性、情境性和易操作性。

儿童很早就表现出对社会事物或现象的兴趣,并在此基础之上形成认知的需要。但是,儿童的社会认知不同于对一般客体的认知,它是儿童主观观念(是非观念、价值观念等)形成的过程。儿童不是简单地接受成人的理念,或记住现行社会的规则、规范,而是在了解这些的基础上做出自己的判断、抉择,形成自己的认识。因此,社会环境与规范认知作为幼儿的一种独特认知活动,需要成人的关注与重视。

一、学前儿童社会环境与规范认知的发展

幼儿从出生的那一刻起就处于社会的包围之中。幼儿的方方面面,都要受到社会的影响。不管其是否愿意,他都会与周围的世界发生各种各样的互动,从而开始了对周围世界的认知。幼儿对周围世界的认识,既受到先天因素的影响,也受到周围环境和文化的影响。儿童通过与他人交往,观察、理解他人的行为,形成自己对社会的认知。幼儿已形成的社会认知又影响着幼儿的自我意识和社会交往,是幼儿社会发展的核心部分。

(一) 学前儿童社会环境与规范认知的含义

20世纪70年代以来,儿童社会认知逐渐成为心理学领域研究的重要课题之一。但到目前为止,学术界对社会认知的界定还没有形成一致的看法。弗拉维尔和米勒认为,"社会认知是关于人们及其所作所为的认知"[1]。克鲁赛克和林顿认为,社会认知是对"发生在他人和自己身上的心理事件及社会关系的思考"[2]。我国的部分学者认为,社会认知

---

[1] [美]J. H. 弗拉维尔等. 认知发展[M]. 上海:华东师范大学出版社,2002:237.
[2] 张文新. 儿童社会性发展[M]. 北京:北京师范大学出版社,1999:231.

是指"对他人表情的认知,对他人性格的认知,对人与人关系的认知,对人的行为原因的认知"。张明红认为,社会认知是指对社会性客体及其之间关系的认知,以及这种认知与人的社会行为之间关系的理解和推断,即个人对他人的心理状态(如高兴、害怕、伤心等)、行为动机和意向做出推测与判断的过程。①

1. 社会认知发展的主要理论

(1) 社会学习理论

以班杜拉为代表,班杜拉认为学习理论是探讨认知、行为、环境因素及其三者交互作用对人类行为影响的理论,人类的大部分学习都是通过观察别人的行为获得的。他把观察学习分为四个环节:注意—保持—转换—再现。注意过程是观察学习的起始环节,在这一过程中,儿童认真观察榜样行为。榜样的特征、榜样行为的特征以及儿童本身的性格特点决定了榜样行为的哪些特质会被注意到。在观察学习的保持阶段,幼儿把所观察的榜样行为转变为符号表征,储存在头脑中。在观察学习的转换阶段,幼儿把头脑中的符号表征转化为具体的行为。行为的后果决定儿童是否会把所观察到的行为再现出来。根据他的观点,真正影响幼儿社会认知的是幼儿的观察学习。幼儿从出生后就开始观察周围的人,并在与周围的人的观察互动中形成对社会的认知。幼儿通过观察形成的对社会的认知更加稳定、长久。

(2) 认知发展理论

以皮亚杰为代表的心理学家把儿童的认知发展划分为四个阶段:感知运动阶段、前运算阶段、具体运算阶段和形式运算阶段。学龄前儿童处于第一、二个阶段。皮亚杰认为儿童认知发展水平决定儿童的社会认知发展水平。处于感知运动阶段的幼儿以直觉行动思维为主,他们喜欢外表漂亮,可以供给他们零食的人;处于前运算阶段的幼儿以具体形象思维为主,体现在社会认知方面就是以自我为中心,很难站在别人的角度思考问题。事实上,认知发展水平与社会认知发展水平往往并不完全一致。生活中常常出现认知发展水平很高但社会认知发展水平相对较弱的人,也会出现社会认知发展水平很高,但认知发展水平却相对较低的人。

认知主义理论对社会认知发展的另一个重大贡献是在儿童道德发展领域,以美国心理学家科尔伯格为代表。科尔伯格继承并发展了皮亚杰的道德发展理论阶段,认为儿童的道德发展是一个由他律到自律的发展过程。同时,科尔伯格也提出了自己的观点。科尔伯格用两难故事法研究儿童的道德发展。把儿童的道德发展划分为三个水平六个阶段。幼儿道德发展处于第一个水平——前习俗水平。处于这一水平的儿童根据行为带来的后果和事物对自己的好坏来判断是非。这一水平包括两个阶段,第一阶段:惩罚与服从定向阶段。处于这一阶段的儿童根据行为的直接后果及其严重程度或权威人物的评论来判断是非。儿童认为得到惩罚的事就是坏的,如幼儿认为小朋友不能打人,因为打人会被老师批评的。这一时期的儿童也没有真正的是非观念,他们认为得到权威的人物(如老

---

① 张明红.幼儿社会教育与活动指导[M].上海:华东师范大学出版社,2014:115.

师、父母)表扬的就是好的,得到周围人的批评的就是坏的。第二阶段:相对功利取向阶段。这一阶段的幼儿,根据自己的利益和需要来评判行为的好坏。对于海因茨偷药这件事,他们会有这样的说法:要去偷药,谁让药商那么坏,一点好处都不给。

(3) 社会文化历史理论

维果斯基将人的心理机能区分为两种形式:低级心理机能和高级心理机能。低级心理机能是人从动物直接进化的结果;高级心理机能是人类社会所特有的,是社会历史发展的产物,它以符号为中介。语言是人类最重要的符号,它是人类思考和认知的工具,是人们自我调节和自我反思的工具,它可以帮助人类进行社会互动和活动。维果斯基观察到儿童在遇到困难时,自我言语会成倍增加,说明儿童在运用自我言语帮助其思维。自我言语具有促进儿童心理发展的功能。另外,维果斯基认为,人的心理是在人们的各种活动和相互交往中发展起来的。儿童与儿童、儿童与成人之间的互动对儿童心理发展起重要作用,是儿童心理发展的重要途径。一个经常参与社会活动的幼儿,其社会认知发展水平要高于社交活动较少的幼儿。维果斯基有一个基本假设,认为"人的心理过程的变化与它的实践活动过程的变化是同步的"。维果斯基的观点对如何提高儿童社会认知有很大的启示意义,可以通过发展语言能力和提高人与人之间互动质量来促进幼儿社会认知的发展。

2. 社会认知的内容

人与人之间按照一定的联系组成了人类社会,幼儿从出生起就处于一定的社会关系中,并以自己的方式对周围的社会进行认知。人际关系、社会环境、社会角色、社会规则和社会重大事件是婴幼儿社会认知的主要内容。这几个方面相互影响,相互制约:一个方面的发展会促进其他方面的发展;其他方面的发展也会影响某一方面的发展。其中,对人际关系的认知是社会认知的核心,因为人际关系是个体经常面对且无法脱离的,对人际关系的认知会影响个体对其他方面的认知。

(1) 人际关系的认知

不同的学科对人际关系的定义是不同的,社会学将人际关系定义为人们在生产和生活活动过程中所建立的一种社会关系;心理学家将人际关系定义为人与人在交往中建立的直接的心理上的联系。在日常生活中,人际关系是人与人交往关系的总称,也被称为"人际交往",包括亲属关系、朋友关系、同学关系、师生关系、雇佣关系、战友关系、同事及领导与被领导关系等。人是社会动物,每个人都会与周围的人发生不同程度的联系,每个个体均有其独特的思想、背景、态度、个性、行为模式及价值观,然而人际关系对每个人的情绪、生活、工作很有很大的影响,甚至对组织气氛、组织沟通、组织运作、组织效率及个人与组织之间关系均有极大的影响。

幼儿对父母长辈的关系的认知。幼儿从出生起就生活在家庭中,幼儿最初的人际关系就是同父母之间的关系。幼儿与父母之间的关系是幼儿其他人关系的基础,影响着幼儿与其他人的关系。幼儿对于父母长辈之间的关系认知主要受到两个方面的影响:一是父母的教养态度,二是主要看护者。父母的教养态度主要有四种:权威型、专制型、溺爱型和放任型。如果父母的教养方式是权威型,孩子对于父母长辈的关系认知水平最高,在这种家庭中长大的孩子独立自主,尊重他人。在专制型的家庭中,父母过分约束孩子的行为,比如限制孩子的社交活动和制定过多的规矩,在这种教养方式下长大的孩子对父母长辈关系的认知水平最差,整天畏畏缩缩、胆小怕事。在溺爱型的家庭中,幼儿是家中的小皇帝,想要什么就可以得到什么,为所欲为,在这种教养方式下长大的孩子对父母长辈的关系认知发展水平较差,他们只能看到自己的需要而忽略父母的需要,容易不尊重父母。在放任型的家庭中,父母忙于自己的事情而忽略自己的孩子,任凭自己的孩子自由发展,在这种教养方式下长大的孩子,对于父母长辈关系的认知水平也不高,与父母之间的关系冷淡。幼儿的主要看护者是父母,幼儿则容易与父母形成密切的关系;幼儿的主要看护者如果是保姆或者爷爷奶奶,幼儿则不易与父母之间建立亲密的关系。《指南》也要求成人主动亲近和关心幼儿,经常和他们一起游戏和活动,让幼儿感受到与成人交往的快乐,建立亲密的亲子关系。

幼儿对同伴关系的认知。同伴关系是指幼儿与自己年龄相仿的幼儿之间的关系。在这种关系里,幼儿是平等的个体,享有平等的权利,可以充分地展现自我。同伴关系是幼儿三大关系的重要组成部分。在幼儿的成长中占有重要地位,并随着年龄的增长,同伴关系将取代其他两种关系成为幼儿生活中最重要的关系。良好的同伴关系有以下作用:促进其认知能力的发展;促进幼儿积极情绪的发展;促进幼儿社会交往能力和亲社会行为的发展;有利于幼儿为将来社会角色的扮演,做好积极准备[①]。对幼儿同伴关系的认知对幼儿的同伴关系起着重大作用:认为同伴关系是美好、愉快的幼儿,容易与周围之间形成和谐的人际关系;认为同伴关系是功利、复杂的幼儿,则容易与周围的人之间形成淡漠的人际关系。幼儿对同伴关系的认知主要受到两个因素的影响:一是幼儿与同伴之间的友谊;二是周围同伴对幼儿的接纳程度。在班级群体中幼儿可以和某个同伴建立友谊或受到其他同伴的认可,都有助于幼儿对同伴关系形成良好的认知。幼儿对同伴关系的认知主要是通过幼儿与同伴关系的交往实现的,《指南》要求儿童创造交往的机会,让幼儿体验交往的乐趣。例如,鼓励幼儿参加小朋友的游戏,邀请小朋友到家里玩,感受有朋友一起玩的快乐;幼儿园应多为幼儿提供自由交往和游戏的机会,鼓励他们自主选择、自由结伴开展活动。

幼儿对师生关系的认知。幼儿在进入幼儿园以后,大部分时间都和教师生活在一起,教师的一举一动、一言一行都影响着幼儿。教师是幼儿生活中的重要他人,也是幼儿心目中的权威人物。

(2) 社会环境的认知

社会环境是指人类生存及活动范围内的社会物质、精神条件的总和。广义包括整个社会经济文化体系,狭义仅指人类生活的直接环境。幼儿生活在一定的社会环境中,社会环境中的各种因素总以这样那样的方式与幼儿发生着互动。影响幼儿各方面的发展,幼儿也在与环境的互动中形成自己对社会环境的认知。

随着时代的发展,越来越多的人认识到社会环境在人的发展中所起到的重要作用,比较有影响的是美国著名的心理学家布朗芬布伦纳提出的生态系统理论。布氏认为个体生

---

① 黄培.同伴交往对幼儿社会性发展的作用[J].中国教育发展研究,2010(1).

活在相互作用的环境系统之中，个体在与环境系统的相互作用中不断成长。环境系统是一个由小到大、层层扩散的复杂的生态系统，布氏把它划分为四个层次：微观系统，是指与个体直接接触的环境系统，如家庭、幼儿园。中间系统，间接影响个体发展的、与个体不直接发生联系的微观系统，如哥哥的幼儿园。微观系统之间积极的、正向的联系可以使幼儿的发展实现最大化。如哥哥在幼儿园学会了轮流玩，回到家里和弟弟玩玩具时也会尝试着轮流玩玩具，弟弟就在与哥哥的互动中学会了轮流玩。外层系统，是指与孩子不直接发生互动但却会对孩子的发展产生影响的环境，如社区、父母工作环境。宏观系统，主要指文化、观念、信仰、法律、政策等。有的学者对影响人发展的环境因素进行研究，发现政策对个体的发展所起的作用最大。例如，芬兰幼儿教育的根本目标是将所有幼儿培养成为幸福的人，幼儿园就要以儿童的兴趣、需要为中心，让幼儿度过一个开心、快乐的童年；美国的幼儿教育是为幼儿入小学做准备，幼儿园教育就注重幼儿在读、写、算方面的训练。幼儿对社会环境的认知，也遵循从小到大的规律，即微观系统—中间系统—外层系统—宏观系统。宏观系统通过影响外层系统、微观系统而使幼儿获得对它的认知。幼儿对中间系统、外层系统和宏观系统的认识是通过在与周围人的互动中，以自己的经验为基础来实现的。

对家庭的认知。儿童对家庭的认识是逐步发展的，从对父母及家庭成员的认知到家用物品的认知，从基本的日常生活规范认知到家庭中社会规范的认知。比如知道家庭的主要成员、称谓、姓名、职业、出生年月和属相等，激发儿童对家人的热爱和关心的情感；知道家庭地址、电话号码、家庭中的主要设施，学会自我保护；知道家中常见的一些生活用品和家用电器的名称、用途或功能，培养儿童的动手能力；知道热爱、尊重和关心父母及长辈，为他们做一些力所能及的家务劳动等。幼儿园应组织以家庭为认识内容的一些社会教育活动，从小培养儿童对家庭的责任感和了解对父母应尽的义务。

对托儿所、幼儿园的认知。托儿所、幼儿园是幼儿进入的第一个集体教育机构，也是需要他们充分认知的一个重要社会环境。这主要包括知道自己幼儿园、班级的名称及所在班级教师的姓名；认识园内其他教师和工作人员的姓名，以及他们所从事的主要工作，他们的劳动与自己的关系等；知道幼儿园内外的主要环境、主要设施和相关的行为规范等。

对社会机构的认知。幼儿的生活离不开一定的社会机构，如医院、邮局、商场、超市、餐厅、理发店、银行、消防站、动物园、公园、影院、博物馆等。儿童通常会在幼儿园角色游戏活动中再现这些机构的情景和情节。此外，儿童应认识飞机、火车、公共汽车、出租车、地铁、轮渡等公共交通工具，认识清洁车、洒水车、救护车、消防车、车站、机场、码头等公用设施；参观工厂、农村、城市、学校等，知道他们的名称、相关职业的名称；了解各种职业人群的主要工作以及与自己的关系等。

对家乡国家与民族的认知。从小建立幼儿对家乡国家与民族的初步认知，激发幼儿爱家乡、爱祖国的情感，培养儿童一定的民族荣誉感。这主要包括知道自己家乡、民族、祖国的名称，以及在地图上的大致方位；知道首都、国旗、国徽、国歌等；知道家乡以及祖国的风景名胜、著名建筑、风土人情、风俗习惯，以及主要的生活方式等，了解国家和民族的重

第七章 学前儿童社会环境与规范教育

大节日,如春节、清明节、端午节、中秋节、重阳节等;知道与自己关系密切的主要节日,如三八妇女节、五一劳动节、六一儿童节、国庆节、教师节、父亲节、母亲节等。

(3) 社会角色的认知

社会角色是指与人们的某种社会地位、身份相一致的一整套权利、义务的规范与行为模式。它是人对具有特定身份的人的行为期望,它构成社会群体或组织的基础。社会角色的要素包括:① 角色权力——角色扮演者所享有的权利和利益。角色权利是指角色扮演者履行角色义务时所具有的支配他人或使用所需要的物质条件的权利。角色权益是指角色扮演者在履行角色义务后应得到的物质和精神报酬,如工资、奖金、福利、实物等属于物质报酬,表扬、荣誉、称号等属于精神报酬。② 角色义务——角色扮演者应尽的社会责任。角色义务包括角色扮演者"必须做什么"和"不能做什么"两个方面。③ 角色规范——角色扮演者在享受权利和履行义务过程中必须遵循的行为规范或准则。角色规范包括不同的形式:从范围上可以分为一般规范和特殊规范;从具体要求上可以分为正向规范(即扮演者可以做、应当做和需要做的行为规范)和反向规范(即扮演者不可以做、不应当做的各项行为规定);从表现形式上可以分为成文规范(法律、法规、制度、纪律等)和不成文规范(风俗习惯等)。

幼儿对社会角色的认知是指幼儿对社会角色(如,教师、妈妈、警察、工人)所享有的权利、履行的义务以及所遵循的社会规范的认知。幼儿对社会角色的认知的发展水平,主要通过角色扮演表现出来,幼儿的角色扮演遵循一定的发展规律:重复角色的一个或几个行为—表现角色之间的互动—表现角色一系列复杂的行为。小班幼儿对社会角色的认知主要停留在社会角色的外显行为上(如警察叔叔指挥交通),因而对角色的表现也主要是表现成人的外显行为,如一个小班幼儿会重复给娃娃喂奶的动作。比起小班幼儿,中班幼儿对成人社会角色的认知更加细致、深刻,并开始对社会角色之间的关系进行认知,体现在他们的游戏中角色之间开始出现互动行为。例如,某幼儿在家里和妈妈进行角色游戏,他要求妈妈扮演学生,由他来扮演老师。他像模像样地坐在椅子上,说:"小手放在膝盖上,小眼睛看老师",妈妈还没有准备好,他就去纠正妈妈:"你这个样子不对,我在学校里都是老师说'小手放在膝盖上,小眼睛看老师'以后,我就按要求坐好了。"大班幼儿的生活经验丰富,对社会角色的认知也更加细腻深刻,他们在角色游戏中会把角色的一系列复杂行为展现出来。如某大班幼儿在娃娃家扮演妈妈的游戏,从让宝宝起床、穿衣、吃饭、换尿布、检查身体,到带宝宝玩等一系列复杂行为全部展现出来,且表现得惟妙惟肖。

(4) 社会规范的认知

社会规范认知的形成是儿童社会认知发展的一个重要方面,也是儿童社会化的主要任务之一。儿童在不同的社会环境中会遇到各种各样的社会规范。他们要成为未来社会的合格成员,就必须了解和理解这些规范。幼儿对社会规范的认知主要来源于三个方面:一是父母、老师的影响,如父母经常告诫儿童"不能往楼下乱扔垃圾"、"吃饭时不能用筷子在盘子里乱翻"、"乘车时要有次序的上下车"等;二是同伴互动,如一个儿童抢夺别人的玩具,同伴就会批评教育他;三是法律和道德规定,如公民文明行为规范、法律规则、交通规则等。社会规范在这里是一个较为宽泛的概念。幼儿对社会规范的认知主要包括基本道

德规范、文明礼貌行为规范、公共场所行为规范、群体活动规范、人际交往规范等。

基本道德规范认知，包括对是与非、对与错、爱与憎等道德问题的认知和判断。

文明礼貌行为规范的认知包括个体自身的素质修养、与人交往时的礼仪等，以及文明的言谈举止、使用礼貌用语、不随意打断别人讲话、集中注意力听他人讲话等。

公共场所行为规范的认知，指对全社会都应该共同遵守的各种规则的认识，主要包括公共卫生规则、公共交通规则、公共财产保护和爱惜规则等。

群体活动规范的认知是个体对自身所处的某一社会群体活动的规范的认知。幼儿主要是对幼儿园集体活动规则的认知，这包括两个方面：一是对幼儿园日常活动规则的认知，如排队公平等待规则、轮流规则、集体服务规则等；二是学习、娱乐、游戏等活动的规则。

人际交往规范的认知是在社会系统内对社会互动起结构性作用的行为规范，这主要是指人际交往中待人接物的一些礼仪与规则，如接待客人或到别人家里做客的礼仪，以及不同的民族和国家的一些习俗规则等。

此外还有一种类型的社会规范认知——谨慎规范（prudential rule）。由于幼儿年龄较小，缺乏社会生活经验，这种类型的社会规范认知不可缺少。所谓谨慎规范，是指那些经常遇到的、用以调节安全的行为规则，如"危险的地方不能去、危险的事儿不能干"、"不给陌生人开门"、"外出要切断一切电源、水源和煤气"、"不要触摸电插座、开煤气、玩打火机"等，我们通过各种途径，让儿童充分认知这些防止消极后果的行为规则。

幼儿的社会规范的学习是一个外部活动向内部活动转化的过程，要经过一个相当长的时间才能完成。我国的一些学者把幼儿对社会规范的认知分为三个阶段：服从、模仿和理解。四岁前的幼儿处于服从水平，该水平的幼儿对社会规范没有自己的见解，只是出于对长者的尊敬和畏惧而遵守的社会规范，该水平的幼儿对社会规范的遵守是被动的。例如，某幼儿很喜欢说脏话，但畏于老师的批评，才在老师面前不说脏话。模仿水平，主要指儿童通过模仿成人或同伴的行为来遵守社会规范。例如，幼儿看到妈妈每天早上都会对老师说"早上好"，幼儿也一见到老师就说"早上好"。处于模仿水平的幼儿有主动学习社会规范的意愿，所以，在层次上要高于服从水平，但在很长一段时间，这两种水平是共存的。五六岁的幼儿对社会规范的认知水平达到理解水平，处于理解水平的幼儿对社会规范的认知有自己的看法，能主动地遵守社会规范。例如，幼儿明白遵守交通规则可以避免交通事故，过马路时遇到红灯，幼儿就都会自觉等待。

（5）对重大社会事件的认知

重大社会事件的认知，是幼儿了解社会、关心社会的一个重要途径，这包括了解社区、家乡和国家以及世界近期的一些重大活动，如2018年两会的召开、关爱地球活动、家乡的环境治理和环境保护活动等，了解国家和世界上发生的一些战争或重大灾害等，如英国脱离欧盟、横穿美国东西海岸的日全食现象出现"钻石环效应"、全球变暖加剧飓风的强度与破坏力等。

3. 学前儿童社会环境与规范认知发展的特点

（1）学前儿童社会认知发展是一个逐步区分认识社会性客体的过程

儿童社会认知的发展是一个逐步区分认识社会性客体的过程,即区分认识人类客体与非人类客体、一个个体与另一个个体、自我与非我的过程。儿童出生不久就逐渐在不同方面表现出社会认知的萌芽。新生儿对人脸的偏爱反映了儿童最早对人类客体与非人类客体的区分。婴儿约4个月时能对主要照顾者与陌生人做出不同的反应。6个月时能对特定抚养者形成依恋,这标志着婴儿能将不同的个体区分开,儿童在9~10个月时出现自我认识,表明儿童能把自己看作一个不同于其他人的个体,能像认识其他人一样认识自己。

同时,这一过程还表现在儿童对不同情绪情感、行为意图及社会规则的认识。研究表明,婴儿能对成人的不同表情做出不同的反应,出生10个星期的婴儿看到母亲高兴、生气、悲伤的表情,能分别做出高兴、生气、伤心等表情。有关行为意图认知的研究表明,儿童很早就能辨别有意导致和偶然发生的事件。塞尔曼(Selman)认为,能否区分他人有意与无意行为是儿童观点采择能力早期发展中的关键一步,之后儿童才能逐渐理解人们在同一行为中可能具有不同意图。在此基础上,儿童发现对于同一事件,自己和他人会有不同的观点和反应,也就能区分自己和他人的观点。对社会规则认知的研究主要集中于儿童对道德规则和习俗规则的认识。研究发现,2岁儿童不能区分违背道德的行为与违背习俗的行为,3岁左右儿童开始能做出区分。

(2) 观点采择能力是学前儿童社会认知发展的关键

塞尔曼认为,儿童认知自己和他人的能力是以对其观点的假设或采择为前提的,要认识一个人,就必须理解他的观点并了解他的思想、情感、动机和意图等影响和决定其外部行为的内部因素。也就是说,观点采择在儿童社会认知发展中处于核心地位。同时,儿童对不同观点的理解、认同和协调能力的发展,标志着其摆脱自我中心思维方式以及认识社会关系方式的重新建构。

在儿童情绪情感认知的发展过程中,观点采择能力起着重要作用。移情是儿童观点采择能力在情绪情感发展中的集中体现。研究指出,4岁儿童往往以自己的感受代替他人的感受,而6岁儿童不仅能摆脱"自我中心"倾向,而且能较客观地多维度地理解他人的情感体验,这是由于他们具备了一定的观点采择能力。

此外,对行为意图的认知、行为归因、对他人整体的认知以及对友谊等社会关系的认知,也都需要对他人内部心理状态予以理解、认同或采纳。对行为意图或原因的认知,实质上要求儿童能够从他人外在的行为推测其内在的动机,为此,儿童必须具备一定的观点采择能力。有关儿童对他人整体认知的研究表明,儿童对他人心理特征、个性品质的认识比对其外表、行为等外显特征的认识发展得晚,因为只有当儿童具备了一定的观点采择能力才能站在他人的角度体会、理解其感受、观点,推测其内部心理活动。同样,对友谊的许多研究发现,年幼儿童认识不到友谊的双向特征,仅把友谊看作是满足单方面需要的手段,随着观点采择能力的发展,儿童逐渐能认识他人的心理与需要,于是知道朋友是需要相互理解、共享内在的思想和情感的。

(3) 学前儿童社会认知各方面的发展不是同步、等速的

儿童对自我、他人、社会关系、社会规则以及对人的情绪情感、行为意图、态度动机、个

性品质等的认识不是同时开始,也不是等速发展的。其发生发展的总趋势是从认识他人到自我,再到相互关系;从认知情绪到行为,再到心理状态;从认知身体到心理然后再到社会。在同一时期,儿童各方面的发展水平也是不同的。

已有研究表明,儿童对他人的认知先于对自我的认知。婴儿 4 个月时能将照顾者与其他人分开,而对主体我的认知约在 9~10 个月出现,对客体我的认知则要到 15~24 个月。10 岁左右的儿童已能基本完整地对他人进行讲述,而自我认知达到这一水平则要到十三四岁。虽然儿童对他人和自我的认知是在人与人的相互关系中进行的,但儿童能明确认识到这种相互关系则在二者之后。有关儿童对社会关系包括权威、朋友和友谊的认知的研究表明,学前期儿童常常认识不到权威和友谊等社会关系的相互性特点,即使能认识到也是很具体、表面的。4 岁儿童认为应该服从权威,"因为他们是爸爸妈妈或老师"。多数幼儿把友谊看作是一种"单向制约关系",5~7 岁的儿童能够认识到朋友是玩伴,能互享物质上的东西,而要认识到朋友之间是"相互理解、相互支持、共享物质精神"等各个方面的关系,则要到 11 岁左右。

儿童对行为的认知要比情绪晚,对他人行为意图和原因的认识一般要到 3 岁后开始。4 岁儿童能够对行为归因,但一般到五六岁才主动对他人的行为进行归因,四岁半左右的儿童开始摆脱自我中心,能够站在他人角度认识、理解他人的观点,8 岁儿童开始能更多地对他人个性品质、心理特征进行描述。

不管是对他人还是自我,儿童首先认识到的是身体特征,随着年龄的增长逐渐认识到人的内部心理过程和品质,而对社会角色、社会群体等的认识则较晚。学前期儿童对社会制度的认识还很困难,一般要在学龄初期渐渐开始有所认识。

(4) 学前儿童社会认知的发展基本遵循认知发展的普遍规律,但不完全受其影响

社会认知是认知发展的一个方面,具有认知发展的普遍规律和特点。皮亚杰认为,认知他人的发展与认知其他方面的发展是平行的,反映了认知能力发展的普遍规律。儿童在各个发展阶段所形成的思维结构为儿童社会意识和道德意识的发展奠定了基础。

然而,儿童社会认知发展与一般认知发展并非完全平行,它并不完全受认知发展的影响。不少研究发现,儿童智商与其观点采择能力之间的相关系数一般是中等或偏下。儿童的社会认知受其一般认知的影响,年龄越小,这种影响越大。当儿童的一般认知达到一定水平后,个体社会认知能力就更多地受社会、文化、教育等因素的影响和制约。如生活在不同国家、地区的儿童其社会认知的发展有显著差异;家庭经济状况、父母受教育程度、同伴关系、社区氛围等都会对儿童的社会认知发展产生不同程度的影响。随着儿童年龄的增长,其社会交往范围会逐渐扩大,社会经验会不断丰富,这些社会因素的影响作用也会日益增大,且变得更加复杂。此时,虽然一般认知水平对儿童的社会认知仍有影响,但其在社会认知发展中的作用在下降。

(5) 学前儿童社会认知的发展水平与社会交往密切相关

首先,儿童同伴互动对社会认知有促进作用。皮亚杰认为,儿童的同伴交往和互动能够促进其去自我中心和观点采择能力的发展。因为同伴互动为他们更好地认识自己的观点与他人观点间的差异提供了机会,使他们能够了解自己和他人对活动内容和相关问题

可能存在不同的观点。其次,交往的需要和动机与儿童社会认知的水平有密切关系。费尔德曼认为,儿童认识他人的经验少,不能意识到对他人形成整体印象的重要性,缺乏更深刻理解他人的动机,会导致其对他人认知与描述的表面化。

二、学前儿童社会环境与规范教育的原则及方法

(一)学前儿童社会环境与规范教育的实施原则

根据国内外学者相关理论,以及有关的实验研究,幼儿接受社会规范可分为三种水平:服从水平、模仿水平和理解水平,幼儿对于规范行为的接受主要处于服从水平和模仿水平。因此,在对幼儿进行社会环境与规范认知教育时,应遵循由近及远与因地制宜、直观性与情境性原则、情感性与体验性原则。

1. 由近及远与因地制宜原则

幼儿对社会环境、现象认知的总趋势是由近及远,由简单到复杂,逐步扩展和深化。因此,引导幼儿认识社会环境,首先,应引导幼儿认知容易看到的、真实感人的社会现象和容易参与的有趣活动,逐渐在幼儿心中形成亲切的社区、可爱的家乡和伟大的祖国等美好印象。其次,要尽量多地联系幼儿的已有经验,如引导幼儿关注幼儿园所在大街在扩建、改建后的变化,欣赏国庆节广场上的辉煌景象,在春、秋季节组织幼儿去踏青和登山,和老师一起到博物馆、公园、福利院、消防站访问等。随着幼儿认知范围的不断扩大,他们能够逐渐了解各种社会设施的作用,从而逐渐形成对不同劳动者的尊敬、感激之情。最后,不同地区的幼儿园应选择不同的教育素材。如南京有中山陵和长江大桥,上海有南浦大桥和东方明珠塔,湖南有湘江和爱晚亭,甘肃有造林治沙工程和敦煌石窟壁画,这些都是对当地幼儿进行爱家乡、爱祖国教育的"活教材"。

2. 直观性与情境性原则

一方面,对社会环境和社会规范认知的教育活动内容的选择应尽可能从幼儿的生活经验与生活实际出发,选择那些能丰富幼儿生活经验的内容,让幼儿社会教育回归到真实的生活中。这也就是说要选择和利用那些与幼儿生活有密切联系的、具体的社会环境来开展活动。例如,中班幼儿想在区角中开个超市,为了让幼儿了解售货员与顾客各自的角色规范和行为准则,教师可开展"参观超市"的活动。教师事先与幼儿园附近的超市联系好,选择适宜的参观地点,制订好参观计划。活动开始,通过谈话,引起幼儿对参观超市的兴趣,并提出参观要求,如观察超市里卖什么东西,营业员是怎么卖东西的等。接着,带领幼儿参观超市,引导幼儿观察超市里营业员和顾客的活动,请幼儿记住营业员和顾客之间的简单对话,并注意观察营业员是怎么放置物品的。最后,回到幼儿园讨论超市里有哪些人,他们在干什么,营业员是怎样卖东西的,他们是怎么对待顾客的等。活动延伸时,可提示幼儿收集各种包装袋和物品盒子,在活动区开展"超市"游戏。该活动选择的活动环境是与生活紧密联系的超市,是结合幼儿的生活经验开展的,教师先带领幼儿参观超市而后讨论,再扮演超市中的角色,这样的活动安排使幼儿对超市的认识更为直观,知识获取更为有效。

另一方面,对社会环境和社会规范认知的教育活动,常常需要在一定情境中开展,无论是对社会机构还是对社会规范的认知都需要注重认知对象的直观性、情境性和易操作性。所以,教师要积极创造条件鼓励幼儿与环境、材料的互动。例如,大班社会活动"帮助盲人",教师首先播放一组反映盲人生活不便的图片;然后让幼儿戴上眼罩走路体验盲人的生活世界,思考如果自己是盲人,在生活上会遇到哪些不便,需要别人在哪些方面帮助自己;最后讨论该如何帮助盲人。案例中,教师创设情境引导幼儿换位思考,这有利于幼儿把自己置于对方的处境中去认识、体验和思考问题,在这个过程中幼儿与环境发生了相互作用,这种作用促进幼儿产生了情感共鸣,让幼儿体验到了关心、帮助盲人的意义和价值。

3. 情感性与体验性原则

著名心理学家皮亚杰曾说过,没有一个行为模式(即使是合理的)不含有情感因素作为动机;但是反过来,如果没有构成行为模式的认识结构的知觉与理解的参与,那也就没有情感可言。幼儿社会环境与规范认知教育的重点不在于知识量的多少,而在于认知过程中给予幼儿的社会情感体验的深度,以及是否能够培养幼儿正确的社会态度。因此,对幼儿进行社会环境和社会现象教育,需要把认识、情感与行为有机组合,形成一个整体,这样才能取得良好的效果。幼儿的知识经验有限,逻辑推理、抽象思维能力尚处在萌芽状态,难以科学、系统地把握有关祖国的历史、地理知识,或从理性层面把握和分析社会环境和社会现象。对认知要求过高、过全,活动时间过长,或内容单调枯燥,都会导致教育活动的趣味性、新颖性、操作性不足,这对幼儿的社会学习不利。因此,社会环境与规范认知教育首先要利用多样化的手段,加深和巩固幼儿的社会知识,让幼儿在愉快的活动过程中,有机会动口、动手、动脑,主动表达出对周围环境的印象。教师要尽量多地让幼儿参与实际操作活动,如合作绘画,搭建交通工具模型,办家乡产品展览会,自由表演节目,植树、种花或参加收获活动等。其次,社会环境与规范认知教育应着眼于让幼儿获得最基本的社会知识,并在此基础上,引导幼儿产生对小伙伴的友爱之情、对祖国成就的自豪之情、对家乡的依恋之情、对普通劳动者的尊敬之情、对本国文化的喜爱之情、对兄弟民族的手足之情等,这些社会情感会为今后形成稳定的社会态度体系奠定良好基础。

(二)学前儿童社会环境与规范教育的方法与途径

1. 通过环境创设,营造良好社会规范的氛围

环境对人的影响具有自发性、偶然性、经常性和广泛性,并有潜移默化的作用,良好的教育环境有助于幼儿行为规范的形成和发展。因此,布置集艺术性和教育性于一体的环境,营造培养良好社会规范的氛围,对幼儿社会规范认知教育具有重要意义。例如,可以在教室、活动室、走廊等场所布置一些主题鲜明的社会活动图片,促进幼儿的社会规范认知。再如,提供适宜并促进合作的玩具,引导幼儿合作创作作品,如绘画、手工、搭积木等,让他们享受到合作分享、关爱别人带来的乐趣。利用环境创设来进行社会规范教育,能够使幼儿在良好的氛围中不知不觉地受到教育。

2. 通过游戏拓宽交往空间，促进儿童之间的人际交往

陈鹤琴先生指出："各种高尚道德，几乎都可以从游戏中学得，什么自治、什么克己、什么独立、什么共同作业、什么理性的服从、什么纪律等，这些美德的养成，没有再比游戏这个利器来得快来得切实。"游戏有很多种，角色游戏、表演游戏、结构游戏等，不管哪一种游戏都有自己的游戏规则，制定好各种游戏规则，能促使幼儿自觉遵守，从而养成良好的守纪律、守规则的好习惯。如在游戏"小兔采蘑菇"中，游戏规则是每只小兔过桥后只能采一朵蘑菇回来放在篮子里，并且采完后必须排到队伍的最后，不许插队。幼儿知道游戏规则后就得自觉遵守，要是不遵守就会被停止游戏，站在旁边反思等待。游戏规则可以规范幼儿的行为，能支持游戏顺利地开展，并保证游戏的质量，所以，游戏能让幼儿养成自觉遵守规则的好习惯、好品质。同时，游戏是一种社会活动，幼儿能在游戏中学习处理各种社会关系和不同的文化知识。如幼儿在"过家家"的游戏中，可以学会尊老爱幼，互敬互爱；在"争当小警察"的游戏中，掌握各种交通规则。通过游戏，幼儿还能够提高自己的社会活动能力。在游戏过程中，幼儿可以以同伴为镜增进对自己的认识，能够感觉到同伴对自己的影响，还能学会人际交往必备的礼貌用语。

3. 组织专门的教育活动，培养幼儿良好的行为规范

社会环境与规范认知的内容丰富，让幼儿有积累集体活动的经验、集中学习社会环境与社会规范知识的机会，幼儿对社会环境的认知主要包括对家庭、幼儿园、社区、家乡、国家等的认知，对社会规范的认知主要包括对基本道德规范、文明礼貌规范、公共场所行为规范等的认识和理解。教师组织专门的社会环境与规范认知教育活动可以有计划、有针对性地对幼儿进行社会认知教育。幼儿社会认知教育活动可以根据幼儿社会教育的目标、幼儿社会性发展的实际情况和发展趋势，有计划地安排具体的教育活动，有顺序、有步骤地引导幼儿提高社会认知能力。幼儿社会认知教育活动是一项有计划的活动，幼儿对社会环境与规范的认知是一系列较复杂的心理活动过程，具有自身的特点和发展规律。因此，教师要努力组织好专门的社会认知教育活动，让幼儿有集中学习社会环境特点和社会行为规范的机会。

另外，有组织的教育活动，可以使幼儿相互交流自己已经获得的经验，锻炼幼儿在集体或成人面前说话的勇气和自信心。活动中愉快情绪的相互感染，也有助于提高幼儿社会规范学习的兴趣和积极性。

4. 利用一日生活的多个环节，引导幼儿进行社会规范认知

社会规范渗透于日常生活的很多环节，教师可以抓住生活细节对幼儿进行社会认知教育。例如幼儿对当值日生很感兴趣，知道这是很光荣的，但是，对值日生究竟要做哪些事情还太清楚，也缺乏一定的责任感。因此，教师可以在激发和保持幼儿良好兴趣的同时，逐步让幼儿明白值日生工作的意义，引导其由对值日具有简单兴趣向对班级有责任感过渡。

在日常生活中进行教育，教师需要及时反馈，以使幼儿明确什么是对、什么是错。在幼儿表现出主动运用礼貌用语、与同伴合作共享、关心帮助别人等良好行为时，教师都应

及时给予肯定、表扬。例如,教师在幼儿说过"谢谢"后,可接着对孩子说:"宝宝真懂礼貌。"也可以用向幼儿点头、微笑、竖起大拇指、用手轻轻抚拍肩、为他拍拍手等肢体语言进行强化;还可建立激励机制,如在墙上布置"奖评栏"等。在日常生活中进行社会规范认知教育时,教师的榜样作用十分重要,它是幼儿社会规范教育中一种更为直观、有效的教育途径。

5. 融入各领域教学活动中,提高幼儿社会规范认知水平

各领域教学活动也是引导幼儿进行社会规范认知的好机会。首先,在各领域教学活动中可渗透社会认知教育的内容,例如,通过看图讲故事《两只小羊过桥》,可以教育幼儿在日常生活中要学会谦让,这是一个语言活动,但也蕴含了社会教育因素。其次,在组织各领域教学活动的过程中,要重视对幼儿社会规范行为的引导,例如,在美术活动"照哈哈镜"中,让幼儿排队照哈哈镜,可以引导幼儿懂得谦让,并习得轮流做事的行为规范。

6. 家园协调配合,提高幼儿社会规范认知教育的有效性

如果教育者的行为要求不一致,幼儿很难形成稳定的规范行为。比如,在家庭中,父母和长辈对孩子的要求有时会不一致,这常常导致幼儿无所适从,难以养成良好的生活习惯。相应地,如果家庭教育与幼儿园教育不能共同配合,保持教育一致性,就会造成教育作用相互抵消,大大降低社会规范认知教育的效率,可能会使幼儿在不同情境做出不同的行为以迎合当时的情境,其行为表现出情境性和工具性,这对孩子的品德构建和人格塑造都是不利的。例如,教师要求幼儿自己的事情自己做,在园自己洗手、进餐、午睡、穿脱衣服;而幼儿回到家,父母嫌幼儿自己洗手弄湿衣服,进餐、穿衣速度太慢而一一包办代替。又如,教师教育幼儿要友好地一起玩玩具,而家长却教育幼儿"这是爸爸妈妈花了好多钱才买来的,你不要给小朋友玩,自己一个人在家好好玩"。为解决类似问题,幼儿园可以通过定期召开家长会、"家园联系栏"、育儿知识讲座、家访等方式与家长保持相互联系,及时传递信息、相互沟通,转变家长的育儿观念,提高家教质量,促使家长配合幼儿园的教育工作,在家庭中对幼儿进行良好行为规范的培养。例如,教师可向家长介绍幼儿在园内的学习情况和表现,宣传幼儿园的教育主张和对幼儿进行良好行为规范教育的意义、内容和要求;请家长注意自己的教养方式,注意自己的言行,为幼儿树立良好的榜样;请家长尽量为幼儿创设一个温暖、快乐的家庭气氛,并注意对幼儿的做法做出正确的评价,让幼儿知道什么应该做,什么不该做,为幼儿的行为指明方向。

(三)学前儿童社会规范认知教育的重点:社会规范的内化

幼儿的社会规范教育主要是指在教师、家长或其他成人的教化下,幼儿将社会规范内化为自己的规范,形成规则意识和良好行为规范的过程。比如,父母带孩子出门时碰到熟人,教孩子打招呼,叫"叔叔、阿姨"等。父母教孩子与熟人见面打招呼的行为即为人际交往规则教育,从刚开始的在父母教导下与人打招呼,到随着年龄的增长,幼儿主动与人打招呼,逐渐地,外在的人际交往规则内化为幼儿自身的规范意识,这就是对幼儿进行社会规范教育的过程。同时,随着时代的发展,社会规范也在不断发生变化,社会规范教育也要相应地变化,因此,对幼儿的社会规范教育的终极目的就是使幼儿能够具有形成和内化

社会规范的能力。所以说,社会规范教育的目的绝不是让幼儿机械地记忆一些规范条文,或单纯地顺从权威人物的行为要求,而是要使规则内化到幼儿自身,其实质是把成人的行为要求纳入幼儿的认知结构体系,成为幼儿占优势的价值观念或行为习惯。幼儿的社会规范内化一般会经历以下过程。

第一,幼儿被动地顺从成人的规则要求。一方面出于尊敬教育者的威信、权力和避免惩罚,另一方面,出于对照顾者的依恋和获得赞许、接纳的需要,幼儿会接受、服从规则,但自觉性较低,行动上虽暂时能做到,但内心的自我中心状态尚未改变。

第二,在执行过程中逐渐理解规则的意义和可能产生的后果,不断自觉调节个体愿望与遵守规则之间的矛盾,对违背规则的不良后果留下了较深印象或在行为练习中受到了良性强化。

第三,通过模仿或观察学习,幼儿了解了执行规则和违反规则的不同结果,认识和情感渐趋一致。能够运用规则评价自己和他人的行为;在无人监督的情况下,也会因不能执行规则而感到不安和羞愧,继而能自觉抵制干扰和诱惑,坚持执行规则。

不同幼儿因发展水平和社会经验的不同,其规则内化的过程会有很大差异。在进行社会规范和规则教育时,应特别注意以下几点。

一是认真研究制定符合幼儿身心发展特点和本园实际的行为规则体系。在充分分析各班现实情况的基础上,反复论证每条规则要求的合理性、必要性,引导幼儿从需要出发共同讨论和论证规则,理解规则的含义,懂得建立规则的必要性,激发幼儿主动、自觉地实施规则的积极性。

二是规则的数量不宜过多,表述要清楚、明确,便于记忆,易于执行。随幼儿年龄和环境变化,要不断更新要求,逐步增加规则的难度,循序渐进,经过反复实践使规则内化为不需提醒或外力监督的行为习惯。

三是在执行规则过程中要及时讲评,指明效果与范例,经常表扬、鼓励符合规则的言行,肯定幼儿的进步和规则对集体生活的益处。由于情感的冲动性和不稳定性,且当幼儿违反规则时,且自制力和坚持性较差,幼儿容易发生认识和行为脱节的现象。当幼儿违反规则时,先要让幼儿申诉原因和想法,给予幼儿信任并指出正确的做法,不要任意训斥、辱骂、恐吓,以免伤害儿童的自尊、自信。

四是幼儿来自不同的家庭文化背景,对规则认知的心理准备有较大差距,教师必须和家长取得教育态度上的一致。同时,教师要反省规则要求的难度和进度是否恰当,要采取灵活、有效的步骤和方法,加强个别指导,从实际出发落实规则要求,避免家园脱节增加幼儿的心理负担。

第二节 学前儿童社会环境与规范教育活动的设计与实施

一、学前儿童社会环境与规范教育活动的设计

（一）任务、内容符合幼儿年龄特点

幼儿每时每刻都会接触到丰富复杂的社会环境中的各种事物，教师应当选择那些符合幼儿认识特点和发展水平的最必需、最生动、最易于幼儿接受的教育内容，有计划、有目的地开展活动。让幼儿去体验、去感受、去了解，并有针对性地提高幼儿观察、搜集、调查、讨论、操作、探究的积极性。家庭和幼儿园，是幼儿最熟悉、接触最多的社会环境，其中蕴藏着丰富的教育资源。教师可以通过引导幼儿了解自己的成长过程、父母的职业与工作，来培养幼儿对父母的情感，启发他们关心父母、为父母做力所能及的事。幼儿在社会化发展的进程中，会因所处环境的变化而产生心理上的冲突与矛盾，同时也激发出新的学习需求，这使他们的学习和发展具有渐进性和阶段性的特点。教师能准确理解并把握幼儿发展阶段的主要矛盾，按各年龄段幼儿的发展特点、接受水平及社会化的基本发展需求，制定幼儿社会认知教育的内容与任务，有效促进幼儿社会认知的全面发展。

（二）教学活动具有针对性，涉及规则不宜过多

社会行为规范方面的培养目标主要是让幼儿知道与他人共同生活、与社会和谐相处所必须遵守的规则与纪律，在运用规则、纪律来约束自己的同时，体验这些规则对自己和他人的积极意义。规范的学习与内化需要长时间的实践积累。在一次教育活动中，如果涉及的社会规范过多，容易导致幼儿认知混乱，难以消化，这会降低教学效率。相反，如果在一次教育活动中，仅涉及一两个简单的行为规范，将有助于幼儿获得清晰的知识经验，有效指导自己的行为，将规范内化，由他律发展为自律。可见，设计社会规范认知教育活动时，活动目标应简单易达到，以使活动更具有针对性。

（三）内容选择依据幼儿的兴趣和关注点

在社会认知教育过程中，教师在选择教育主题或内容时应充分考虑本班幼儿的兴趣和关注点，选择那些对幼儿有吸引力的主题与内容。要了解本班幼儿的兴趣与关注点，首先要求教师善于观察幼儿，能够把握住幼儿的行为特点和活动细节，熟悉幼儿的心理。正如下述案例所描述的，幼儿对"标志"与"规则"产生了兴趣，教师就可以抓住这个契机在环境中增加"标志"因素，更多地以标志来引导幼儿认识和遵守规则。与此同时，还可以调动家庭教育的力量，请家长引导幼儿关注日常生活中不同的标志，并向幼儿讲解标志的规则含义。在此基础上，开展"标志与规则"的相关活动——"谈谈自己找到的标志"、"我设计的'安静'标志"等，将能获得较好的教育效果。其次，受家长和教师潜移默化的影响，幼儿也会关注重大节日和社会突发事件，选择这些作为社会认知的教育内容，同样能引起幼儿的兴趣，提高幼儿的社会认知水平。可以选择的题材包括：地震灾害、奥运会、国庆节、中秋节等。

案例分析

图书区里的"静"

新活动室的图书区是一个温馨的区域,地板上铺着地毯,还有各种色彩鲜艳、柔软可爱的靠垫和毛绒玩具,幼儿可以靠着靠垫或抱着玩具坐在地毯上看书。开学后,该区域深受幼儿的喜爱,选择图书区的人数也较多。一段时间后,有些幼儿在看书的同时喜欢在地毯上蹦跳或乱扔靠垫,区域活动显得很嘈杂。针对这一现象,教师在书架上摆放了一个"静"字标志。幼儿很快发现了这一变化,并你一言我一语地讨论起来。有的说:"我认识这个字,它叫'静'!"有的说:"我们在图书区看书要保持安静。"有的说:"我在医院也见过这个标志。"还有的说:"我还见过人行横道和马路上汽车拐弯的图案标志。"……

（四）选取正面的社会现象作为社会规范认知的案例

现实生活中既有很多诚实、勇敢、勤劳、守信、关心他人、舍己为人的好榜样,也有酗酒、赌博、打架、说粗话、欺诈、损人利己等很多消极丑恶现象。教师在设计活动时,应尽量选择正面的社会现象作为案例,一是避免幼儿因好奇而模仿、尝试消极现象;二是避免消极现象引起幼儿对他人与社会的过度恐惧。当许多幼儿因关注某些负面行为并产生困惑时,教师可以在教育活动中少量涉及社会消极现象,但应将活动目的放在:通过对比,帮助幼儿分辨是非、好坏,支持正确行为,反对错误行为。

（五）重视参观、游览等教育方式的运用

外出活动是幼儿最喜欢的事情,参观商店、邮局、银行、消防站、交警大队、文化宫、图书馆等社会机构,可以使幼儿更为直观地认识周边的社会环境,了解不同职业劳动者的工作,在设计活动时,教师应重视参观、游览的作用:一是可以在活动准备环节请幼儿进行参观或游览,以便为社会认知活动的开展做好经验准备;二是可以将参观游览作为教育活动的实施方式,即参观游览本身就是一次社会认知活动,将参观游览的过程设计为社会认知的核心环节;三是可以在活动延伸环节,带领幼儿对教育活动中讨论过的社会环境进行参观游览,以加深幼儿对社会环境及相关规范的认识。

二、学前儿童社会环境与规范教育活动的实施

社会环境与社会规范认知教育活动的目标、对象、方式的特殊性,在活动的设计与实施结构中都有所反映。一般说来,有以下四个环节。

（一）运用多种方式引出活动主题

所谓引出活动主题,是指教师在活动开始时,开门见山地告诉幼儿本次活动中究竟要做什么,如是参观某一社会环境,还是观看图片、影片,或者讲故事,来认识社会环境,学习相关的社会规范。在引出活动主题时,教师要灵活地采用多种方式,如唱相关的儿歌,直接告知等方式,激起幼儿对活动主题的好奇心和参与活动的积极性。

（二）引导幼儿充分观察认知对象

此环节的主要目的是在教师的指导下，使幼儿对新的认知对象如社会环境和社会规范进行初步的认知。外出参观、实地观察等，都是幼儿社会认知和社会学习的主要形式。因此，在社会环境和社会规范认知教育活动中，教师要充分发挥观察的重要作用，让幼儿在自己细致的观察中认识新的认知对象。例如，在活动"参观超市"中，教师要带领幼儿到超市进行实地观察，观察商店里有哪些工作人员，有哪些种类的商品，是怎样摆放的，顾客又是如何购物的，在超市购物应遵守哪些社会规范等。

（三）组织幼儿自由表达、表现自己的认知体验

通过前面的活动，幼儿对新的认知对象已有初步的认识和了解。这时，教师有必要提供一个供幼儿交流、讨论、对话的平台。以上述"参观超市"的活动为例，参观结束后，教师可以组织幼儿对话交流"我在超市里看到了什么，它放在哪个货架上？""我在超市里看到顾客是如何买东西的？""在超市中看到哪些不文明的行为？应该怎样做才是文明的行为？"此外，教师也可以让幼儿把自己在超市里看到的不文明现象画出来和说出来，供大家交流评价，这样的表达、表现，有助于加深幼儿对新的认知对象的认识。

在幼儿社会认知的过程中，对话是一种适宜的方式和途径。"课堂教学不是教师的独白，而应当是智慧的对话。正如弗莱雷所言：'没有了对话，就没有了交流，也就没有了真正的教育。'在对话中，我们不是相互对抗，而是共同合作。对话仿佛是一种流淌于人们之间的意义溪流，它使所有对话者都能够分享这一意义之溪，并且能够在群体中萌生新的理解和共识。"①如在我国传统故事《铁杵磨针》的教学活动中，在欣赏故事之前，教师出示一根大铁棒，问幼儿："这根铁棒可以把它磨成一根缝衣针吗？"结果 16 名参加活动的大班幼儿中有 6 名儿童选择"可以"，10 名选择"不可以"，这是幼儿的第一次选择。讲完故事后，老师再次提出刚才的问题，幼儿的选择发生了改变，有 10 名幼儿选择"可以"，6 名选择"不可以"。两次选择之后，教师和幼儿开展了交流与对话。"老奶奶这样磨针合适不合适？有没有必要一辈子磨针？有没有其他更好的办法来代替？如果你是古代人，你会怎么做？如果你是现代人，你会怎样做？"结果，大班幼儿提出古代人的方法可以是用牛角、用尖的草、用树枝、用动物的细骨头等来代替。中班幼儿想出现代人的做法是去商店、超市买，向别人借一根针。这样的社会教育活动魅力无穷，既保留与发扬故事中的传统美德，又敢于打破传统故事中不合理的价值观，将过去那种"我说你听"、"我讲你记"的价值主宰式教学方式变为价值引导式教学方式，让幼儿在对话、争论、思考和体验中心情愉悦地建构适应现代社会生活的社会认知和价值观。

（四）引导幼儿正确认知社会环境和社会规范

在教育关系上，教师与幼儿是平等的。按后现代教育理论的观点，教师是"平等中的首席"，应与幼儿共同参与学习、思考、探究、体验。在这一环节中，教师与幼儿共同沉浸在

---

① 范敬梅等. 幼儿园道德价值观建构管窥——后现代教育理论对幼儿园道德教育的冲击[J]. 学前教育研究, 2005(11).

对话、交流与游戏之中。教师应用符合时代要求的社会规范来引导幼儿,用自己对社会环境的认识来影响儿童。当幼儿对社会环境和社会规范的认知发生冲突时,教师应对幼儿进行合理而积极的引导。如对"在超市中不想购买的物品可不可以随手乱放?""图书馆里可不可以拨打和接听手机?"等问题,当幼儿争论不休的时候,教师要对幼儿合理引导,启发幼儿思考,从而找到真正的答案,正确认知社会环境与社会规范。

案例分析

我是文明小乘客(中班)

【设计意图】

早晨妞妞一来到活动室就高兴地说:"今天我是乘公交车来的。"其他的孩子听了,便七嘴八舌地议论开了:"我也坐过公交车,坐公交车要买票。""我跑得快,总能抢到座位。""我上次坐公交车还给老奶奶让座的呢。"……听着孩子们的议论,我思索着:乘车是孩子们常经历的事儿,如何让他们成为一名文明的小乘客呢?于是我设计了本次教育活动,旨在让孩子了解乘车礼仪,学会文明乘车。

【活动目标】

1. 学习乘坐公交车时不推不挤、主动购票、让座等基本礼仪。
2. 在游戏中巩固乘车礼仪常识,发展语言表达能力,增强安全乘车意识。
3. 体验文明乘车、礼貌待人的乐趣。

【活动准备】

PPT课件、公交车场景布置、邀请表演人员:配班老师。

【活动过程】

1. 提问引题,激发兴趣。

教师:"小朋友们,你们乘过公交车吗?乘公交车去了什么地方?在什么地方乘坐公交车?坐公交车时要注意什么?"

通过一系列的问题,引发幼儿回忆乘坐公交车的经历。

2. 图片对比,判断、理解不同行为的对错,引出乘车礼仪歌。

教师:"老师有一次乘公交车,在车上看到了几位小朋友,他们的表现怎么样呢?我把他们拍下来,一起来看看。"

依次出示电脑图片:挤着上车、给老奶奶让座、乱扔香蕉皮、吃糖葫芦、依次排队上车、在开动的汽车内把头伸出窗外、没有座位时拉住吊环、在开动的车内乱跑等图片。

分别提问:"这样做对吗?为什么?谁来提醒他们应该怎么做?"

总结并引出乘车礼仪歌:乘车请您先排队,前门上来后门下;上车不忘买车票,"您好""谢谢"莫忘掉;拉好扶手坐坐稳,手臂脑袋不外伸;还要学会让座位,做个文明的小乘客。

3. 真实游戏,掌握乘车的礼仪和安全知识,体验游戏乐趣。

(1) 上车礼仪:(播放音乐)幼儿扮演"小游客",开始短途旅行。

① 排队从前门上车,并注意不要拥挤。

② 配班老师扮演盲人上车,引导幼儿搀扶盲人、给盲人让座。

③ 主动购票。

(2) 乘车安全。

① 引导幼儿找座位做好,没有座位的拉好吊环。

② 不在车上随便走动。

③ 不把头、手伸出窗外。

④ 不在车上看书。

(3) "让座"情境:配班老师扮演孕妇。

(4) 下车礼仪:带领幼儿从后门下车,提醒幼儿不推不挤。

4. "闯关"游戏,巩固相关知识。

(1) 画面一:车内一个孩子抓紧扶手,另一个孩子在车厢里走动。

教师:"第一关,看看这两个小朋友,他们都没有找到位置,这样做对吗?"

电脑拖动相应图标,奖励一个笑脸或给出哭脸,再次强调对规则意识的掌握。

(2) 画面二:一个孩子在车内乱扔香蕉皮,另一个孩子在给孕妇让座。

(3) 画面三:一个孩子在车内看书,另一个孩子安静地坐在车内。

5. 总结、梳理经验。

教师:"今天我们懂得了乘车时要懂礼貌、讲文明、注意安全,如果你们的爸爸妈妈下次再带你们乘坐公交车,相信你们一定能做到这些,让大家都知道你们是最棒、最文明的乘客。"

【活动延伸】

了解乘坐飞机、火车、轮船等其他交通工具的注意事项,请家长利用空暇时间带孩子乘坐公共交通工具去旅游,提醒孩子做一名文明的小乘客。

【活动评析】

1. 重视情境创设,让幼儿在体验中学习

社会领域的教育具有潜移默化的特点。本次活动我注重让孩子在情境中操作,获得积极情感体验与行为方式。如让孩子们作为"小游客"开始"短途旅行"——等车、上车、买票、让座……在这样富有趣味性、体验式的活动中,幼儿感受并习得了乘车的诸多礼仪,多种情境的创设激发了幼儿活动的主动性。

材料的灵活运用使情境的创设形象而逼真,更好地为幼儿的发展服务。例如:用幼儿园的晒被架和套圈巧妙地变成汽车吊环,用KT板设置了汽车的前后门等。

2. 灵活设计环节,创新社会活动形式

(1) 讨论正确的乘车行为,了解乘车的礼仪。通过讨论加强幼儿对礼仪的了解,使之内化为自身行为。

(2) 判断乘车行为的对错,丰富对礼仪的认识。适时加入了判断乘车行为对错的情节,让幼儿了解乘车时的一些不文明的行为,意识到自己要做一个文明的小乘客。

(3) 情境体验,巩固对礼仪的掌握。设置了盲人上车、给孕妇让座、不吃带棒的东西等多种情境,符合中班幼儿的年龄特点,从多角度巩固了礼仪乘车行为,在活动中巩固了幼儿的乘车礼仪。

(4) 闯关游戏,强化礼仪的知识。闯关游戏有一定的挑战性,激起了中班幼儿活动的积极性,增强了他们活动的自主性,快乐的氛围中强化了乘车的礼仪,从而激发孩子们在生活中争做文明小乘客的意识和行为。

(江苏海安第二实验幼儿园　于小进)

真题再现

1. (2017年真题)活动设计题:请根据下列素材,设计一个大班的涉及多个领域的系列活动。要求写出3个活动的名称、目标、准备以及主要的活动环节。

大班教室里收集了纸板箱、鞋盒、牙膏盒、药品盒等数量众多的盒子,这些大大小小的盒子吸引了幼儿。教师发现很多幼儿利用盒子自发产生了很多活动,涉及各个领域,于是,决定围绕纸箱、纸盒设计出系列活动来满足、推进幼儿的发展。教案设计思路:可依据对社会环境方面的相关知识,设计主题教案。

2. (2015年真题)班杜拉的社会认知理论认为(　　)。
   A. 儿童通过观察和模仿身边人的行为学会分享
   B. 操作性条件反射是儿童学会分享最重要的学习形式
   C. 儿童能够学会分享是因为儿童天性本善
   D. 儿童学会分享是因为成人采取了有效的奖惩措施

➢扫描本书目录页下方的二维码,可查看参考答案及解析

技能训练

1. 从专业幼儿教育者的角度,分小组讨论社会环境与社会规范教育理论对幼儿发展的价值及落实到教育教学实践的方法与措施,并把讨论内容整理成一篇小论文。

2. 平时注意观察和积累,在幼儿日常生活中挖掘有关社会环境与社会规范教育方面的各种资源和内容。

3. 通过阅读相关文献,理论联系实际,思考有关幼儿园规则教育和纪律教育等相关问题。

4. 结合本章主要知识点,领会社会环境与社会规范教学设计的基本要求,选择一个感兴趣的内容,设计一份活动方案,同伴互评,并进行模拟教学。

5. 依据绘本《大卫,不可以》设计一份社会规范教育活动方案。

拓展链接

三山实验

对儿童社会认知发展研究起到推动作用的是瑞士心理学家皮亚杰。皮亚杰用两难故事法对儿童的道德判断进行了研究，认为儿童的道德判断是从他律阶段发展到自律阶段，即儿童的道德判断是从重视行为后果逐步发展为重视行为动机。皮亚杰的这一做法推动了学术界对儿童社会认知的研究。皮亚杰还认为幼儿的思维特点是以自我为中心，即儿童在思考问题的时候往往从自己的角度出发（比如，某小朋友认为喝热水对身体有好处，就会给小花浇热水，觉得这样可以让小花快快长大），很难站在别人的角度上去考虑问题，也不能将自己的观点与他人的观点很好地进行区分。如图7-1所示，在一个立体沙丘模型上错落摆放了三座山丘，首先让儿童从前后、左右不同方位观察这座模型，然后让儿童看四张从前后、左右四个方位所摄的沙丘的照片，让儿童指出和自己站在不同方位的另外一人（实验者或娃娃）所看到的沙丘情景与哪张照片一样。7岁前的儿童无一例外地认为别人在另一个角度看到的沙丘和自己所站的角度看到的沙丘是一样的！这个实验证明了7岁前的儿童不具备观点采择能力，即从他人的角度来看待事物的能力。

图7-1 不同角度观察立体沙丘模型

皮亚杰道德认知理论

皮亚杰运用对偶故事法，造成行为意图与效果之间的差异，依此观察幼儿如何判断好坏。下面是皮亚杰采用的故事组之一。

A. 一个叫约翰的小男孩在他的房间里。家里人叫他去吃饭。他走进餐厅。但门背后有一把椅子，椅子上有一个放着15个杯子的托盘。约翰并不知道门背后有这些东西。他推门进去，门撞倒了托盘，结果15个杯子都撞碎了。

B. 从前有一个叫亨利的小男孩。一天，他母亲外出了，他想从碗橱里拿出一些果酱。他爬到一把椅子上，并伸手去拿。由于放果酱的地方太高，他的手够不着。在试图取果酱时，他碰倒了一个杯子，结果杯子掉下来打碎了。

当幼儿听懂故事后,皮亚杰问幼儿两个问题:
1. 这两个孩子的过错是否相同?
2. 这两个孩子中,哪一个过失较重一些?为什么?

研究发现,幼儿更注重事情的结果,而不关注行为的动机。皮亚杰称这种现象为"道德实在论"。

科尔伯格道德认知发展理论

科尔伯格是皮亚杰道德认知发展理论的追随者,同时,他又在皮亚杰道德发展理论的基础上,进一步做了修改、提炼和扩充,于20世纪50年代提出了自己的一套儿童发展阶段论①。他采用了道德两难故事,让儿童在两难推理中做出选择并说明理由。根据横断研究中不同年龄儿童所做出的不同反应,科尔伯格把儿童道德发展划分为三个水平、六个阶段。

水平一,前习俗道德水平(阶段一:以服从与惩罚为取向;阶段二:以工具性目的为取向)。

水平二,习俗道德水平(阶段三:以"好孩子"为取向;阶段四:以维持社会秩序为取向)。

水平三,后习俗道德水平(阶段五:以社会观念为取向;阶段六:以价值观念为取向)。

科尔伯格通过研究指出了道德发展的动因:① 道德发展是学习的结果,但这种学习不同于知识和技能的学习。人可以通过几个小时或几天的努力习得某种知识;也可以通过几天或几个星期的练习,形成某种技能;而道德学习却需要长期的甚至一生的努力。② 道德的发展有赖于个体的道德自主性,即道德不可能从外部强加于人,而是个体内部状态与外界环境交互作用的产物。③ 冲突情境有助于个体道德判断能力的发展。科尔伯格认为,道德发展的顺序是固定的,可是并不是所有的人都在同样的年龄达到同样的发展阶段。事实上,有许多人永远无法达到道德判断的最高水平,有些成人仍在前习俗道德水平上进行思考。

道德两难故事——海因茨两难事件

欧洲有一位妇女患了癌症,生命危在旦夕。医生告诉她的丈夫海因茨,只有本城一个药剂师最近发明的一种药可以救他的妻子。但该药价钱十分昂贵,要卖到成本价的十倍。海因茨四处求人,尽全力也只借到了购药所需钱数的一半。万般无奈之下,海因茨只得请求药剂师便宜一点儿卖给他,或允许他赊账。但药剂师坚决不答应他的请求,并说他发明这种药就是为了赚钱。海因茨在走投无路的情况下,为了挽救妻子的生命,在夜间闯入药店偷了药,治好了妻子的病。但海因茨因此被警察抓了起来。海因茨应该那样做吗?为什么?法官应不应该判他的刑?

---

① [瑞士]皮亚杰. 傅统先,陆有铨,译. 儿童的道德判断[M]. 济南:山东教育出版社,1984.

第八章 学前儿童社会文化教育

本章主要阐述了学前儿童社会文化教育活动设计的原则、步骤,以及设计过程、典型案例等,对学前儿童社会文化教育活动的教学设计从理论到实践做了比较详细的介绍。通过本章的学习,学生对于学前儿童社会文化教育活动应当遵循的原则会有明确的认识与理解,对活动设计的步骤会有比较全面的掌握,最后学生能够在了解学前儿童社会文化教育活动特点的基础上,灵活选题,合理设计,独立完成从设计到评价的一系列学前儿童社会文化教育活动。

1. 了解学前儿童社会文化教育的内涵及意义。
2. 掌握学前儿童社会文化教育活动的目标和内容。
3. 能够运用所学知识解决学前儿童社会文化教育中常见的问题。
4. 领会学前儿童社会文化教育活动设计的步骤,并能独立完成学前儿童社会文化教育活动的设计与评价知识框架。

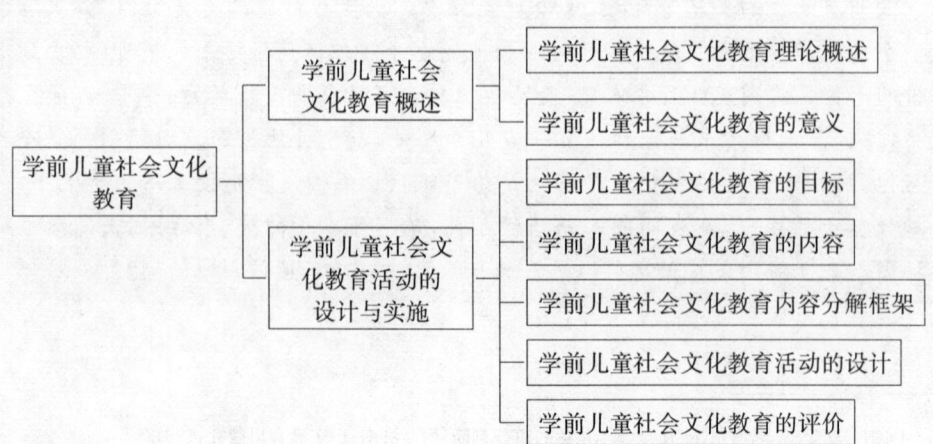

第八章 学前儿童社会文化教育

第一节 学前儿童社会文化教育概述

情境导入

周末,小然跟妈妈到社区广场上散步,看到有一群人在练武术,一招一式很是刚武有力。妈妈边看边对小然介绍起中国武术的博大精深,还有一些武术动作的名称如"马步""拳、掌、勾"等。小然边听边看,觉得那些武术动作很有趣,就说:"妈妈,我也要学武术!"妈妈说:"好啊,等你长大些再拜师学艺吧。"

传统的武术功夫,是中华民族一项宝贵的文化遗产,有着悠久的历史和不朽的文化魅力,我们一代代地传承下去,就是对文化的一种爱护与尊重。我国的传统文化博大精深、源远流长,如何去伪存真、去粗取精地弘扬优秀传统文化,如何因地制宜地进行幼儿社会文化教育活动,对幼儿教师来说是一个值得探讨的问题。

一、幼儿社会文化教育理论概述

(一)文化的内涵①

"文化"是一个运用广泛且很难把握的特殊的词,它变化多端,含义复杂,民族性和历史性很强,感情色彩较重。对于"文化"一词的确切含义至今仍然莫衷一是。在学者们对文化的上百种释义中,泰勒(E. B. Taylor)1871年在其著作《原始文化》一书中所做的总括性释义依然十分清晰而含义广泛:"文化或文明,从其广泛的人种史的意义上说,是包括知识、信仰、艺术、伦理、法律、风俗以及一个人作为社会的一名成员所掌握的任何其他能力和习惯在内的一个复杂的整体。"②

《辞海》对文化有广义和狭义两种解释:从广义来说,指人类社会历史实践过程中创造的物质财富和精神财富的总和;从狭义来说,指社会的意识形态,以及与之相适应的制度和组织机构。文化是一种历史现象,具有阶级性、民族性和历史延续性。我国2016年出版的《现代汉语词典(第7版)》中,对文化的定义是:① 人类在社会历史发展过程中所创造的物质财富和精神财富的总和,特指精神财富,如文学、艺术、教育、科学等。② 指运用文字的能力及一般知识。③ 考古学用语,指同一个历史时期的不以分布地点为转移的遗迹、遗物的综合体。同样的工具、用具,同样的制造技术等,是同一种文化的特征,如仰韶文化、龙山文化。

文化对人的影响主要体现在对人的身体、心理和社会性发展三大方面。在三类影响中,"对社会性发展的研究最少,了解也最少。属于这一类的题目涉及的社会进程和社会

---

① 陈世联.幼儿社会教育[M].海口:南海出版公司,2009:75-77.
② 爱德华·泰勒著,蔡江浓译.原始文化[M].杭州:浙江人民出版社,1988:1.

观念的范围既广泛又不明确。"①

（二）幼儿社会文化教育的内涵

社会文化教育是20世纪六七十年代西方国家民族复兴的产物,它起源于西方对人的尊严与平等自由的理想和争论。在人类文明和文化的发展初期,任何一个社会、群体都处于没有联系的状态中,各自的文化没有交流、碰撞。随着人类文明的不断发展,文化逐渐在不同群体之间打破地区界限,进而产生了交流与联系,不同民族、种族、文化间的交流日益增强,社会文化多元化现象越来越突出。

社会文化教育,是在初步了解、认同本民族文化的基础上,从小就树立平等、包容、理解、尊重和珍惜其他民族的文化,并从中吸取精华部分以便获得参与未来多元文化社会所必需的价值观念、情感态度、知识与技能,以及有和平共处、维护文化平等和社会公平的最粗浅的意识和信念。② 社会文化教育是让幼儿逐渐在把握本民族文化、形成对本民族文化归属感的同时,能够以客观公正的态度去对待其他各民族文化和外来文化,培养其对文化的初步认知与价值判断。

幼儿社会文化教育,是通过对民族传统文化教育和爱国主义教育让幼儿感受民族文化的丰富性,培养民族文化的尊严,帮助幼儿认识和了解本民族文化的根基和内涵。例如,知道我国是由多民族组成的,知道我们传统的节日,了解我国传统节日的习俗,了解我国的民间乐器等。同时,通过面向世界文化的教育帮助幼儿了解人类文化的多样性,学会尊重其他各民族、各国文化的多样性,认同其他文化与本民族文化的差异性,从而理解文化之间的共生共存。

（三）社会文化分类

社会文化一般分为民族文化和世界文化。

1. 民族文化

（1）社区文化

包括社区环境文化,如小区内的如荫绿树、画廊报亭等;社区文化活动,如社区舞会歌会、家庭运动会等。

（2）传统文化

主要指整个中华民族的传统文化。传统文化主要包括：传统节日、传统工艺等。

传统节日是展现传统文化的重要形式,我国人民不仅对节日怀有很深的情感,而且把它看成自己生活中的华彩乐章。比如,过春节时要贴春联、舞龙舞狮;八月十五的晚上要品尝月饼,或吟诵"但愿人长久,千里共婵娟"的千古诗句;端午节赛龙舟、吃粽子和重阳节的"登高思亲"等,这些节日都被赋予了浓厚的文化色彩,寄托了一代代中国人最美好的期望。传统节日以活动的载体而涉及了社会生活的方方面面,其代表性与活动性是传统文化中的其他内容所不具备的。

---

① 中央教育科学研究所.简明国际教育百科全书:人的发展[M].北京:教育科学出版社,1989:384.
② 陈世联.幼儿社会教育[M].海口:南海出版公司,2009:79.

拓展链接

中国传统节日

中国传统节日（均按农历）中，以人们参与节日的广泛性、对节日的认知程度和节日的影响力等因素为参照，以适宜幼儿活动为标准，较有影响的有：

春节：正月初一，一年的开始。

元宵节：正月十五，张灯为戏，又叫"灯节"。

清明：四月初，扫墓、祭祀（纪念介子推）。

端午：五月初五，吃粽子，划龙舟（纪念屈原）。

七夕：七月初七，妇女乞巧（牛郎织女）。

中秋：八月十五，赏月，思乡（嫦娥玉兔）。

重阳：九月初九，登高，插茱萸免灾。

冬至：又叫"至日"，节气的起点。

腊日：腊月初八，喝"腊八粥"。

除夕：一年的最后一天的晚上，辞旧迎新。

我国主要的传统工艺有剪纸、风筝、丝绸、中国织绣（刺绣等）、中国结、年画、泥人面塑等民间工艺，还有琴棋书画、传统文学，如诗词曲赋、中华诗词、戏剧、对联、建筑等艺术，以及中华武术、饮食厨艺、传说神话、民风民俗、传统音乐等丰富的文化形式。

（3）少数民族文化

少数民族文化，是指我国除汉族以外的其他少数民族特有的传统文化，如蒙古族、回族、藏族、维吾尔族、哈萨克族、苗族、彝族、壮族、布依族、朝鲜族、满族等民族的名称、风俗习惯、历史传说、服饰等。

少数民族虽然人口比例小，但是却有着深厚的民族民间文化传统，许多少数民族以能歌善舞闻名，一些民族地区被誉为"歌的海洋，舞的故乡"。

2. 世界文化

世界文化主要指除中国之外，世界其他国家、民族、地区的文化。幼儿阶段开展的世界文化教育活动，目的是使幼儿学会了解、尊重、包容、理解和接纳各种不同的文化。

西方适宜幼儿的节日和习俗："复活节"，这天会举行复活节盛装游行，最具代表性的吉祥物就是彩蛋和兔子，象征多子多孙和复活，据说五彩缤纷的彩蛋是复活节兔子为孩子们留下的，可以玩"找蛋"的游戏，也是合家团聚或踏青郊游的日子。"万圣节"，以食物祭拜祖灵及善灵以祈求平安渡过严冬，当晚小孩会穿上化妆服、戴上面具，挨家挨户收集糖果。"感恩节"，吃火鸡、南瓜馅饼感恩上帝带来的收获，感恩曾帮助他们的印第安人。"圣诞节",布置圣诞树来迎接新年,孩子们睡前挂上圣诞袜,期待着圣诞老人的礼物。

不同文化将面临共同问题:在与外来文化接触后出现碰撞、排斥,甚至对抗和冲突。我们是要抵制外来文化还是完全同化,是一个值得深思的问题。我们往往以突出表现差异和颂扬优越感的方式来强调民族特性,在赞扬民族精神的同时,不自觉地贬低其他文化。幼儿园进行"筷子"的爱国主义教育中,把外国人不会用筷子说成没有中国人聪明,爱国主义教育变成了狭隘的民族主义教育。同样也有一些地区商家重视洋节,大肆宣传布置,某些所谓的双语幼儿园只过洋节而忽略了我国传统节日,或在介绍其他外来文化时,常常与自己文化进行优劣比较,其结果是我们的孩子不是自卑就是骄傲,过分偏离或过分融入,破坏了文化的生态平衡。

教育要解决问题,应从序论养,加强国际视野,帮助幼儿了解世界文化,引导幼儿主动接触和了解不同国家、不同种族的外国人,感受他们的风俗习惯、衣食住行方式,体验他们的环境,如使用不同国家餐具(筷子、刀叉),制作和品尝不同国家的食物(汉堡、比萨、饺子、汤圆)等。我们的教育要引导幼儿知道其他民族和国家的文化与自己民族有所不同,逐步产生尊重其他文化和维护文化平等的粗浅意识,了解人类文化的多样性,认同文化的差异性,并从中发现文化的共同性,这样相互借鉴,随时了解国际动态,使本土化与国际化接轨。①

二、学前儿童社会文化教育的意义

(一)社会文化教育能够使幼儿对本民族文化形成认同感和归属感

《纲要》明确指出:"充分利用社会资源,引导幼儿实际感受祖国文化的丰富与优秀,感受家乡的变化和发展,激发幼儿爱家乡、爱祖国的情感。"2012年颁布的《3~6岁儿童学习与发展指南》也在社会领域目标中提出,让幼儿"能感受到家乡的发展变化并为此感到高兴","知道自己的民族,知道中国是一个多民族的大家庭,各民族之间要互相尊重,团结友爱"。这些文件体现了本民族文化与幼儿园课程结合的重要性。社会文化教育可以使幼儿了解本民族的文化背景,只有在了解本民族文化基础之上才能认同该文化背景,并且为本民族的文化传统感到骄傲和自豪,从而加深对本民族文化的认同感和归属感。如一些外籍华人,虽然都是龙的传人,黑眼睛、黄皮肤,但是由于他们从小在国外长大,对中华文化一点都不了解,因此就谈不上会对中华文化产生认同、理解和归属感。而有些长期在中国生活的外国人,因为长期浸润在中华文化之中,开始喜欢中国的汉字,喜欢中国的节日,并认同中国的文化。

(二)社会文化教育是幼儿文化性与社会性生成的根基

社会文化教育是幼儿文化性生成的根基。幼儿社会化的进程就是对本民族社会物质文化和精神文化认同的过程。幼儿个体生活的历史中,首要的就是对他所属的那个社群传承下来的那些模式和准则的适应。落地伊始,社群的习俗开始塑造他的经验和行为,到

---

① 阎保华.幼儿社会教育活动设计与指导[M].北京:北京理工大学出版社,2017:105.

咿呀学语时,他已是所属文化的造物,而他长大成人并能参加这种活动时,社群的习惯便已是他的习惯,社群的信仰便已是他的信仰,社群的戒律亦已是他的戒律。①

所以,作为生活于特定的文化中的幼儿而言,从其出生之始,他的身体、心理的发展都要受到其所属群族自身文化的影响,中国的物质文化(如汉字、文房四宝、琵琶二胡等乐器)、精神文化(如儒家、道家思想,尊老爱幼等礼仪),幼儿通过日常生活中的耳濡目染,认同其文化特质。

社会文化教育能促使幼儿成为社会人,是幼儿社会性生成的根基。社会文化教育是社会文化与幼儿之间相互作用的过程,是社会的教化和幼儿自身的内化相结合的过程。人有高级神经系统进而形成语言和意识,这是人的社会化的基础。在此基础上,人进行学习与交往,进而获得社会生活所必需的知识技能和价值规范。幼儿因其自身的主体能动性不同,会对社会文化有其独特的解读视角,这样就形成了独具特色的活生生的个体。

(三)社会文化教育有助于帮助幼儿形成粗浅的多元文化意识

当今世界,任何民族都不可能单纯地生活在自己的民族文化中,而是生活在世界多元文化背景之下。社会的全球化趋势不仅拓宽了人们的视野,国家之间的交流互动也越来越频繁,社会日益多元化。李生兰在《学前儿童多元文化教育初探》中指出,多元文化教育能扩大儿童地方性和全球性的视野,当儿童从各种多元文化观点中学到有关自己国家和世界的知识时,他们就更有可能成为多元化国家和世界的公民。② 幼儿社会文化教育是在教师的引领下,幼儿在这种经过精心选择的多元文化体系中受到文化熏陶和洗礼,感受各国、各民族的优秀文化,体验中西文化的差异,增强民族认同感。在此基础上,幼儿能够逐步形成粗浅的多元文化意识,并初步形成对各种文化的尊重和宽容的态度。

总而言之,社会文化教育对幼儿的成长有着极其重要的意义,对幼儿进行社会文化教育也是幼儿社会适应性的一种重要途径,对社会文化的传承与发展也有着积极的影响。

> **技能训练**

1. 请罗列出适合在幼儿群体中开展的中国、西方节日名称,并尝试介绍每个节日的文化内涵。
2. 收集我国某民族的节日庆祝资料,包括节日名称、庆祝时间和形式等。

---

① 露丝·本尼迪克特.王炜,译.文化模式[M].上海:生活·读书·新知三联书店,1988:5.
② 李生兰.学前儿童多元文化教育初探[J].早期教育,2003(6):4.

第二节 学前儿童社会文化教育活动的设计与实施

> **情境导入**

今天,王老师带领大班幼儿认识了国旗。她先请幼儿欣赏了《中华人民共和国国歌》:"小朋友们,你们知道这是什么歌吗?在什么时候听过?"幼儿说是国歌,是在升国旗的时候听到的,每周一早上,还有电视里奥运会上升国旗的时候。教师介绍:"国歌也叫《义勇军进行曲》,在我们新中国成立的时候被定为我们中华人民共和国国歌。每当这首雄壮的国歌奏响时,就有一面鲜艳的旗帜冉冉升起,谁来说一说你看到一面什么样旗帜升起来了?"教师出示实物五星红旗,请幼儿仔细观察:"这面旗帜是什么形状,什么颜色,上面有什么?"幼儿回答:"国旗是长方形,红色的,有五颗星星。"教师继续问:"五颗星星为什么一颗大四颗小?为什么旗面是红色的,星星是黄色的?象征着什么?"然后告诉小朋友国旗中的大五角星代表中国共产党,四颗小五角星代表工人、农民、小资产阶级和民族资产阶级,五颗星星象征全国人民紧密团结在一起。教师播放歌曲《五星红旗》,并朗诵:

国旗,我心中的旗,你是用先烈的鲜血染红。

多少代人为使国旗高高升起,付出了艰辛的努力。

在国际体育比赛的领奖台上,我国体育健儿一次次将五星红旗高高升起。

国旗,我心中的旗,五颗金星像灿烂的星座。

望着你,我懂得了祖国的尊严。望着你,我懂得了祖国的独立。

国旗早已化成我心中的太阳永远不落,啊,我爱国旗!

朗诵后教师问幼儿感受,并引导他们互相说一说。

教师总结:珍惜现在好的成长环境,努力学习,长大建设好伟大的祖国。

幼儿为国旗涂色,结束活动。

王老师的活动设计得如何,她是如何一步步引导孩子认识国旗、了解国旗含义、萌发爱国之情的?具体环节是怎样组织指导的?如果是你,你会怎样设计,有什么不同的环节?

幼儿社会文化教育的目标是什么?社会文化教育的内容有哪些?如何实施社会文化教育?如何评价实施后的效果?这是我们这一节的重点内容。

一、学前儿童社会文化教育的目标

(一)《纲要》和《指南》中有关社会文化教育的目标

1.《纲要》中有关学前儿童社会文化教育的目标

《纲要》中社会领域的第5条目标为:"爱父母长辈、老师和同伴,爱集体、爱家乡、爱祖国。"同时,《纲要》的内容与要求指出,要"充分利用社会资源,引导幼儿实际感受祖国文化的丰富与优秀,感受家乡的变化和发展,激发幼儿爱家乡、爱祖国的情感。""适当向幼儿介绍我国各民族和世界其他国家、民族的文化,使其感知人类文化的多样性和差异性,培养理解、尊重、平等的态度。"

2.《指南》中有关学前儿童社会文化教育的目标

《指南》在讲述社会适应方面的目标时,特别提出对幼儿社会文化方面的要求,如表8-1所示。

表8-1 各年龄段幼儿社会文化"应知应会"的典型表现

3~4岁	4~5岁	5~6岁
1. 能说出自己家所在街道、小区(乡镇、村)的名称。 2. 认识国旗,知道国歌。	1. 能说出自己家所在地的省、市、县(区)名称,知道当地的有代表性的物产或景观。 2. 知道自己是中国人。 3. 奏国歌、升国旗时能自动站好。	1. 能感受到家乡的发展变化并为此感到高兴。 2. 知道自己的民族,知道中国是一个多民族的大家庭,各民族之间要互相尊重,团结友爱。 3. 知道一些国家的重大成就,爱祖国,为自己是中国人感到自豪。

《指南》还在教育建议中指出:"运用幼儿喜闻乐见和能够理解的方式激发幼儿爱家乡、爱祖国的情感。"例如:

(1)和幼儿说一说或在地图上找一找自己家所在的省、市、县名称。

(2)利用外出游览收集到的信息资料、电视节目或画报、图片等,向幼儿介绍家乡、祖国各地的风景名胜、著名的建筑、独特的物产等,激发幼儿的自豪感和热爱之情。

(3)利用电视节目或参加升旗等活动,向幼儿介绍国旗、国歌以及观看升旗、奏国歌的礼仪。

(4)向幼儿介绍反映中国人聪明才智的发明和创造,激发幼儿的民族自豪感。

3. 学前儿童社会文化教育的具体目标

根据《纲要》和《指南》的精神,我们提出学前儿童社会文化教育的目标有以下五点:

(1)初步了解家庭、幼儿园,初步认识主要的生活机构和设施及其与人们生活的关系,初步感受具有代表性的家乡人文景观,初步了解家乡特产及家乡风味小吃,激发幼儿喜爱家乡的情感。

(2)感知我国国名、国旗、国徽、国歌,初步了解我国的著名风景名胜及特产,激发幼儿喜爱祖国的情感。

(3)初步了解本民族的习俗、民间艺术和民间文学,初步知道其他民族和国家的风俗习惯与自己民族有所不同,逐步有尊重其他文化和维护文化平等的粗浅意识。

(4)初步感受本民族与国家的传统节日和了解其他民族与国家的重大节日,初步了解重大的社会事件,激发幼儿的民族自豪感。

(5)初步感受世界著名的人文景观和优秀的文化艺术作品,激发幼儿对世界文化的兴趣,初步有爱好和平的情感。

（二）各年龄班幼儿社会文化教育目标

根据上述幼儿社会教育的总目标及小、中、大班幼儿的年龄特征，各年龄班幼儿社会文化教育的目标可以如此设定，如表8-2所示。

表8-2　各年龄班社会文化教育的目标

小班（3~4岁）	中班（4~5岁）	大班（5~6岁）
1. 能说出自己家所在的街道、小区（乡镇、村）的名称。 2. 认识我国的国旗，知道国歌。	1. 知道父母的职业，能体会到父母为养育自己所付出的辛劳。 2. 愿意并主动参加群体活动，愿意与家长一起参加社区的一些群体活动。 3. 喜欢自己所在的幼儿园和班级，积极参加集体活动。 4. 了解周围成人的劳动，能够做一些力所能及的事，初步养成爱劳动、爱惜劳动成果的习惯。 5. 了解周围生活主要的社会机构、社区设施，知道它们与人们生活的关系，能说出自己家所在地的省、市、县（区）名称，知道当地有代表性的物产或景观，具有初步的爱家乡的情感。 6. 知道自己是中国人，奏国歌、升国旗时能自动站好。 7. 初步了解重大的节日，感受和体验节日的快乐。 8. 初步感知我国的民间艺术和传统文化精品。	1. 喜欢从事力所能及的劳动，懂得爱惜自己的劳动成果，爱惜公物，尊重为大家提供服务的人，珍惜他们的劳动成果。 2. 了解周围的社会生活，初步了解各社会阶层成员的劳动及其与人们生活的关系，拥有尊敬、热爱劳动者的情感。 3. 爱护身边的环境，注意节约资源。 4. 初步感知家乡的社会环境和人文景观，了解我国主要的自然景观和人文景观。 5. 对民族文化感兴趣，具有保护自然、社会环境的初步意识。 6. 认识和了解我国的国旗、国徽和国歌。 7. 初步了解我国主要的民族文化、主要的物产等，知道国家一些重大成就，为自己是中国人感到自豪，具有爱祖国的情感。 8. 初步感知世界著名的人文景观和优秀艺术精品，对世界文化感兴趣，初步认识和了解世界，具有粗浅的多元文化意识与爱好和平的情感。

二、学前儿童社会文化教育的内容

根据幼儿社会文化教育的目标，我们将幼儿社会文化教育的内容分为认识家乡、认识祖国、了解民族文化、了解民族节日、了解重大社会事件、了解世界文化等六大部分。

（一）认识家乡

幼儿认识家乡的内容主要包括以下几点：

（1）幼儿生活的周边环境。家庭、幼儿园和社区的设施设备、生活机构等及其与人们生活的关系。

（2）家乡人文景观。幼儿教师应该结合本地有代表性的人文景观，开展相应的爱家乡、爱家园的社会文化教育活动。例如，重庆的朝天门、渣滓洞；南京的紫金山、中山陵、总统府、夫子庙；北京的故宫、天坛、天安门等。在给幼儿介绍家乡的人文景观时，幼儿教师可以根据本园实际情况,适度采取参观游览的方式完成教学。

(3) 家乡特产和风味小吃。民以食为天,食物已经不是单纯地为了满足温饱,而是通过不同的烹饪方式,给人带来精神上的享受。例如,重庆的小面、火锅、豆干、脐橙;武汉的热干面、鸭脖;南京的鸭血粉丝汤、桂花鸭、小笼包;西安的羊肉泡馍、肉夹馍等。所以通过认识和品尝家乡特产和风味小吃,可以进一步增进幼儿爱家乡的情感。

家乡特产资源作为乡土资源的重要组成部分,对培养幼儿热爱家乡的情感具有独特的优势和重要的价值意义。幼儿教师可根据自己所在地的家乡特产,结合本园实际情况进行内容选取。因为是介绍本地的家乡特产,一般来说,比较容易找到特产的实物。教师在引导幼儿观察了解特产,尝试制作特产,甚至在品尝特产时,幼儿可以自然生发出热爱家乡的情感。

案例分析

东海三宝(大班)①

【学情分析】

《纲要》指出,"充分利用社会资源,引导幼儿实际感受祖国文化的丰富与优秀,感受家乡的变化和发展,激发幼儿爱家乡、爱祖国的情感。"水晶、花生、温泉是东海县的特色产品,是东海的"三宝"。为了让孩子更好地了解家乡的特产,增强他们对家乡的自豪感及热爱之情,我针对大班幼儿的特点,设计了"东海三宝"的教育活动。

【活动目标】

1. 认识东海的水晶、花生、温泉,了解它们的功用。
2. 能够用流利的语言讲述自己所知道的东海水晶、花生、温泉。
3. 萌发对家乡的热爱之情。

【活动准备】

材料准备:教师和幼儿共同收集的东海三宝的各种原料、制品及温泉的有关图片、资料;布置各种水晶、花生制品的展台及"三宝"的图片展板;介绍东海三宝及东海其他特产的 VCD 光盘。

【活动过程】

1. 参观并介绍布置好的东海三宝

(1) 请幼儿有序地参观展览

这是老师和小朋友们收集的东海三宝,请小朋友看看大家都收集了哪些原料、制品和图片,小声地向你的小伙伴讲一讲哪些东西是你收集的。

分析:活动前,老师和小朋友一起把收集来的所有物品进行了分类与布置。活动时,

---

① 教育部教育管理信息中心. 全国优秀幼儿社会教育活动课例评析[M]. 重庆:西南师范大学出版社,2011:166-169.

小朋友参与的积极性很高,有和别人倾诉的欲望。

(2) 小朋友介绍自己收集的三宝

请小朋友先来看一下水晶。(可拿实物或图片进行介绍)

① 水晶的原石是从哪里来的?形状是什么样的?

② 水晶有哪些种类?

③ 你知道天然水晶有哪些颜色?人造水晶有哪些颜色?

④ 水晶可以做成什么?

⑤ 水晶有哪些作用?

分析:东海是水晶之乡,东海的水晶享誉世界。东海的水晶市场、水晶城、水晶珠宝店、水晶加工厂比比皆是。孩子们对水晶是不陌生的,有的孩子的家长就是做水晶生意的,在收集物品的过程中,家长给孩子做了介绍。所以,孩子们说起水晶来也头头是道,个个发言踊跃,将自己所知道的告诉老师和同伴。

(3) 教师小结

水晶的原石是从地下挖出来的,东海的地下水晶藏量非常大,产量占全国的1/4,东海的水晶原石也比较坚硬。水晶制品很丰富,如项链、手镯、戒指、耳环、眼镜、景石、工艺雕刻品、按摩靠垫等,不仅可以作为装饰来美化生活,还有许多保健作用。东海的水晶闻名世界,有"中国东海水晶之乡"之称。毛主席的水晶棺就是由我们东海县房山镇出土的水晶做成的,这是我们东海人的骄傲。

(4) 介绍花生

① 小朋友知道花生是生长在哪里的吗?请小朋友说说花生、花生米、花生叶的形状、颜色。

② 花生可以做成什么?

③ 花生的作用。

④ 教师小结:花生是东海特有的农作物,产量高、质量好,是东海的第二宝。花生含丰富的油脂和维生素,可以榨油,还可做成许多花生制品,吃生花生可以健胃。

分析:东海的花生在全国产量最高,是东海的三宝之一。虽然孩子们知道花生可以吃,可以做成许多花生制品,也能说出花生的许多作用,但生活在城里的孩子,有的还不知道花生长在哪里、叶子是什么样子的,通过收集花生的材料,为孩子找来完整的、带着花生的花生秧,为孩子们全面认识花生提供了条件。

(5) 介绍温泉

① 什么是温泉(为什么叫温泉)?

② 请小朋友讲讲自己洗温泉时的所见所闻,洗温泉的感觉怎么样?

③ 温泉有什么作用?(温泉中含有多种矿物质,洗温泉可以消除疲劳,治疗皮肤病、关节炎,对身体有多种保健作用)

分析:温泉也是东海人的骄傲,许多外地人都慕名而来。对洗温泉浴的好处,孩子们也从小就有所耳闻,通过讲述,孩子进一步了解了温泉,增强了自豪感。

2. 欣赏并介绍东海三宝的录像

请小朋友看老师收集的介绍东海三宝的录像,看看上面讲的跟小朋友说的有什么不同。(录像详细地介绍了东海水晶的产量、加工规模、工艺品种类、水晶市场的交易情况,花生的生长、丰收、加工、销售情况;温泉的开发利用和旅游情况)

分析:通过观看录像,幼儿较全面、系统地了解了东海三宝的各方面知识。

3. 拓展

请幼儿说说,东海除了这三宝还有哪些好吃的、好玩的或有名的地方。(引导幼儿说出好吃的有平明的大米、山左口的板栗、黄州的草莓、石良河的葡萄、桃林的烧鸡等;好玩的地方有羽山风景区、西双湖、李捻狩猎场等;有名的地方有亚洲第一井、安峰山烈士陵园等,并出示相应的图片)

教师小结:我们有这么多好吃的特产,好玩的、有名的地方,以及令我们骄傲的东海三宝,这都是我们勤劳的东海人民的骄傲。希望小朋友们从小认真学习,长大后把我们的家乡建设得更加美丽。

分析:借用图片拓展讲述,让幼儿充分感受家乡物产的丰富,激发他们热爱家乡的情感。

【教师自评】

活动前,教师和幼儿共同收集、整理、布置所需物品,这个过程本身就是一个学习的过程,使幼儿对所收集的物品有了初步的了解与把握。活动内容是孩子们所熟悉的事物,这种"充分利用社会资源,引导幼儿实际感受祖国文化的丰富与优秀,激发幼儿爱家乡、爱祖国的情感"的活动,是幼儿园教育所需要的。活动中,先用收集来的实物、图片等进行讲述,再用录像拓展幼儿对家乡其他土特产的认识,有效地达到了预期的目标。目标制订合理,难易适度,从认知、能力、情感三方面入手,符合大班孩子的年龄特点。活动准备充分,孩子们讲起来头头是道,自豪感溢于言表。活动过程清晰、层次清楚,活动组织尊重幼儿的学习特点,幼儿参与活动的积极性高,很好地完成了目标。此活动曾获连云港市优秀教育活动评比一等奖。

【专家评析】

教师利用家乡的特产对孩子进行爱家乡、爱祖国的教育,选材非常有地方特色。通过活动前的经验和物质方面的准备,使孩子们对这些事物有了初步的情感体验。因此,设计的第一个环节——参观后的讲述,能很快引起幼儿的注意和兴趣。如果教师能够带领幼儿到实地参观,然后再根据孩子们的兴趣和意愿组织相应的活动也许会更好。

(二)认识祖国

1. 国旗、国歌、国徽

对幼儿进行爱国启蒙教育,从小培养他们热爱祖国的情感,也是社会文化教育的重要内容。但是对于幼儿来说,"爱国"是一个非常抽象的概念。因此,《指南》在教育建议中指出:"利用电视节目或参加升旗等活动,向幼儿介绍国旗、国歌以及观看升旗、奏国歌的礼仪。"认识祖国的国名、国旗、国歌、国徽、祖国版图,这个主题活动可以放在国庆节前几天进行,结合即将来临的国庆节,讲述国旗、国歌等,让幼儿生发出爱国情怀。

案例分析

国旗的秘密(大班)①

【设计意图】

集体教学活动内容的选择可以从两个视角切入,一是从社会角度切入,即全体幼儿都应该掌握的内容,如社会观念、行为规范、安全卫生等;二是从幼儿的角度切入,即对他们感兴趣或者有着共同经验基础的内容进行探究交流等。"国旗的秘密"的设计是从社会角度切入的。作为一名中国人,应该了解中国国旗的意义,言行上应表现出对国旗的尊重,而生活在涉外幼儿园的幼儿也要通过国旗去了解世界的不同,突显"一个拥有中国心的世界小公民"的价值导向。

在实施中,有两点需要注意:

第一,推进要有效。对于大班幼儿而言,用剥笋式的推进方式比较合适。例如,国旗上会有植物和动物吗?会有房子等建筑吗?所有国旗都是长方形的吗?这类问题伴随着游戏的开展很容易激发幼儿的好奇心。随着中国国旗的出现,交流探讨成为主要形式,教师要善于捕捉、提炼关键点,形成师生之间的共识。

第二,教具的使用要直观。教师可以选择正规出版的国旗认知卡片。它可以平面展开,便于操作,也有利于幼儿观察与比较,而且能在"容易弄错的国旗"环节发挥其直观的效果。在中国国旗出现的环节中,教师可以使用一面面小国旗,当孩子们手举国旗时,爱国的情感就得到了升华与满足。

【活动目标】

1. 认识各国国旗,理解国旗是代表一个国家的旗帜。
2. 尊敬、爱护中国国旗,有自豪感。
3. 能简单说出中国国旗出现在不同地方的意义。

【活动准备】

正式出版的世界各国国旗的图片、PPT、中国国旗等。

【活动过程】

1. 不同国家的国旗由不同的图案构成,在游戏中感受各国国旗的丰富性

(1) 游戏一:不同图案的国旗

① 各国国旗上有哪些图案?

② 国旗上会有月亮吗?会有星星吗?会有植物和动物吗?会有房子等建筑吗?(幼儿从点头到纷纷摇头)

③ 这些卡片上印的都是世界各国的国旗,仔细看国旗上有什么图案?(孩子们自由取卡片,教师摆放六把椅子,椅子上均贴有植物、建筑等图案标志)

---

① 龚敏,钱蕾.国旗的秘密[J].上海托幼,2016(4):32-33.

④ 教师介绍游戏玩法：看看你手里的国旗卡片上有这些图案吗？如果有，请你站在椅子的后面。如果没有，你就坐在位置上不要动。

⑤ 国旗上有太阳的不一定是日本的国旗，这两面国旗上也有太阳。

⑥ 有的国旗上还有建筑，这是柬埔寨的国旗，吴哥窟是柬埔寨的骄傲，以后有机会大家可以去看看。

⑦ 国旗上还有武器呀！孩子们，仔细看，刀的下面是什么？

⑧ 这是文字，是阿拉伯文字，原来文字也会出现在国旗上。

⑨ 小结：国旗上会有太阳、星星、月亮、动物、植物，还会有文字。不同的图案构成了不同国家的国旗。

分析：通过游戏"不同图案的国旗"，引导幼儿感受世界各国国旗的不同以及丰富性。教师在推进中应引导幼儿观察，关注幼儿已有的认知水平。

(2) 游戏二：容易弄错的国旗

① 游戏使用的国旗很相似，请仔细寻找不同，看看哪里不一样？

出示两面图案一样，但深浅不一样的国旗。

出示两面图案一样，但宽窄不一样的国旗。

出示两面图案一样，但上下顺序颠倒的国旗。

② 小结：虽然有些国家的国旗很相似，但仔细看还是不同的。每一面国旗都代表着一个国家。

③ 提示：挂国旗的时候千万不能颠倒，国旗悬挂的时候上下方位一定要准确。

分析：游戏"容易弄错的国旗"使幼儿在比较观察中对国旗产生兴趣。此环节中对幼儿语言表述的引导非常重要，教师需要帮助幼儿，让其表述清楚，使全体幼儿都能听明白。

(3) 游戏三：都有星星的国旗

① 许多国旗上都有星星，这些都是有星星的国旗卡片，国旗上会有几颗星呢？（教师提问至5颗星）

② 有6颗星的吗？或者比6颗星还多，有十几颗星的。（幼儿纷纷摇头）

③ 幼儿自取卡片观察，教师报数，幼儿根据卡片上星星的数量把卡片交上来。如报到"1"，就把有1颗星星的国旗卡片交上来。

④ 同样有星星图案的国旗却有着不同的数量，有1颗、2颗、3颗、毛颗、5颗、6颗、8颗星星的国旗，也有12颗星的国旗，还有一面国旗上有好多星星，要花点时间来数。（可以让幼儿数数美国国旗有多少颗星星）

分析：此游戏是为了过渡而设计，所以教师在选择星星图案的国旗卡片时，星星要非常明显，容易让幼儿数清楚。（美国国旗除外）

(4) 关于美国、加拿大国旗的故事

① 美国国旗上的星星好多呀，请用各种方法数一数美国国旗上一共有多少颗星星。知道这是为什么吗？

② 小结：知道每个国家的国旗都有自己的故事。

③ 播放PPT，欣赏加拿大的风景，帮助幼儿理解加拿大国旗上的枫叶图案。

分析:在这个环节中幼儿将由表及里地了解国旗的内涵。教师根据幼儿的年龄特点,从国旗的故事入手,直观地予以引导。教师要尊重幼儿的已有认知经验,运用不同手段,引导幼儿表述,使其逐步了解。

2. 尊重国旗,产生自豪感

(1) 说说关于中国国旗的故事

① 这是什么国家的国旗?(出示中国国旗卡片)

② 我们国家的国旗为什么是红色的?

③ 五颗五角星为什么是黄色的?

④ 五颗五角星分别代表什么?

⑤ 我们国家的国旗有没有故事呢?

⑥ 播放PPT,小结五星红旗代表的意义,引导孩子们要尊重国旗。

分析:对于中国国旗,有非常正式的解释,但从讨论交流中可以看到幼儿的年龄特点,教师在小结时应突出内涵,即用幼儿易懂的语言予以阐述,帮助其理解中国国旗的内涵。推进中也需考虑不同能力的幼儿可能出现的问答,有针对性地设计辅助提问。

(2) 比较图片,寻找问题

出示两张照片,一张照片上孩子们拿着国旗准备升旗,但国旗的边角拖在地上,另一张照片是解放军叔叔准备升国旗,手捧着国旗。

① 老师看到你们升国旗的时候有个动作有点问题,今天我把正确的做法做给你们看。

② 国旗不能落在地上,这是对国旗的尊重,请大家一定要记住。(出示图片:解放军敬军礼、小学生敬队礼,小朋友行注目礼)

③ 小结:尊敬国旗要用行动表示。我们大班孩子每星期都要进行升旗仪式,记住:国旗不能落在地上,全体老师和孩子都要行注目礼。

分析:此环节是基于幼儿日常升旗仪式中遇到的问题而展开的,通过讨论和个别幼儿演示行注目礼使大家明晰尊重国旗应有的礼仪。在环节推进中,教师还应重点关注幼儿对国旗是否产生尊敬和自豪感。

3. 简单辨析国旗出现的意义

(1) 说说国旗悬挂的地方

在什么地方会悬挂中国国旗?

① 国旗在哪里?代表着什么?(指向图片:运动比赛场上的国旗)

② 高高雪山上的国旗代表着什么呢?(指向图片:国旗插在雪山上)

③ 为什么宇航员行走在太空,手里也拿着中国的五星红旗?(指向图片:国旗在太空中出现)

分析:选择具有代表性、幼儿又熟悉的画面,使幼儿在简单辨析中,产生对国旗的爱与自豪感。同时,在关键提问和回应中,教师语速、语调的控制也会具有感染力。

(2) 站在五星红旗下送祝福

① 世界上有这么多的国旗,其中五星红旗在我们心中是最重要的。(音乐响起,教师

给每位幼儿送上一面小的五星红旗)

② 小结:国旗在手上,也在我们每一个中国人的心中!

分析:整个活动在饱满的情绪中结束,不仅让幼儿理解了不同场所悬挂国旗的意义,也再次对中国国旗和自己是中国人产生自豪感。本次学习活动收获的不仅仅是认知行为上的提升,还有浓浓的中国情。

2. 国家著名的风景名胜

《指南》指出:"运用幼儿喜闻乐见和能够理解的方式激发幼儿爱家乡、爱祖国的情感。"例如,和幼儿一起外出游玩,一起看有关电视节目或画报等;和他们一起收集有关家乡、祖国各地的风景名胜、著名的建筑、独特物产的图片等,在观看和欣赏的过程中激发幼儿的自豪感和热爱之情。

幼儿教师根据幼儿的特点,可以让幼儿感知和了解国家著名的人文景观的名称、特征。如北京的故宫、长城、天坛、圆明园等,南京的夫子庙、秦淮河、中山陵、总统府等,江西的庐山、井冈山等,杭州的西湖、灵隐寺等,西安的兵马俑、大雁塔、古城墙等。

3. 国家的特产

国家的特产是指我国所特有的物产,例如,北方的饺子、南方的馄饨、元宵节的汤圆、端午节的粽子、中秋节的月饼;瓷器、茶叶、丝绸、刺绣甚至熊猫;等等。在了解国家的特产后,为自己是中国人而感到自豪。对我国特产的了解,可以通过专门的教育活动,也可以在自主游戏活动中进行。

案例分析

中国丝绸(大班)①

【活动目标】

1. 了解丝绸的特点,知道丝绸是中国的特产,增强民族自豪感。
2. 感受丝绸的柔软、滑爽、漂亮,体验服装表演的乐趣。

【活动准备】

师生共同准备丝绸产品,如丝巾、裙子、各种丝绸衣服、旗袍裙、被面等(有条件的幼儿园可从丝绸厂要些边角料、布条等),布置活动室;儿童服装若干。

【活动过程】

1. 欣赏丝绸产品

让幼儿摸一摸、看一看各种丝绸产品,也可贴在脸上、手背上试一试,然后让幼儿谈一谈丝绸是什么样的。

小结:丝绸很柔软、滑爽,摸着很舒服,看上去很漂亮。

---

① 周梅林.学前儿童社会教育活动指导[M].上海:复旦大学出版社,2005:70.

2. 提问:"哪儿盛产丝绸呢?"

小结:丝绸是中国的特产,我国苏州、杭州生产的丝绸很著名,辽宁丹东的丝绸也不错。

3. 提问:"丝绸有什么用?"

小结:丝绸可以做丝巾、衣服、裙子、被面,穿着柔软、舒服,盖着漂亮、大方,摸起来真滑爽,中国人真了不起。

4. 服装表演

(1) 请幼儿分组挑选一两件自己喜欢的围巾、衣服(或布条)装扮起来,在欢快音乐的伴奏下进行服装表演。

(2) 其他幼儿为表演者鼓掌,教师让幼儿指出,表演者穿戴的服装或布巾哪些是丝绸的,教师鼓励说对者进行服装表演。

【活动延伸】

幼儿回家把自己家衣柜里的衣服一一辨认,找出属于丝绸质地的衣服,并让妈妈帮助判断自己找得是否正确。

【评析】

本活动通过让幼儿感受丝绸很柔软、滑爽、摸着很舒服、看上去很漂亮等特点,知道丝绸是中国的特产,并增强民族自豪感,是一个有意义的教育活动。

本次活动涉及丝绸的特征、产地、用途,那么为什么只把丝绸作为一种事物单独介绍呢?目标中提出了让幼儿了解中国的特产,那么关于丝绸的原料——蚕丝,和中国人民采桑养蚕的良好传统在整个教学活动中应当是一个重要的知识点,所以最好在开始部分就通过小视频的方式向幼儿生动形象地介绍一下种桑养蚕、剥茧抽丝的知识,使幼儿了解丝绸的生产过程。

(三) 了解民族文化

1. 民族习俗

民族习俗主要包括服饰、饮食、居住、节日、婚丧、禁忌礼仪民俗等六个方面。文化学者认为,民俗是一种文化,即民俗文化。民俗文化是一个地域、民族或族群经过长的积累、传播、汲取和改造后,形成的相对稳定的生活方式或表达方式,能够体现文化的物质层面或精神层面的所有内容,如饮食、节日、服饰、建筑、艺术、生活习惯、宗教信仰、价值观念和世界观等。[①] 民俗文化是以传统的、非官方或非正式的形式(如口头、风俗或行为)流传和保存的文化,包括这些文化传统的内容、形式、风格及传播过程与方式。民俗文化是人类文化多样性的体现,也是鉴别不同民族、文化群之间的标志,每个民族或文化群都有自己的语言(特别是方言)、习俗仪式、传统节日等民俗文化表达体系。所以,我们很容易从一个人的生活方式和习俗判断出他是哪里人、哪个民族。可以说,民俗文化是某个民族或某地域文化群体的一种约定俗成的带有普遍意义和典型意义的文化现象,具有强烈的地域

---

① 王娟.民俗学概论[M].北京:北京大学出版社,2002:2.

特征。民俗文化具有相对稳定的表达方式与生活方式,具有一定的传统性,没有特殊原因,民俗文化是不会轻易改变的。民俗文化还有其相对稳定的传播方式,具有很强的生命力和动态特征。人们往往通过生活中的耳濡目染、亲身经历和参与,以及观察和模仿来接受和传播民俗文化,并在不觉间成为民俗文化的载体与传播者。民俗,通常可以分为物质民俗和精神民俗两大类。物质民俗主要是指在各民族的日常生活中,那些可感的、有形的居住、服饰、饮食、生产、交通、工艺等文化传承。精神民俗(或社会民俗)主要是指那些无形的文化现象以及与家族、村落结构、社会集团有关的,旨在维护人与人之间相互关系的社会文化传承,如宗教、信仰、道德、礼仪、禁忌、节庆、乡规民约、家规族规等。

民俗的教育功能包括知识的教化、道德的教化和审美娱乐三大方面,民俗的功能与民俗的产生、传承的历史息息相关,有着强烈的实用性、民族性和地域性。民族习俗的知识教化功能,具有生活化、情境化、活动化以及随意性、自然性的特征,儿童往往在不经意之间受其教化性影响,将其内化为自己的一种习惯。民俗文化是社会生活中普遍存在而又隐藏不露的一种社会规范,是一种与儿童生活最贴近、感情最亲近、行为最相近的特殊教育方式。这种特殊的教育方式,也就是民俗所发挥的道德教化功能所致。民俗的道德教化功能是通过民俗的规范性来达成的,我们可以说,没有民俗的规范性,也就谈不上民俗的道德教化。民俗文化的审美娱乐性功能对生养其间的儿童发挥着潜在的影响,它对儿童色彩的喜好、自然的讴歌、艺术的欣赏、事物的审美、心绪的情结、性情的熏陶、人格的塑造、生活的赞美等,都具有重要的作用与价值。作为物态化和观念化的民俗,是一定个体民族文化的中坚,参与和影响着社会的文化发展方向,制约着人们的行为习惯,从某种意义上说,民俗是最早影响儿童的自然之师、陶冶之源。

对幼儿的民族习俗教育,主要是通过外部教化并促使幼儿内化本民族的风俗习惯,了解其他民族的生活方式、风土人情,通过移情训练等方式理解其他民族文化和风俗习惯。

拓展链接

冬至"吃饺子"的习俗①

冬至,在古代是很隆重的节日。在二十四节气中,冬至也最受重视。这一天太阳直射南回归线,所以北半球白天最短,黑夜最长。过了冬至后,日光照射北移,白天越来越长,黑夜越来越短。古人云"冬至一阳生",指的就是阴气到冬至时盛极而衰,相反的,阳气则从此开始萌芽。民间有"冬至不端饺子碗,冻掉耳朵没人管"的说法,所以冬至有一定要"吃饺子"的习俗。

---

① 王早早.冬至节[M].北京:北京师范大学出版社,2013:10-11.有删减

> 传说,当年东汉"医圣"张仲景辞官回乡,在大雪纷飞的路上,看到老百姓受冻挨饿,不少人的耳朵都冻烂了,便让弟子搭起医棚,在冬至这天分发"娇耳"。
>
> 张仲景把羊肉和驱寒药材放在大锅里熬煮,然后把羊肉、药材捞出来切碎,再用面把羊肉、药材包成耳朵状的"娇耳"。煮熟后,分给来求药的人,每人两只"娇耳"、一大碗肉汤。人们吃了"娇耳"、喝了"驱寒汤",随后浑身暖和、两耳发热,耳朵上的冻伤也慢慢好了。
>
> 所以,冬至吃饺子,既是不忘"医圣"张仲景熬制"驱寒娇耳汤"之恩,也是为了驱寒。

2. 民间艺术

民间艺术是劳动人民在长期与自然和谐生存与发展的过程中体现劳动人民智慧的结晶。民间艺术还是一种重要的德育手段。那些适合儿童年龄特点的、节奏鲜明的儿歌、小调、游戏歌、劳动号子、趣味歌、数字歌、问答歌、友情歌、亲情歌、节日歌等民间音乐,以及打击乐器、管乐器、弦乐器、弹拨乐器等各种民间乐器;那些花样百出、五彩斑斓、巧夺天工的民间剪纸、竹艺、年画、版画、印染画、工艺画、水墨画、刺绣、泥塑、扎染、中国结、民间雕塑、建筑和民间玩具等民间美术工艺;那些民间摇篮曲、舞曲、小调、号子、皮影戏、手偶、木偶戏及各地地方戏等民间戏曲;还有秧歌、少数民族舞蹈等,都为各民族儿童所喜爱,且能融入儿童的日常生活之中,使儿童在感受、体验和表现的过程中始终兴趣盎然、意犹未尽。在趣味十足的对歌、赛歌的民间音乐的表演中,儿童的性格开朗了、表现欲望强烈了、自信心也增强了,在唢呐、二胡、琵琶等民族乐器欣赏中,让儿童充分体验到了民间艺术别具一格的魅力;在滚铁环、丢沙包、推小车、抽陀螺等民间游戏中,不仅培养了同伴之间的合作能力,更让儿童在体验成功、享受快乐的同时培养了坚韧不拔的意志与大胆勇敢的精神。

利用民间艺术开展幼儿园民族文化教育活动,就是幼儿园与家庭、社区密切合作,综合利用各种社会资源,选取适合幼儿的身心发展阶段的民族艺术内容对幼儿进行民族艺术的启蒙教育,使幼儿有机会接触到民族艺术的相关知识,培养他们对民族艺术的热爱。对幼儿进行民族艺术教育活动,可以传承和发扬民族文化,引导幼儿感受并热爱民族艺术的美,引导幼儿用自己的方式表现和创造民族艺术的美。如苏州、四川、广东和湖南的刺绣,江西景德镇的陶瓷,重庆大足的石刻,苗族的蜡染等,它们的名称、用材及简单的制作方法;本地主要的地方剧种、民间歌谣,如安徽的黄梅戏、陕北的信天游、广西的民间对歌、江西的采茶戏、长江三峡的川江号子等;一些少数民族的舞蹈艺术,如傣族的孔雀舞、蒙古族的蒙古舞、维吾尔族的新疆舞、藏族的藏族舞、土家族的摆手舞等。幼儿园的民间艺术可以用主题活动的方式开展,如"好看的傣族舞蹈"、"热闹的秧歌"、"好听的二胡音乐"、"好玩的民族乐器"等。"好玩的民族乐器"又可以分为"好玩的琵琶"、"响亮的唢呐"、"神秘的古筝"等活动。[①]

---

① 陈世联.幼儿社会教育[M].海口:南海出版公司,2009:88-89.

第八章 学前儿童社会文化教育

案例分析

脸上的图画(中班)①

【活动目标】

1. 欣赏京剧脸谱,了解脸谱图案、色彩所表达的不同含义。
2. 感受脸谱图案、色彩的美。
3. 萌发热爱民族文化的情感。

【活动准备】

1. 各种京剧脸谱的空白底版,彩色笔、皮筋若干。
2. 京剧磁带、录音机。
3. 幼儿用书:《脸上的图画》。

【活动过程】

1. 欣赏脸谱图片导入活动,引发幼儿参与活动的积极性。

教师出示各种京剧脸谱让幼儿欣赏和观察。

教师:这里有一些脸谱,请小朋友看看有什么特别的地方。

幼儿观察京剧脸谱,了解京剧脸谱的特征。

引导幼儿找找京剧脸谱上有哪些颜色,使幼儿知道京剧脸谱有丰富、鲜艳的色彩。

不同颜色代表人物的不同个性。

观察京剧脸谱左右两边的图案,了解其左右对称的特征。

师幼共同小结脸谱的特点:图案对称,造型夸张,颜色鲜艳。

2. 观察不同种类的京剧脸谱,知道不同的脸谱可以表现不同的人物形象。

看幼儿用书,引导幼儿欣赏几种具有代表性的京剧脸谱,并说出自己所认识的脸谱。

教师:你们在哪里看过这些脸谱?这里的脸谱都代表什么角色呢?(引导幼儿说出净角、丑角等)

介绍一些经典人物的脸谱特征。如包公额头上画有月牙印,财神脸上画有铜钱的图案,二郎神的脑门上有第三只眼,孙悟空的脸是金色的等。

3. 幼儿制作脸谱。

请幼儿介绍自己制作的脸谱。

幼儿戴自制脸谱听京剧音乐自由表演。

【活动建议】

1. 教学变式:可直接邀请京剧演员来园,让幼儿通过向演员自由提问、观察演员画脸谱等方式了解脸谱艺术。
2. 活动延伸:引导幼儿继续了解不同脸谱及其含义。

---

① 赵寄石,唐淑.幼儿园渗透式领域课程[M].南京:南京师范大学出版社,2009:177-178.

3. 区角活动：开设"京剧角"，将幼儿带来的有关京剧海报和京剧脸谱等图片布置在墙上，并提供录音机与京剧磁带，让幼儿进一步了解京剧艺术。

4. 家园共育：请家长向幼儿介绍一些京剧知识，引导幼儿看电视里的京剧节目。社区中如果有京剧票友或演员可邀请他们来园表演。

5. 领域渗透：结合艺术领域中的美术活动，提供各种材料让幼儿制作京剧脸谱。在音乐活动中，让幼儿戴上自制的脸谱表演走圆场、唱京剧等。

3. 民间文学

民间文学是指民众在生活文化和生活世界里传承、传播、共享的口头传统和语词艺术。从门类上来说，包括神话、史诗、民间传说、民间故事、民间歌谣、民间故事、民间小戏、说唱文学、谚语、谜语、曲艺等。

民间文学以其悠久的历史、多样的形式、丰富的作品、独特的风格，成为幼儿社会文化教育内容的重要部分。民间文学有许多是取材于儿童生活的实际，旨在通过一个个具体的文学作品，让幼儿感知和理解作品中展示的丰富生活。例如，《曹冲称象》《司马光砸缸》等民间故事，通过生动鲜活的人物形象和精彩的故事情节，向幼儿讲解科学道理；古诗《悯农》展现农民种地的艰辛，让儿童自然生发出爱惜粮食的情感；《西游记》里塑造的大胆机智、调皮可爱、刚正不阿的美猴王形象，也深受幼儿喜欢。孩子们在民间文学作品中，不仅可以体会到艺术的美，领略历史文学的魅力，感受中华美德的熏陶，更可以弘扬中华民族优秀的民族文化。

但由于民间文学是民众文学，其内容涉及生活的方方面面，有些内容并非都适合幼儿。因此，教育者应该根据幼儿的年龄、地域特点，对民间文学作品进行筛选、甄别，以挑选出真正适合幼儿的民间文学作品。例如，童谣由于流传于民间，游戏语言过于直白，有些甚至很低俗，有些与现代生活已经脱节，所以，幼儿教师在教学过程中，根据教学需要和幼儿发展特征，可以进行适度的改编。

（四）了解民族节日

节日是社会文化的子系统。节日教育，即将"节日"纳入教育范畴，作为传承和发展传统文化的一部分，是实现受教育者身心全面发展的重要途径。《纲要》指出："适当向幼儿介绍我国各民族和世界其他国家、民族的文化，使其感知人类文化的多样性和差异性，培养理解、尊重、平等的态度。"

幼儿园实施节日教育，通常是幼儿教师根据幼儿身心发展特点，为幼儿提供具体而生动地感受节日文化，体验节日习俗的生活场景，从而促进幼儿进一步认识和理解相关节日文化及其精神内涵，感受节日中丰富的人际关系，积累社会交往经验，并实现相关情感、行为与能力等方面全面和谐的发展。[①] 我们把节日教育活动又分为中国传统节日、西方传统节日来分别介绍。

---

① 郭祥.华德福幼儿园传统节日教育研究[D].浙江师范大学,2012:8.

1. 中国传统节日

传统节日的形成过程,是一个民族或国家的历史文化长期积淀凝聚的过程,形式多样、内容丰富的传统节日是我们中华民族悠久历史文化的重要组成部分。陈进玉认为,我国的传统节日,有着深厚的文化底蕴和人文关怀,无论春节、清明、端午、中秋,还是七夕、重阳、元宵,这些传统节日都有内涵丰富、各具特色的礼仪文化、餐饮文化、服饰文化、娱乐文化,并留下了贴对联、放鞭炮、祭祀扫墓、赛龙舟、吃年夜饭、吃粽子、吃月饼等非物质文化遗产。① 由于受到当今时尚文化和外来文化的冲击,我国传统节日的文化氛围在减弱,这种情况在儿童身上也越来越有所体现,儿童对我国传统节日知道得比较少。所以加强幼儿的传统节日教育,在当今时代背景下尤其显得重要。我国主要几个传统节日习俗如表8－3所示:

表8－3　我国主要几个传统节日习俗②

节日名称	习俗
春节	守岁、贴对联、放鞭炮、拜年、吃年夜饭等
中秋节	备上各种瓜果和熟食品、吃月饼、庭院赏月等
清明节	带果品、纸钱等到墓地,将食物供祭在亲人墓前,纸钱焚烧,培土新土,插嫩绿的新枝,行礼祭拜等
元宵节	张灯、看灯、吃元宵、踩高跷、猜灯谜等
端午节	悬钟馗像、挂艾叶菖蒲、赛龙舟、吃粽子等

春节、清明节、端午节、中秋节这四大中国传统节日具有中华民族历史独特的文化表征,还有元宵节、七夕节、重阳节、腊八节、冬至节等节日,都蕴含着极为丰富的教育资源。例如,春节代表家人团聚,辞旧迎新;清明节代表纪念缅怀先人;端午节代表端正、竞争;七夕节代表灵巧;中秋代表团圆;重阳节代表尊老敬老爱老;腊八节代表感恩;等等。幼儿教师在给幼儿讲述传统节日时,通过多样化的活动形式,把节日所蕴含的文化贯穿于活动中。

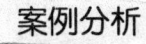

闹元宵(大班)③

【活动目标】

1. 了解元宵节的来历和民俗,知道元宵节是中国特有的节日。
2. 尝试带领弟弟妹妹一起玩花灯、包元宵,能用较连贯的语言向弟弟妹妹表达和讲述。

---

① 陈进玉. 大力弘扬中国传统节日文化[N]. 人民日报,2009－3－16.
② 刘倩影. 中国传统节日文化对幼儿道德情感的影响[D]. 河南大学,2011.
③ 赵寄石,唐淑. 幼儿园渗透式领域课程[M]. 南京:南京师范大学出版社,2009:225－226.

3. 体验和大家一起过节的快乐。

【活动准备】

1. 活动前联系好一小班,小班幼儿每人带一盏花灯。
2. 幼儿与家长共同收集了解元宵节的来历及民俗的相关常识,并带一盏自制花灯。
3. 将幼儿的花灯布置在活动室周围。
4. 米粉、豆沙馅若干。

【活动过程】

1. 幼儿各带一位小班幼儿来到活动室里,把带来的灯放在活动室周围。

教师:今天的幼儿园真热闹,你们知道今天是过什么节吗?

2. 教师介绍元宵节的来历和民俗。

教师:元宵节这天人们都会做些什么?

幼儿向弟弟妹妹讲述自己对元宵节的经验并与大家交流。

教师小结:元宵节是中国特有的节日。元宵节时,人们会与家人团聚,包元宵、吃元宵、赏花灯、玩花灯。

3. 师幼一起包元宵。

学习包元宵的方法:幼儿向弟弟妹妹演示用和好的米粉团圆做小元宵的方法;教师向幼儿演示用豆沙做馅包豆沙元宵的方法。

幼儿带领弟弟妹妹洗干净小手并和他们一起包元宵。

4. 幼儿带弟弟妹妹玩花灯。

幼儿和弟弟妹妹欣赏同伴带来的花灯。

教师指导幼儿带弟弟妹妹赏灯,并找出自己喜欢的花灯。

幼儿带弟弟妹妹到户外玩灯。

教师指导幼儿向弟弟妹妹介绍自己带来的花灯是什么样的,用什么做的,并和弟弟妹妹一起玩灯。

【活动建议】

教学变式:本活动也可以班级、年级或全园的形式进行。

活动延伸:在下午点心时间,让幼儿品尝自己做的元宵。开展幼儿自制花灯评比会,肯定、鼓励幼儿的动手创造;有条件的幼儿园可邀请做花灯的艺人现场扎花灯,让幼儿了解如何制作花灯。

区角活动:将特色花灯布置在美术区,供幼儿写生。

环境创设:布置"快乐元宵节"的主题墙面,展示师幼共同收集的元宵节资料和活动内容照片。

家园共育:建议父母和幼儿交流有关元宵节的知识,讲述有关典故,丰富幼儿的经验;带幼儿赏花灯,感受节日的氛围。

领域渗透:本活动中渗透了语言领域的教育内容,如让幼儿向弟弟妹妹用较连贯的语言讲述和表达,进行交往,在做元宵环节,渗透健康领域的教育内容,如要求幼儿洗干净小手后进行活动,还渗透了艺术领域的教育内容,如让幼儿用团圆、搓圆的方法做元宵。

2. 西方传统节日

西方的一些传统节日有母亲节、父亲节、万圣节、复活节、感恩节、圣诞节等。某幼儿园举办的部分西方传统节日活动内容，如表 8-4 所示：

表 8-4　某幼儿园西方传统节日活动内容①

西方传统节日	主要活动内容
复活节	1. 做彩蛋 2. 玩彩蛋游戏 3. 送彩蛋
感恩节	1. 讲感恩节的故事 2. 感恩节诗朗诵 3. 幼儿用节目表演的形式表达感恩 4. 给家长做贺卡 5. 回家帮爸爸妈妈做一件力所能及的事 6. 做贺卡感谢身边的人（幼儿园里为小朋友服务的人）
圣诞节	1. 圣诞节嘉年华、亲子音乐会 2. 圣诞节亲子游戏活动 3. 做圣诞树、圣诞袜，画圣诞老人

案例分析

感恩的心（大班）②

【设计意图】

自古以来，中华民族就有乐于助人、知恩图报的传统美德。现在很多家庭的孩子都是独生子女，家长对孩子的溺爱导致孩子觉得他人对自己的关怀是理所应当的，对他人的帮助欣然接受，连一声简单的"谢谢"都少有。针对这一现象，我们大班年级组借西方"感恩节"和故事《口渴的蚂蚁》，开展了此次主题为"感恩的心"的综合教育活动，让幼儿体验小蚂蚁期盼、惊喜、感恩的心情，然后在表达交流中，将教学的重心回归到幼儿的生活，并以制作感恩卡的形式，引导幼儿体会别人对自己的爱，同时也要教育幼儿学会把自己的爱积极地反馈给别人。希望通过此活动，让幼儿从小知道感恩父母，感恩一切关心和帮助自己的人，用一颗感恩的心面对未来的生活。

【活动目标】

1. 初步具有感激之情、感恩之心。
2. 知道我们的城市有很多不知名的人在为大家服务。
3. 体会他人的帮助，并用自己的方式回馈别人的爱。

---

① 姜艳秋. 多元文化背景下幼儿园中外传统节日活动实施的个案研究[D]. 东北师范大学，2013：27.
② 张海云，封芳芳. 大班综合活动：感恩的心[J]. 当代学前教育，2015(3)：30-31.

【活动重难点】

1. 重点:让幼儿通过制作感恩卡等活动表达对父母、老师给予他们爱的感谢。
2. 难点:让幼儿学会感恩,激发幼儿对周围人及事物的感恩之心。

【活动准备】

1. 音乐《感恩的心》。
2. 多媒体课件。
3. 彩色卡纸、黑笔、固体胶等。

【活动过程】

1. 教师出示小蚂蚁图片,引出故事《口渴的蚂蚁》。

师:"小蚂蚁口渴了,谁帮助了它?小女孩遇到了什么困难?小蚂蚁又是怎么帮助她的?"

师:"小蚂蚁有一颗感恩的心,尽自己所能去帮助别人。我们也要像小蚂蚁一样,去帮助别人。"

2. 迁移经验,说说自己生活中被关心、被帮助的经历。

教师引导幼儿说一说自己在家里、幼儿园里都得到过谁的帮助。

师:"她们是谁?在干什么?如果没有她们,我们的城市会变成什么样子?"(教师出示清洁工图片)

师:"他们是谁?在干什么?如果没有他们,我们的城市又会变成什么样子?"(教师出示交通警察图片)

师:"清洁工阿姨、叔叔为了保持我们城市的清洁,非常辛苦。交通警察叔叔为了我们这个城市交通的畅通、安全也非常辛苦,我们大家都要感谢他们。那小朋友们想一想,我们该怎么表达对他们的感谢呢?"

3. 示范、讲解做感恩卡的方法。

师:"有的小朋友说,可以做张贺卡送给他们。那我们今天就来做感恩卡,好不好?老师已经做好了几张感恩卡,大家一起来看一看,我是怎么做的。"(教师操作,把几张卡粘在一起,就可以把它做成一个更好看的像小灯笼一样的卡片了)

师:"小朋友们都非常聪明,待会儿你们做的时候可以和老师做一样的,也可以做不一样的。我要来看看哪些小朋友比较能干,可以做出不一样的。"

4. 幼儿制作感恩卡,教师巡回指导。
5. 展示作品,你想把感恩卡送给谁?说一句感谢的话。
6. 播放音乐《感恩的心》,一起做动作,结束本次活动。

(五)了解世界文化

尽管人类文化处于动态的变革中,每一个时期都会产生新的文化特质,但每一个国家或民族都依然保存有自身独特的文化形态,各种文化形态共存于世,构成了多姿多彩世界文化。从广义的民族文化教育而言,民族文化教育就是世界文化教育。

幼儿教师可有针对性地选择一些世界著名的人文景观,如埃及的金字塔、法国的埃菲尔铁塔和凡尔赛宫、英国的白金汉宫、美国的白宫、澳大利亚的悉尼歌剧院等；世界上流传最广的乐器，如小提琴、钢琴等；世界上流传最广的艺术形式，如油画、雕塑等；世界上著名的儿童文学作品，如《安徒生童话》《格林童话》等；世界上的种族，如亚洲的黄种人、欧美洲的白种人、非洲的黑种人等，作为幼儿园民族文化教育的素材。让幼儿初步感受世界著名的人文景观及优秀的文化艺术作品，引发幼儿对其他民族文化和世界文化的兴趣，知道其他民族和国家的文化与自己民族有所不同，培养其尊重其他文化和保护文化平等的粗浅意识。

三、学前儿童文化教育内容分解框架

我国早在2001年7月颁布实行的《纲要》中就明确指出："适当向幼儿介绍我国各民族和世界其他国家、民族的文化，使其感知人类文化的多样性和差异性，培养理解、尊重、平等的态度。"

为了全面而系统地进行学前儿童社会文化教育活动设计，在此将适合幼儿阶段的文化教育活动用表格的形式列出具体的内容框架，如表8-5所示。

表8-5 社会文化教育活动内容分解框架①

教育内容	一级分解	二级分解	三级分解	活动建议
社会文化	传统文化	传统节日	春节、元宵节、清明节、端午节、秋节、重阳节、冬至节、腊八、除夕等	"快乐的春节""团圆中秋节""甜甜腊八粥"
		传统文艺	琴棋书画、诗词曲赋、戏曲对联、传统音乐等	"我爱唱京剧""我会背唐诗"
		传统技艺	建筑雕刻、饮食厨艺、武术功夫等	"北京四合院""我爱鲁菜""中国功夫"
		民风民俗	民风民俗、神话传说	"孟姜女哭长城""抬花轿"
		民间艺术	剪纸、风筝、刺绣、丝绸、年画、中国结、泥人面塑等	"筷子宝宝""丝绸展览"
	异域文化	典型节日	母亲节、父亲节、愚人节等	"快乐圣诞节"
		生活习惯	礼仪、饮食、语言、交往等	"我会吃西餐"
	少数民族文化	风俗习惯	节日、婚嫁、音乐、舞蹈等	"快乐泼水节"
		服饰饮食	民族服装、传统饮食等	"洁白的哈达"

（一）把握学前儿童社会文化活动的内涵，确定社会文化中的价值目标

正确把握学前儿童社会文化活动的真正内涵，是实现社会文化教育目标的重点。以

---

① 李焕稳.幼儿社会教育[M].北京：北京师范大学出版社，2015:31.

各节日最具代表性、最被人们所熟知的典型习俗为切入点,结合节日的整体基调,剖析其中蕴涵的民族心理、道德伦理、精神气质、价值取向和审美情趣,并与幼儿社会性的发展需要相结合加以提炼、概括,才能设计出形式和内容高度统一的幼儿文化教育活动。比如常见的有:"中国丝绸"、"中国功夫"、"热闹的春节"、"有趣的圣诞节"、"十二生肖"、"我会剪纸"、"祖国妈妈孩子多"、"家乡的特产"、"好吃的饺子"等,可以根据时令季节和生活实践,进行灵活的选择。只有这样,才会发挥幼儿文化教育活动的价值,避免学前儿童文化教育活动流于热闹的过程形式而缺乏实际的教育意义。

以我国几个传统节日为例,"元宵节"最典型的活动是"挂花灯猜灯谜、吃汤圆、放烟花",节日洋溢着浓浓的欢庆气氛,所以它的核心意蕴可以提炼为:光明、红火;"清明节"是个追念先人的日子,同时又值万物生发的节气,它的核心意蕴可以提炼为:纪念、生命;"端午节"最有名的活动是赛龙舟,又据考证端午正值瘟疫滋生的季节,所以大门口插艾蒿、身上挂五毒香囊等习俗是为了驱恶,因此可以提炼它的核心意蕴为:竞争、端正。

我国传统节日的文化内涵非常丰富,教师在设计、组织社会文化活动时,可参考各种传统文化的内涵,从中提炼出有利于发展学前儿童社会文化的内容,融入具体的教育活动之中,如表8-6所示。

表8-6 传统节日的文化内涵

节日	核心意蕴
春节	喜庆、祝福、迎新、团聚
元宵节	光明、红火
龙抬头节	昂首、自强
清明节	纪念、生命
端午节	竞争、端正
七夕节	乞巧、信念、爱慕
中秋节	团圆、美满
重阳节	向上、敬老
腊八节	融和、感恩

同样的社会文化教育内容,由于幼儿的年龄不同,使之在理解和学习能力上产生差异。教师在设计具体教育活动时,也应该在活动内容的难度、活动所采用的方法上有所区分。在社会文化教育活动的内容选择上,也要有所侧重,尽量体现出不同年龄段幼儿教育活动的不同层次目标。以我国传统节日文化教育活动为例,教师应根据幼儿的年龄特点、接受能力、发展水平等,对活动的目标、要求和活动方式等进行灵活的设计,如表8-7所示。

表8-7　不同年龄段幼儿文化教育活动目标①

总目标		
培养幼儿热爱本民族的传统节日,感受传统文化的精华与美丽,并能理解传统节日的价值,尊重自己的民族文化,进而理解其他民族的文化,尊重其他不同民族的人。		
各年龄段的不同目标	感知—意义—创造	
小班(文化感知)	中班(理解意义)	大班(创造表现)
侧重于节日氛围和典型活动的参与、感知	侧重于节日内涵的体验与理解	侧重于孩子自己对节日的展现与丰富
活动的呈现形式	以核心意蕴为主题的系列活动	
小班	中班	大班
通过班级的走廊、墙壁、教室、屋顶等进行传统节日元素的装饰,如已经放过的礼花筒、漂亮的、花灯笼、龙舟模型、牛郎织女鹊桥相会的画像、端午节用来辟邪的五毒香囊、财神门神的年画、浪漫的圣诞树、精巧的剪纸窗花、漂亮的月饼盒等。	通过有组织的教学活动,如"中秋节的传说""年的故事"等,引导幼儿观摩学习、操作探索,进一步体、感受和理解每一种文化的独特魅力。注意要体现选择内容的代表性和探索操作的趣味性,让幼儿在尽情欣赏、自由操作的同时,尽量能够做到"想一想""说一说"。	通过创设情境的角色扮演游戏,为幼儿提供传统节日场景,如"月饼作坊""年画画廊""舞龙舞狮大舞台"等场景,提供相关的道具,让孩子们自由发挥,通过自主的游戏,激发幼儿的想象力和创造力。如果条件允许,可以组织幼儿亲自参加观花灯、赛龙舟或圣诞派对等真实场景的活动。

教师在进行具体的教育活动设计时,考虑到幼儿的兴趣和心理的感受性,还可以将与传统节日有关的诗、词、书画等,灵活地运用到教育活动的设计中,以增加和突出节日的文化意蕴。比如,与"清明节"有关的,有宋代著名的《清明上河图》;有唐代著名的七律诗《清明》:"清明时节雨纷纷,路上行人欲断魂。借问酒家何处有?牧童遥指杏花村。"与"七夕节"有关的有中国古老的"牛郎织女"的美丽传说;还有大家都耳熟能详的戏曲《天仙配》唱段:"树上的鸟儿成双对,绿水青山带笑颜。你耕田来我织布,你挑水来我浇园。""重阳节"是一个强调敬老的节日,除了登高、赏菊和吃重阳糕等习俗以外,还有很多通俗易懂而又朗朗上口的童谣:"一包茱萸叶,一盅菊花酒,一片桂花糕,活到九十九",以及"九月九秋高气爽,重阳节金菊绽放。九月九丹桂飘香,重阳节夕阳红透"等。这些脍炙人口又饱含节日文化意蕴的诗词、戏曲或童谣,都能够很好地诠释和衬托节日的文化底蕴。

(二)学前儿童社会文化教育活动的常用方法与途径

根据社会文化教育活动的特点,常用的方法有以下几种:

1. 环境熏陶法

《纲要》指出:"环境是重要的教育资源,应通过环境的创设和利用,有效地促进幼儿的发展。"创设与文化相适应的幼儿园及班级环境,比如,可以让幼儿在浓郁的节日氛围中,耳濡目染地受到熏陶,感受不同节日的特点及其传递出来的文化魅力。生活最容易感染

---

① 李焕稳.幼儿社会教育[M].北京:北京师范大学出版社,2015:181.

熏陶一个人,为幼儿设身处地地创设真实的生活情景,是进行社会文化教育的最佳途径。

2. 实践操作法

要创设能帮助幼儿积累多方面经验的丰富的操作环境,让幼儿在动手操作中感受文化的魅力。因为在短短的集体活动里,要让每一个幼儿都能够真切形象地了解和把握每一项社会文化的真正含义与意蕴,亲自动手操作往往是最佳途径,比如,画京剧脸谱、扎风筝、包饺子等。

3. 亲子活动

可以通过开展亲子活动,促进幼儿对社会文化的了解。因为很多传统文化都是跟家庭、社区密切联系的,如中秋节、春节、清明节等。幼儿园要充分调动家庭的教育力量,鼓励并帮助父母运用多种方式,如亲子阅读、亲子游戏、家庭参观、家庭旅游等途径与孩子互动,使幼儿亲身体验并了解丰富多彩的社会文化。

需要强调的是,教师在幼儿社会文化教育活动设计过程中,必须根据社会文化教育的具体内容,根据本班幼儿的实际情况(如生活的地域、条件等)以及幼儿的理解能力等,选择合适有效的教育方法和途径。表 8-8 是以日活动为例,分析各种节日通常适合采用哪种教育方法和途径。

表 8-8 节日活动途径设计①

原则	统筹计划、主题呈现、首尾呼应(节前预热、节后总结)、家园合作
策略	幼儿园的活动全程做,在家庭中的活动做首尾以"周"为单位进行,从准备到总结幼儿全程参与
分类标准	节日本身是社会的,家园密不可分。以下分类只是按照节日是否在长假及庆祝的主要场合进行的粗略划分
以家庭为主的节日	春节、元宵节、七夕节、中秋节
以幼儿园为主的节日	龙抬头节、清明节、端午节、重阳节、腊八节

四、学前儿童社会文化教育活动的设计

下面,我们以单元活动"多彩的民族"为例,具体剖析并呈现较为完整的学前儿童社会文化教育活动的设计过程。

(一)设计思路

帮助大班幼儿了解民族文化、世界文化的多元性,培养幼儿对多元文化的理解与尊重,是幼儿园社会教育目标的重要目标之一。从这一教育目标出发,设计一组以认识几个主要少数民族文化为主题的单元活动,总共包括三个分活动,历时一周时间,具体占用时间约两天。

---

① 李焕稳.幼儿社会教育[M].北京:北京师范大学出版社,2015:183.

(二)确定单元活动总目标,合理地分解教育目标

单元总目标:"多彩的民族"单元活动的设计,希望从展现丰富多彩的民族文化的角度,通过认知探索活动、社会活动、亲子实践活动等不同的形式,使原本抽象的各民族文化在幼儿眼中具体而生动起来,从而帮助大班幼儿更好地理解各民族的文化,进而培养他们热爱多民族国家的情感。

总的教育目标可以分解为以下三个层次的分目标:第一,从认知层次的角度,初步了解和区别各少数民族,比如,辨认不同的民族服饰、民族音乐、特色小吃等;第二,从社会实践的角度,带领幼儿走出幼儿园,参观民俗村,更加直观立体地认识和感受各少数民族文化;第三,从社区教育、亲子活动的角度,让幼儿参与和体验各少数民族的民族风情与文化特点,加深对各少数民族文化的理解。

(三)拟定单元活动纲要

活动一:集体教学活动——"认识少数民族",一节课时间。
活动二:社会参观活动——"走进民俗村",半日或一日活动。
活动三:社区教育活动——"亲子游园",半日活动。

(四)具体活动的设计

活动一:认识少数民族(大班)①

【活动目标】
1. 能辨认维吾尔族、蒙古族、朝鲜族和藏族。
2. 初步了解维吾尔族、蒙古族、朝鲜族、藏族的生活习惯和民族特征,感受他们的文化风情。
3. 用自己喜欢的方式进行艺术表演活动,体验歌舞的快乐。

【活动准备】
1. 维吾尔族、蒙古族、朝鲜族、藏族民族风情的音像、图片等资料。
2. 环境创设:将活动室设计成富有多个民族的民俗特征的环境。

【活动过程】
1. 看录像、幻灯片、图片等资料辨认少数民族。

教师请幼儿欣赏少数民族相关音像资料的同时,引导幼儿谈谈不同民族的特点,比较他们的生活方式与我们生活方式的不同,并鼓励幼儿讲述自己对此的原有经验。

2. 听音乐、看舞蹈,辨认少数民族。

引导幼儿根据自己的认识,从服饰、食物以及音乐、舞蹈等方面的文化特征进行识别判断。

3. 玩游戏"小小旅行家",模仿、表现不同民族的文化。

(1)角色区:在游戏中反映民族生活,如设立烤羊肉串摊点,制作朝鲜族打糕,让幼儿

---

① 吴慧明.幼儿教育教学活动设计[M].北京:北京大学出版社,2005:32-134.

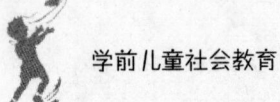

在活动中体验民族生活的多元化。

（2）美工区：教师提供纸筒、纸盒、乒乓球、手工纸、毛线、碎布，让幼儿进行民族娃娃的制作，表现维吾尔族、蒙古族、朝鲜族和藏族等各民族的衣着特征。

（3）表演区：展现少数民族的舞姿，代表性的音乐、服饰，以增强识别力。

【活动延伸】

1. 家长和孩子一起看中国地图，寻找少数民族在地图上的位置。
2. 有条件的家长和幼儿一起去熟识的少数民族家庭做客。

活动二：走进民俗村

【活动目标】

1. 参观民俗村，能够辨认维吾尔族、蒙古族、朝鲜族、藏族，更直观地感受各少数民族风情。
2. 进一步理解并喜欢各少数民族，增加对各民族的感情。

【活动准备】

幼儿穿好适合参观旅行的衣服、鞋子，准备好水、面包等。

【活动过程】

1. 参观深圳民俗文化村。

（1）引导幼儿观看少数民族载歌载舞的表演。维吾尔族的冬不拉、傣族的银饰、藏族的哈达、香醇的蒙古奶酒等，都会给幼儿留下深刻的印象。

（2）和幼儿一起观看维吾尔族舞蹈，引导幼儿发现其独特的音乐节奏，鼓励幼儿模仿。

（3）参观傣族的银饰品店：引导幼儿观察饰品图案，发现其特有的文化特征。

（4）参观"布达拉宫"，穿藏族服饰，感受藏族文化。

（5）进入"蒙古包"，感受蒙古民族的房屋特点。

2. 谈话：我最喜欢的少数民族。鼓励幼儿讲出自己喜欢的理由及最被吸引的地方。

【活动延伸】

1. 鼓励幼儿回到幼儿园或家里后，将自己的所见所闻讲给家长和周围的人听。
2. 收集自己最喜欢的少数民族物品。鼓励幼儿自制一些喜欢的民族饰品，作为礼物互相赠送。

活动三：亲子游园

【活动目标】

1. 选择自己喜欢的少数民族活动并参与进去，体验其中的快乐。
2. 进一步加深对各少数民族文化的理解，尊重各民族文化。

【活动准备】

社区活动场地。

【活动过程】

1. 幼儿一起做方案规划。教师引导幼儿讨论:怎么让我们的节日过得既开心又有意义?

2. 与社区合作,确定开展游园活动的时间、场地。请社区保安维持秩序,保证活动的安全。同时向家长发放游园通知单,使其了解活动的意义、项目及规则。与会人员均穿着有特色的少数民族服装。

3. 中华民族大舞台表演:身着傣族、维吾尔族、蒙古族、藏族等服饰的幼儿同台表演具有民族特色的舞蹈,并用歌声来歌唱幸福的生活。

4. 民族民俗游园。

(1) 民间艺术——糖画。请社区制糖的老艺人现场制作,让幼儿在观赏、品尝的同时了解传统的美食文化。

(2) 民间艺人——制作麦秆饰物的艺人。幼儿学用麦秆皮制作小动物(蝴蝶、蚂蚁、蜻蜓等),体验用不同材料制作手工艺品的快乐。

(3) 民间窗花秀。请会剪纸的老人现场展示剪窗花的本领,让幼儿感受民间艺术的美。

(4) 民族游戏——竹竿舞。请家长做竹竿舞的驾竿人,老师带孩子一起跳,节奏可根据幼儿兴趣做适当调整。

【活动延伸】

有机会让家长带幼儿去少数民族地区旅游,真切感受少数民族丰富多彩的文化。

【活动评析】

本活动能够全方位地帮助幼儿在实践中体验祖国文化的多元与丰富,激发幼儿热爱少数民族、热爱祖国的情感。活动还充分利用了社区的文化资源并吸引家长主动参与,积极支持和帮助家长提高教育能力,从而优化了家庭教育环境。

本活动采用集中教学、参观学习、社区教育等多种方式,短短的时间内让幼儿通过听讲、观察、游戏、参观、表演、实践等方法,从认知到实践,迅速了解和体验各少数民族的鲜明特征与区别,活动效率很高,教育效果显著,是一个值得肯定的单元活动设计。

不足之处是作为中班的社会教育活动,除了理解各少数民族的衣着服饰等外在特征,还可以适当地介绍一些当地居民的历史故事、民间传说等,从文化历史的视角加深幼儿对少数民族的了解与热爱,培养幼儿尊重少数民族文化的良好品质。

五、学前儿童社会文化教育的评价

(一) 对学前儿童社会文化学习与发展的评价

幼儿社会文化的学习与发展是幼儿社会适应的重要组成部分。通过对幼儿社会文化学习和发展的评价,可以掌握幼儿社会文化学习与发展的状况、个体差异以及影响幼儿社会文化学习与发展的因素,有利于教师针对幼儿社会文化学习和发展的状况以及本班幼儿实际情况,制定教育活动的目标,因材施教,有利于家园共育,帮助幼儿获得良好的社会适应。

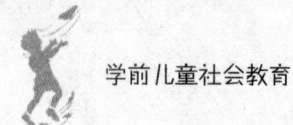

1. 参照《指南》,对幼儿社会文化学习与发展进行评价

参照《指南》社会领域中"社会适应"的目标3"具有初步的归属感",幼儿社会文化学习与发展的目标主要有几点,如表8-9所示。

表8-9 各年龄段幼儿社会文化学习与发展的目标

3~4岁	4~5岁	5~6岁
1. 知道和自己一起生活的家庭成员及与自己的关系,体会到自己是家庭的一员。 2. 能感受到家庭生活的温暖,爱父母,亲近与信赖长辈。 3. 能说出自己家所在街道、小区(乡镇、村)的名称。 4. 认识国旗,知道国歌。	1. 喜欢自己所在的幼儿园和班级,积极参加集体活动。 2. 能说出自己家所在地的省、市、县(区)名称,知道当地的有代表性的物产或景观。 3. 知道自己是中国人。 4. 奏国歌、升国旗时能自动站好。	1. 愿意为集体做事,为集体的成绩感到高兴。 2. 能感受到家乡的发展变化并为此感到高兴。 3. 知道自己的民族,知道中国是一个多民族的大家庭,各民族之间要互相尊重,团结友爱。 4. 知道一些国家的重大成就,爱祖国,为自己是中国人感到自豪。

幼儿教师与家长可以参照《指南》的目标,对幼儿社会文化学习与发展状况做出适当评价。但是《指南》明确指出:"尊重幼儿发展的个体差异……支持和引导他们从原有水平向更高水平发展,按照自身的速度和方式到达《指南》所呈现的发展'阶梯',忌用一把'尺子',衡量所有幼儿。"幼儿的社会学习与发展也呈现个体差异性,因此在评价幼儿社会学习和发展过程中,幼儿教师和家长在评价过程中切忌"一刀切",尊重和认可幼儿的个体差异性。

2. 对幼儿社会文化学习与发展的评价应着重关注社会性情感、态度和价值观的形成

幼儿社会文化教育活动内容较为繁多,因此对社会文化学习和发展的评价就不仅仅是传统意义上的对儿童知识、技能的考察,更应关注儿童情感、态度、价值观的形成。例如,关于祖国类的社会文化教育,对幼儿这方面学习内容的评价,就应该关注幼儿是否生发出爱国的情绪情感;关于家乡类的社会文化教育,应关注幼儿是否萌发爱家乡、以家乡为荣的情感。

(二)学前儿童社会文化教育实施的评价

1. 社会文化教育的目标确定符合幼儿年龄阶段特征,表述清楚合理

教师在进行社会文化教育活动时,要拟定明确的教育活动目标,方能为活动后的社会文化教育实施评价提供依据。目标制定过程中,要注意三个方面:第一,一个社会文化教育活动的目标不宜过多,一般1~2个目标即可。第二,确定社会文化教育活动目标要适合本班幼儿的年龄特点。例如,对于"我的家乡真美丽"活动,小班的目标可以设定为"知道自己家乡所在地的名称",中班的目标为"能说出自己家乡所在地名称,知道自己家乡的一些有名特产",大班的目标为"能说出自己的家乡的具体名称,并能够感受到家乡的变化和发展"。第三,对社会文化教育目标的表述一定要有针对性,切忌过泛和过于笼统。如

中班"我的家乡"活动的目标表述为"热爱家乡",这种表述没有错误,但是太过于空泛。太过空泛的教育目标,教师无法在教育活动中对幼儿的行为给予切实的引导和影响。改为"知道自己家乡的所在地的名称,知道家乡的一些物产"这样的表述则更为具体,容易操作。

2. 社会文化教育活动内容的选择要根据年龄班特点兼顾全面性

对社会文化教育活动内容的选择,要兼顾认识家乡、认识祖国、了解民族文化、了解民族节日、了解重大社会事件、了解世界文化等各个方面。每个方面涉及的内容又比较多,所以在学年或学期开始就要做好社会文化教育教学计划表。比如,节日教育活动,每个月都会涉及不同的节日主题,在学期开始就应该做好全盘规划。某幼儿园节日动安排计划如表8-10所示。

表8-10 某幼儿园节日活动安排计划表

月份	日期	节日名称	节日活动安排
		上学期	
9月	10日	教师节	我们爱老师(邀请家长来园,教师和家长、幼儿共同活动)
	农历八月十五	中秋节	参观食品店、制作月饼、赏月画月
10月	1日	国庆节	我是中国人(亲子看国庆阅兵、外出游玩)
	农历九月初九	重阳节	我们关爱老人(参观敬老院、请老人来园欢庆)
	15日	国际盲人节	我们帮助盲人(亲子游戏"瞎子摸象")
	16日	世界粮食日	节约粮食(参观农贸市场,超市粮区、粮店、饭店、农场,学习故事"悯农",准备餐点)
11月	第四个星期四	感恩节	谢谢大家(幼儿在园内园外向同伴、教师、家长致谢)
12月	3日	世界残疾人日	关心残疾人
	25日	圣诞节	圣诞快乐(制作圣诞树、圣诞卡)
1月	1日	元旦	祝贺大家新年好(制作贺年卡、大家相互祝愿)
2月	正月初一	春节	春节真热闹(买年货、打扫卫生、准备食物、收压岁钱)
		下学期	
2月	正月十五	元宵节	元宵真好吃(搓元宵、吃元宵、做花灯、猜灯谜)
3月	8日	国际妇女节	女士优先(感恩妈妈)
	12日	植树节	小树快长高(参观植物园)
	22日	世界水日	神奇的水(节约用水)
4月	5日	清明节	制作花圈、祭扫烈士陵园

(续表)

月份	日期	节日名称	节日活动安排
5月	1日	国际劳动节	爸爸妈妈真能干(请不同职业的家长穿上职业装来园介绍自己的工作)
	第二个周日	母亲节	夸夸妈妈
6月	1日	国际儿童节	各种儿童节庆祝活动、游园活动
	农历五月初五	端午节	粽子真好吃(包粽子、端午来历、划龙舟)
	第三个周日	父亲节	爸爸辛苦了

关于民族节日活动,评价可以涉及如下内容:[①]

(1) 是否有助于儿童了解本地典型的民俗节庆;

(2) 是否帮助儿童增加对本地典型民俗节庆的了解,学习基本的节日礼仪;

(3) 是否帮助儿童通过民俗庆典加深对周围人的理解;

(4) 是否帮助儿童通过民俗庆典了解自然与人的关系;

(5) 是否帮助儿童通过民俗庆典加深对生活、社会的理解与感悟;

(6) 是否帮助儿童对少量其他地方民俗庆典的了解,感受别样的生活风情。

关于民间艺术,评价可以涉及如下内容:

(1) 是否有利于儿童对本地乐器的认识;

(2) 是否有利于儿童对本地音乐的欣赏;

(3) 是否有利于激发儿童对本地歌舞的热爱;

(4) 是否有助于儿童欣赏本地美术,操作绘画、染、织、编、扎等艺术活动,体育活动的乐趣,感受生活艺术的美;

关于民间文学,评价可以涉及如下内容:

(1) 是否有利于儿童习得本地儿歌、童谣、谚语等;

(2) 是否有利于儿童对本地浅显传说、神话的认识与理解。

技能训练

1. 收集一些民间故事和传说的资料,并能将其改编用于幼儿园教学活动。

2. 收集当地和我国著名的民间艺术资料,了解其名称、材料和简单的制作方法。

3. 收集我国的一些民间文学,并将其适宜地运用于幼儿园相应年龄班的教学活动。

4. 在一个名为"我爱家乡"的主题活动中,你认为可以设计哪些社会文化教育的内容?引导儿童认识自己的家乡,并尝试编制一个"家乡名人录"的主题社会教育活动。

5. 请分析大班社会教育活动"中国年"的目标设定是否科学合理?如何改进?

(1) 引导幼儿乐意参与活动,并体验过年的愉快。

[①] 赵海燕. 学前教育民俗文化课程研究[D]. 重庆:西南大学,2012:248.

(2) 欣赏"年"的故事传说,了解过年是中国特有的传统节日,有独特的风俗习惯和热闹红火的气氛。

(3) 大胆地用语言表达自己过年时的愉快感受,比如团聚、吉祥等,制作道具随音乐表演,锻炼表现能力。

6. 阅读下面一则关于"中国功夫"的教育活动设计,然后回答下列问题:

(1) 本活动的目标表述是否清晰精简?目标设计是否具体可操作?

(2) 活动过程的设计步骤、实施途径是否合理?

(3) 请尝试加入一些关于中国功夫的歌曲的教学环节。

中国功夫(大班)

【活动目标】

在尝试学习中国武术的动作中,感受中国武术的力量和精神。

【活动准备】

一套武术服装、音乐(中国功夫)、录像,红腰带若干。

【活动过程】

1. 导入部分

"看看我这身打扮,猜猜我最近在学什么?对,我在学习武术功夫。"

然后表演马步、拳、勾、掌等武术动作。

2. 感受学习

播放李连杰表演的武术视频,并提问:"他是谁呀?"(李连杰)

除了李连杰外,我们国家还有哪些武术明星?(成龙、李小龙)

3. 分组分散学习

(1) 武术秘籍

"看,我是从这些武术秘籍上学来的。都有些什么秘籍?"(华山秘籍,武当秘籍,少林秘籍)

"每本 4 个动作,可以打开贴在黑板上,12 个朋友,分成 3 派,每派的人数要一样,想想怎么样分?"

"我现在要把这三本书放到黑板上,等我放好了,你们就分好了好吗?"

(分成 3 派)"少林派。"幼儿回答:"到!""武当派。"幼儿回答:"到!""华山派。"幼儿回答:"到!"(分别练 4 个典型动作——马步、勾、拳、掌。老师巡回指导,并放背景音乐《中国功夫》)

"小朋友,把这 4 个动作连起来吧!"

"每喊一句做一个动作,记住。"

老师带领各派幼儿练习连贯动作。

(2) 武林大会

"我们来把动作连起来打,看看哪一组的边作最连贯,哪一组就是'武林盟主'。"(举手表决,选出优胜者)

"第二回合的比赛开始了,比力气和整齐。"(举手表决,选出优胜者)

"练了中国功夫觉得怎么样?"

"武术的动作非常有力量,让人感觉我们中国人很精神!"

4. 观看武术录像,延伸武术的种类

放视频:双节棍,空手道。

"刚刚我们练的都是拳、掌的动作,中国还有许多武术呢,我们以后慢慢学、慢慢练吧,你们都会成为中国功夫高手的!"

(公安县黄山头北宫中心幼儿园,陈瑞红创编)

7. 请阅读下面案例,并写出活动评析,包括活动的优缺点和活动建议。

漂亮的袜子(中班)

【设计思路】

圣诞节是西方的传统节日,相当于中国的春节。随着社会的发展,很多节日越来越国际化,圣诞节也漂洋过海地来到了中国,受到越来越多的年轻人的喜爱,当然也包括幼儿在内。在幼儿园的教育教学活动中,总是会围绕中国传统节日开展主题教育,从而使孩子们能够了解中国的传统文化和习俗。圣诞节前夕,孩子们总是在讨论圣诞节这个话题,比如"我妈妈说会有圣诞老人给我运礼物""我爸爸给我买了一棵圣诞树"等,还有一天,一个孩子戴着圣诞帽来到了幼儿园。孩子们都相信并期盼着圣诞老爷爷给他们送礼物,于是我们围绕"漂亮的袜子"这一主题,拉开了幼儿愉快过圣诞的序幕。

【活动目标】

1. 让孩子了解圣诞节的由来以及圣诞节的所需物品。
2. 引导孩子用不同的色彩和线条来装饰圣诞袜。
3. 通过装饰圣诞袜来感受圣诞节的快乐气氛。

【活动准备】

油画棒,《铃儿响叮当》音乐,圣诞帽、袜子的纸样每人一份。

【活动过程】

1. 教师出示圣诞帽,激发幼儿参与活动的兴趣。

教师:小朋友们,你们看老师手里拿的是什么?

教师:明天是什么节日啊?你们喜欢圣诞节吗?为什么?

2. 教师和幼儿讨论圣诞节礼物。

教师:你们收到过圣诞礼物吗?谁能说说自己都收到过什么圣诞礼物?

教师:你们知道圣诞节的礼物都是放在哪里的吗?

教师:下面,我们就一起来装饰一下圣诞袜好不好?

3. 幼儿装饰圣诞袜,教师巡回指导。

引导幼儿发挥自己的想象力大胆创作。

4. 欣赏幼儿的作品。

5. 幼儿作品完成之后带回家,请家长帮忙把两片画好的袜子剪下来,贴边粘在一起。

6. 教师播放《铃儿响叮当》的音乐,孩子们自由随音乐跳舞。

教师:小朋友画得非常好,圣诞老爷爷要和小朋友一起跳舞啦!

【活动延伸】

请家长帮忙完成袜子的粘贴工作,圣诞节的早上在袜子里放上一件小礼物,给孩子一个圣诞的惊喜与快乐体验!

(济南市历城区机关幼儿园,黄连华创编)

8. 下面是某同学设计的一份关于十二生肖的活动教案,请仔细阅读后,指出该活动设计的优缺点,并对其缺点提出相应的修改意见。

十二生肖勇闯关(大班)

【设计意图】

我发现我们班的幼儿大部分都是属老鼠的,我问了几个幼儿他们属什么,他们争相踊跃发言,有些幼儿说自己是属鼠的,有些幼儿说是属猪的,还有些说是属猫的。看着越来越多的幼儿围过来跟我说,我就想到幼儿对生肖这个话题很感兴趣,但又不是很了解,所以我设计了此次活动。

【活动目标】

1. 喜欢十二生肖动物,愿意与同伴交流自己和家人的属相。
2. 了解十二生肖的排序,初步感知生肖的变化。
3. 能用语言和动作表现故事中的动物形象。

【活动准备】

1. 物质准备:生肖时钟、故事《十二生肖动物渡河比赛》以及配套PPT、生肖头饰两套、生肖贴图一套、幼儿和爸妈的照片人手一套、生肖的儿歌一首。
2. 经验准备:事先了解过自己和爸妈的属相,接触过十二生肖里的动物。
3. 情境创设:设置四关情境。

【活动过程】

1. 游戏引入、激发兴趣

本环节采取玩"转转盘"的游戏方式引入活动,激发幼儿的兴趣。

(1) 玩转转盘的游戏

师:"今天我们要来玩一个好玩的游戏,叫作转转盘。"(讲解游戏玩法和规则)

师:"转转盘,拨一拨,转一转,小朋友们认真看,转到谁?"

师:"我来我来,认真看,转到小猴,这样做。"(模仿小猴经典动作)

(2) 提问引导

师:"钟面上有多少种动物?"

小结:这十二种动物还有一个统一的称呼:十二生肖,也是我们人的十二种属相。

师:"他们可厉害了,每一种动物就代表每一年,就像今年是蛇年,明年就是马年,依顺序排下去的。"

2. 倾听故事,了解十二生肖排列顺序的由来,初步感知其排列顺序本环节采用幼儿听一听、看一看、说一说等方法来了解十二生肖排列顺序的由来,通过和教师一同回忆故事来初步感知它们的排列顺序。

(1) 师:"十二生肖为什么要这样排队呢?"(请幼儿相互交流讨论已知的经验)

(2) 教师播放PPT,生动地讲述故事。

(3) 出示图片,师幼一起回忆故事,给十二生肖排排序。

师:"你听到些什么?有哪些动物?谁跑了第一名,第二名呢,谁是最后一名?中间还有哪些动物呢?"

3. 幼儿分享自己和家人的属相,并给家人的属相排序

(1) 幼儿说一说自己和爸妈的属相,引出属相的不同。

师:"小朋友们,你们知道自己属什么吗?"(引出属相的不同,是什么,也可以说说你的属相是什么)

师:"为什么有的小朋友的属相是一样的,有些却不一样呢?"(请幼儿交流讨论,请个别幼儿回答)

小结:同一年出生的孩子属相相同,一年一个属相。

(2) 观察生肖排序图,感知属相的变化。

师:"请你们仔细观察,一共有多少个属相?12种属相轮下来要多少年?"

小结:12种属相轮下来要12年。

(3) 幼儿相互交流分享自己和爸妈的属相。

(4) 展示自己和爸妈的属相,并给它们排序。

师:"老师要出一个小小的任务了,看看我们小朋友们能不能顺利完成?我要请小朋友将你和你家人的照片贴在黑板上,是什么属相,就将照片贴在那个动物下面,待会我请你们来给它们排队。"(请个别幼儿示范,再请幼儿分组来贴)

看一看,比一比,谁的属相排第一。

4. 演一演生肖渡河比赛故事,感受比赛的紧张和趣味

(1) 请幼儿选择自己感兴趣的角色,分组演一演这个故事。

(2) 小结:属相生肖是我们国家特有的民族习俗,十二生肖也是我们国家特有的传说和文化。

【活动延伸】

1. 延伸到活动区活动,将头饰投放到表演区。

2. 将生肖时钟投放在科学区。

3. 回家问问家里其他人的属相,并给其属相排序。

(唐有莲.十二生肖勇闯关[M].重庆:重庆师范大学.有删减)

9. "融入民族文化的幼儿园综合教育课程创新与实践"项目课程团队,通过对广西地区多民族文化课程资源的挖掘和整理,开发出了具有民族文化特色的课程资源库,构建了桂林地域民族文化课程主题网络,如图8-1所示。[①]

请结合自己所在地域民族文化特色,模仿设计一个适合本地的民族文化教育的主题

---

① 侯丽敏.融入民族文化的综合教育课程的创新与实践[J].幼儿教育,2014(11):98.

网络图。

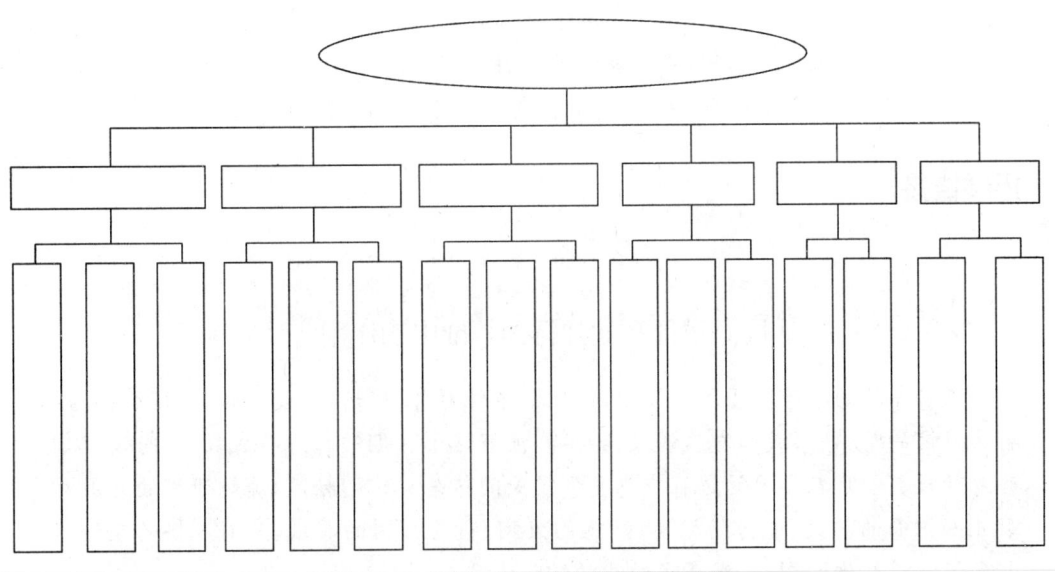

图8-1 桂林地域民族文化课程资源库

10. 阅读下面关于"端午节"的有关材料,尝试设计一个中班的社会教育活动"快乐端午节",要求写出一份完整的教案,包括设计思路、活动目标、活动过程、活动延伸等。

"端午节"的资料知识:

(1) "端午节"的由来

农历五月初五是端午节。端午节又名端阳节、重午节,据传是中国古代伟大诗人屈原投汨罗江殉国的日子。史料记载,公元前278年农历五月初五,楚国大夫、爱国诗人屈原听到秦军旋破楚国都城的消息后,悲愤交加,心如刀割,毅然写下绝笔作《怀沙》,抱石投入汨罗江,以身殉国。沿江百姓纷纷引舟竞渡前去打捞,沿水招魂,并将粽子投入江中,以免鱼虾蚕食他的身体。端午节的主要风俗有:女儿回娘家,挂钟馗像,悬挂菖蒲、艾草,佩香囊,赛龙舟,比武,击球,荡秋千,给小孩涂雄黄,饮用雄黄酒,吃咸蛋、粽子和时令鲜果等。不仅在大陆,在台湾,每年农历五月初五,都举行龙舟竞赛;在香港、澳门等地,端午节龙舟竞渡的风俗也十分盛行。

(2) 端午节的童谣

粽子甜

白糯米,黏又黏,火红枣,圆又圆。
端午节,包粽子,个个粽子角尖尖。
角尖尖,真好看,蘸糖吃,甜又甜。
吃粽子,祭屈原,爱国精神代代传。

粽子香

粽子香,香厨房,艾叶香,香满堂,
桃枝插在大门上,出门一望麦儿黄。

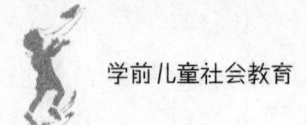

这儿端阳,那儿端阳,处处都端阳。

端午节儿歌

五月又端阳,艾叶香满堂,桃枝门旁插,胸前桂香囊,近看棕叶绿,远看麦儿黄,爸妈一旁笑,全家喜洋洋。

拓展链接

民间童谣在幼儿行为养成中的作用[①]

低幼年龄的孩子刚步入幼儿园时,他们单纯好奇,热情高,爱模仿,是道德品质、行为习惯的培养、形成和发展的最佳年龄,抓好这个时期的行为养成教育,将使他们终身受益。幼儿在学习的过程中感受到了民间传统文化的精髓,课题研究的开展对幼儿知识面的扩大、能力的培养、情感的熏陶、行为习惯的养成、良好人格的塑造都起到了潜移默化的影响,提高了幼儿的综合素质。

1. 选择贴近生活的童谣进行行为养成教育

教育的目的就是培养习惯,增强能力。民间童谣能把严肃的内容寓于轻松、风趣,甚至诙谐、滑稽的语言中,使孩子在诵唱中得到快乐,在笑声中得到艺术的享受。幼儿可以在童谣行为养成教育中,明白道理,增长知识,接受教育,养成良好的习惯。如童谣《两只羊》,两只羊过独木桥互不相让,结果"扑通"全都掉进河中央。幼儿以游戏的形式尽情表演,尽情玩耍,在学习童谣的过程中受到了良好行为习惯的教育,也学会自觉约束自己的行为,学会谦让,学会与同伴友好相处。又如童谣《小乌鸦爱妈妈》,这首童谣讲了小乌鸦长大了,妈妈老了躺在窝里飞不动,于是小乌鸦就衔食喂妈妈,这就是"反哺",它形象地教育幼儿,要不忘记父母的养育之恩,要尽奉养父母之责。

2. 采用多种活动方式,发挥集体教育的优势

由于幼儿认知能力的局限,他们十分渴望获得各方面的知识,而集体教学为幼儿提供了发展各种能力的空间,同时也培养了幼儿良好的行为习惯。《纲要》明确指出:"幼儿园应在丰富多彩的活动中扩展幼儿的经验,提供幼儿发展的条件。"于是,我们将童谣教学与五大领域相结合,运用多种手段来帮助幼儿感受民间童谣中所蕴含的艺术美、语言美、行为美等。如童谣《一只小小鸟》内容单调,幼儿学习起来很枯燥,于是我们把它编成一支舞曲。在音乐的伴奏下,幼儿学着小鸟翩翩起舞,邀请自己的好朋友站成一列纵队,从一只小鸟变成十只小鸟,艺术与数学相结合,极大地调动起幼儿学习的积极性。再如童谣《小蝌蚪》,我们将科学与美术相结合,利用小蝌

[①] 刘晓峰. 民间童谣在幼儿行为养成中的作用[J]. 课程教材教学研究(幼教研究),2015(1):56-57.

蚪变青蛙的生长规律,再让幼儿通过粘贴、涂色、绘画等方式,既发展了幼儿的动手能力,又让他们掌握了科学知识。

3. 营造童谣学习氛围,发挥幼儿的主体性作用

《纲要》指出:"儿童是独立的、发展着的个体。只有在自主活动的过程中,儿童才能充分体验自身的存在与价值,更好地获得发展。"对幼儿来说,越是新奇、有趣的方式越能激起他们表现的欲望,也越能让他们体验到成功感和愉悦感。如在学习童谣《老鼠抬花轿》时,我们在区域活动时间里,为幼儿创设了自主学习的氛围。教师在活动前和幼儿一起制作小花轿、两只大喇叭、老鼠和猫的头饰。活动开始,一只大老鼠坐在轿子里,其余四只老鼠前后左右抬着花轿在场地中间走,另外两只老鼠在花轿后面吹着喇叭。幼儿们边说童谣边玩游戏,这时一只大花猫"喵喵喵"地叫着跑出来,吓得老鼠们丢下轿子四散逃窜。这次活动让幼儿在游戏场景中自主发挥、尽情展示,幼儿喜欢游戏的天性和童谣所蕴含的情趣融为一体,活动取得了意想不到的教育效果。

4. 因地制宜,利用日常生活中的随机教育

在课间、自由活动、饭后等非集体活动时,幼儿会三五成群,兴高采烈地念着童谣,还不时加上丰富的肢体动作或是变换不同的修饰词。于是,我们因势利导,利用课间休息时间、户外活动时间、餐前谈话时间,随机引导幼儿说、唱童谣,营造浓厚的学习氛围,让幼儿在娱乐、玩耍中学习知识,达到寓教于乐的目的。如小班幼儿在初入园的几个月里,户外活动时经常到处乱跑,不守规矩,甚至有个别幼儿不记得自己的教师和班级,我们就结合童谣《毛毛虫》,教育幼儿出去玩耍一个跟一个走,不离开教师,回来时也要一个跟着一个。再如晨间锻炼活动时,我们利用童谣《一二三四五》,教给幼儿双脚跳圈的本领,让幼儿在反复说、唱儿歌的过程中掌握双脚跳的技能。这种以游戏的形式引导幼儿练习掌握技能技巧的方法,让幼儿学得轻松、学得快乐、学得自主。

通过对民间童谣的学习,可以教给幼儿学会做人,掌握生活技能,养成坚强、乐观的品性,培养幼儿各种能力,丰富知识,启迪智慧,训练语言,培养美德,使幼儿更加热爱生活,懂礼貌,重情义,培养奋发向上的精神力量和民族自豪感、自信心。

参考文献

[1] 爱德华.泰勒著,蔡江浓译.原始文化[M].杭州:浙江人民出版社,1988.
[2] 陈世联.幼儿社会教育[M].海口:南海出版公司,2009.
[3] 邓宪亮.学前儿童社会教育[M].北京:高等教育出版社,2014.
[4] 甘剑梅.学前儿童社会教育[M].北京:中央广播电视大学出版社,2007.
[5] 教育部教育管理信息中心.全国优秀幼儿社会教育活动课例评析[M].重庆:西南师范大学出版社,2011.
[6] 李贵希.幼儿社会教育与活动指导[M].北京:北京师范大学出版社,2013.
[7] 李季湄,冯晓霞.《3～6岁儿童学习与发展指南》解读[M].北京:人民教育出版,2013.
[8] 露丝·本尼迪克特.王炜,译.文化模式[M].上海:生活·读书·新知三联书店,1988.
[9] [美]J. H. 弗拉维尔等.认知发展[M].上海:华东师范大学出版社,2002.
[10] [瑞士]皮亚杰.傅统先,陆有铨,译.儿童的道德判断[M].济南:山东教育出版社,1984.
[11] 王娟.民俗学概论[M].北京:北京大学出版社,2002.
[12] 王早早.冬至节[M].北京:北京师范大学出版社,2013.
[13] 吴慧明.幼儿教育教学活动设计[M].北京:北京大学出版社,2005.
[14] 徐琳.幼儿社会教育与活动指导[M].南京:江苏教育出版社,2013.
[15] 雅思贝尔斯.什么是教育[M].北京:生活·读书·新知三联出版社,1991.
[16] 阎保华.幼儿社会教育活动设计与指导[M].北京:北京理工大学出版社,2017.
[17] 姚本先,伍新春.学生心理健康教育[M].北京:中国轻工业出版社,2008.
[18] 姚本先.心理学[M].北京:高等教育出版社,2005.
[19] 张明红.学前儿童社会教育[M].上海:华东师范大学出版社,2008.
[20] 张明红.幼儿社会教育与活动指导[M].上海:华东师范大学出版社,2014.
[21] 张文新.儿童社会性发展[M].北京:北京师范大学出版社,1999.
[22] 张岩莉.学前儿童社会教育[M].上海:复旦大学出版社,2012.
[23] 赵寄石,唐淑.幼儿园渗透式领域课程[M].南京:南京师范大学出版社,2009.
[24] 中央教育科学研究所.简明国际教育百科全书:人的发展[M].北京:教育科学出版

社,1989.

[25] 周梅林.学前儿童社会活动指导[M].上海:复旦大学出版社,2009.

[26] 范敬梅等.幼儿园道德价值观建构管窥——后现代教育理论对幼儿园道德教育的冲击[J].学前教育研究,2005(11).

[27] 龚敏,钱蕾.国旗的秘密[J].上海托幼,2016(4):32-33.

[28] 侯丽敏.融入民族文化的综合教育课程的创新与实践[J].幼儿教育,2014(11):98.

[29] 黄培.同伴交往对幼儿社会性发展的作用[J].中国教育发展研究,2010(1).

[30] 李生兰.学前儿童多元文化教育初探[J].早期教育,2003(6):4.

[31] 林蓉,林佩.我长大了(中班)[J].幼儿教育,2004(19):31.

[32] 刘晓峰.民间童谣在幼儿行为养成中的作用[J].课程教材教学研究(幼教研究),2015(1):56-57.

[33] 张海云,封芳芳.大班综合活动:感恩的心[J].当代学前教育,2015(3):30-31.

[34] 赵雪梅.幼儿社会教育活动目标解析[J].新课程研究·教师教育,2008(7):23-24.

[35] 朱洪萍.幼儿自我发展及教师评价对策[J].时代教育,2008(4):56-57.

[36] 郭祥.华德福幼儿园传统节日教育研究[D].浙江师范大学,2012.

[37] 姜艳秋.多元文化背景下幼儿园中外传统节日活动实施的个案研究[D].东北师范大学,2013.

[38] 刘倩影.中国传统节日文化对幼儿道德情感的影响[D].河南大学,2011.

[39] 赵海燕.学前教育民俗文化课程研究[D].西南大学,2012.

[40] 白兰.静谧中的礼仪[N].人民日报,2006-08-22.

[41] 陈进玉.大力弘扬中国传统节日文化[N].人民日报,2009-3-16.

[42] 社会性案例:生活中体现幼儿的社会教育[EB/OL]. http.//www.jx-teacher.com/baby/column27805/a2429dc6-5266-4f2d-91b9-373f43f9a41d.html.

[43] 小学名师教学网.幼儿园主题教学之探析——概念、理论与模式[EB/OL]. hbteachers.cn/ye/yl/83409.html.

[44] 肖小晨.大班综合活动"介绍我自己"案例与反思[EB/OL]. http://new.060s.com/article/2013/07/17/780611.htm.